MEU ALUNO TEM TRANSTORNO DO DESENVOLVIMENTO DA COORDENAÇÃO (TDC): E AGORA?

Coleção
Aos Mestres com Carinho

MEU ALUNO TEM TRANSTORNO DO DESENVOLVIMENTO DA COORDENAÇÃO (TDC): E AGORA?

ORGANIZADORAS
MIRIAM DAMAZIO
WANESSA GARCIA OLIVEIRA

Artesã

Meu aluno tem transtorno do desenvolvimento da coordenação (TDC): E agora?

DIRETOR
Alcebino Santana

COORDENAÇÃO EDITORIAL & CAPA
Michelle Guimarães El Aouar

REVISORES
Profa. Eva Mercedes Martins Gomes; Dra. Janice Gonçalves Temoteo Marques; Dra. Luciana Ferreira Marcilio Salido; Dr. Odanir Garcia Guerra; Dra. Patrícia Helena Tanesi Caso; Dra. Wanessa Garcia Oliveira.

DIAGRAMAÇÃO
Luís Otávio Ferreira

M597
Meu aluno tem Transtorno do Desenvolvimento da Coordenação (TDC) : e agora? / organizadoras: Miriam Damazio , Wanessa Garcia Oliveira. – Belo Horizonte : Artesã, 2022.
186 p. : il. ; 23 cm. . – (Aos mestres com carinho / organizadora: Ângela Mathylde Soares)
ISBN: 978-85-7074-066-3
1. Psicologia. 2. Educação. 3. Distúrbios do movimento. I. Damazio, Miriam. II. Oliveira, Wanessa Garcia. III. Soares, Ângela Mathylde.
CDU 159.9:37

Catalogação: Aline M. Sima CRB-6/2645

IMPRESSO NO BRASIL
Printed in Brazil

(31)2511-2040 (31)99403-2227
www.artesaeditora.com.br
Rua Rio Pomba 455, Carlos Prates - Cep: 30720-290 | Belo Horizonte - MG
/artesaeditora

APRESENTAÇÃO DA COLEÇÃO

Profa. Dra. Ângela Mathylde Soares

A Coleção *AOS MESTRES COM CARINHO* é um diálogo com o conteúdo sobre o dia a dia do chão da sala de aula, com a intenção e objetivo de responder indagações e inquietações das perguntas sem respostas. O famoso "*e agora*?".

Esta coleção tem, antes de tudo, o desejo de trazer a valorização dos profissionais de educação.

Precisamos entender que essa ação de valorizar não está ligada apenas a remuneração, mas sim a dar condições para que os envolvidos no processo do educar e do aprender tragam bagagem pedagógica que acompanhe as novas tecnologias e as novas aprendizagens.

Também não podemos nos esquecer das novas parcerias feitas com a educação, como a psicopedagogia, a saúde, a ciência, o direito e várias outras áreas presentes na educação do século XXI.

A informação hoje é rápida, dinâmica e imediata. Com isso, diante esta nova geração de estudantes, é preciso um professor que caminhe nesse mesmo território. Assim, há a necessidade de capacitar e renovar para seguir acompanhando as tão desejadas mudanças.

Precisamos alinhar as ações incluindo a capacitação dos docentes, as parcerias das famílias e o casamento com a ciência, trazendo respaldo a essa formação, com intuito E GARANTIA de melhora constante do ensino.

Esta coleção será um encontro carinhoso, respeitoso e eficaz sobre o tema que trabalhará a qualificação e a motivação dos nossos mestres e demais envolvidos nessa gestão.

Uma equipe qualificada e preparada para as demandas de sala de aula é de suma, aliás, fundamental importância para que esse objetivo seja cumprido.

Entendemos que esta coleção é um investimento importante capaz de trazer conforto para professores, alunos, gestores e profissionais da educação, uma vez que possibilitará uma melhoria nas questões pertinentes à individualidade e ao empoderamento do aluno – o que se fará por volumes e temáticas pontuais, proporcionando, assim, ao profissional da educação, uma informação ampla e bem assertiva sobre cada assunto proposto.

É ainda importantíssimo ressaltar os benefícios que esta coleção trará aos cursos universitários, favorecendo a reflexão de que, no processo, precisam receber – com a teoria, a prática e o envolvimento – uma metodologia que traga excelência e respeite as competências e habilidades de nossos alunos.

A prática em sala de aula, por meio de um marco teórico fundamentado, deve nortear o aluno e o professor em meio a atividades que estimulem a criatividade e a pesquisa baseada em evidências.

Pensando nessa discrepância entre o que se aprendeu na faculdade e a realidade de uma sala de aula, nasce a coleção *AOS MESTRES COM CARINHO*, para auxiliar responder os "e agoras" dos profissionais da educação. Nasce uma coleção que se importa com a educação de qualidade e com evidência.

E não podemos nos esquecer do professor e de todos os envolvidos nesse processo de receber o melhor de nós.

Com muito carinho, como professora, dedico esta coleção aos profissionais da educação, com o coração cientificado e motivado. Espero que esta experiência seja proveitosa. Curta os volumes e responda às perguntas que não querem calar!

O meu MUITO OBRIGADA!

APRESENTAÇÃO

Miriam Damazio
Wanessa Garcia Oliveira

Como explicar crianças inteligentes, cheias de habilidades em diversas áreas, sem comprometimento neurológico, mas com grandes dificuldades para desempenhar tarefas motoras comuns, executadas normalmente por seus pares de mesma idade? Transtorno do Desenvolvimento da Coordenação é uma das possíveis explicações em um grande número dessas dificuldades. E para entender melhor o que é o TDC, como identificar crianças com risco de ter TDC, como lidar com essas crianças no contexto escolar e como ajudá-las no desenvolvimento da coordenação preparamos este livro, orientado aos mestres que procuram sempre mais informações que venham aprimorar, acrescentar saberes e auxiliar seu trabalho.

Reunimos pesquisadores de diversas universidades e núcleos de pesquisa para apresentar uma visão geral sobre este tema, trazer informações e pesquisas mais recentes, descrever sobre o conceito, trazer modelos para diagnóstico, apresentar instrumentos, apontar como a tecnologia pode colaborar e sugestões de intervenções no contexto escolar.

Convidamos autores que têm se dedicado à pesquisas neste campo a compartilharem suas descobertas conosco. E nós queremos compartilhar com você, professor, esse conhecimento.

AS ORGANIZADORAS

PREFÁCIO

Nadia Cristina Valentini[1]

Nunca tivemos um período de produção de conhecimento sobre o Transtorno do Desenvolvimento da Coordenação (TDC) em todo o mundo, como este que vivemos. O TDC não é um transtorno novo. Ao longo de décadas, diferentes termos foram usados para descrever crianças com dificuldades para coordenar os movimentos que resultam em inabilidade para desempenhar as atividades diárias, como, por exemplo, crianças com dispraxia, com disfunção de integração sensorial ou ainda com disfunção neurológica leve ou déficits de controle motor. Entretanto, as dificuldades enfrentadas por essas crianças foram frequentemente negligenciadas nas áreas da saúde e educação. A ausência da identificação de condição médica ou neurológica que expliquem essas dificuldades observadas pode ter contribuído em parte para esse descaso. Outra possível explicação reside na falta de reconhecimento inicial do transtorno como global, ou seja, da profunda repercussão que o transtorno tem sobre a aprendizagem escolar e sobre a interação social dessas crianças ao longo do tempo.

No entanto, com a crescente produção de conhecimento, principalmente decorrente de pesquisa translacional - a qual busca produzir resultados básicos e eficientes que beneficiem diretamente a prática -, esta situação tem crescentemente se transformado. As evidências científicas de que as dificuldades motoras repercutem consideravelmente na vida diária das crianças com TDC, de forma que as demandas de planejamento e organização da criança, na casa e na escola, representam um esforço incomensurável para as mesmas, tem contribuído para a conscientização pública do TDC. A padronização internacional mais recente do termo utilizado para descrever o transtorno que acomete essas crianças, com o uso do termo TDC no Manual Diagnóstico e Estatístico de Transtornos Mentais, universalizou o fenômeno e ampliou a comunicação entre pes-

1 PhD Human Exercise Science - Motor Behavior. Professor Universidade Federal do Rio Grande do Sul.

quisadores, médicos, educadores e terapeutas envolvidos no cuidado e suporte da criança com TDC.

Felizmente, o crescente interesse por essas crianças, tanto na pesquisa acadêmica, quanto na prática clínica e educacional, leva a uma maior compreensão do fenômeno, a uma avaliação e identificação mais precoce das crianças com TDC e a uma oferta de diferentes estratégias interventivas que podem repercutir positivamente a curto, médio e longo prazo na vida da criança com TDC e de suas famílias. Este livro é um exemplo desse esforço coletivo de avançar no entendimento da criança com TDC. Neste momento, especificamente, é tempo de organizar o conhecimento sistemático produzido e trazê-lo para dentro da escola, e o livro "Meu aluno tem Transtorno do Desenvolvimento da Coordenação (TDC): e agora?", da coleção intitulada "Aos Mestres com Carinho", cumpre esse importante papel social.

Transformar o conhecimento atual produzido na pesquisa em estratégias práticas, gerando resultados significativos e aplicáveis que beneficiem diretamente as experiências da criança com TDC no ambiente escolar é a meta essencial deste livro. Os capítulos apresentados encorajam e promovem a colaboração multidisciplinar entre pesquisadores e clínicos no entendimento do TDC. Ademais, os capítulos também auxiliam na escolha de estratégias educacionais de avaliação e intervenção que possibilitem uma experiência escolar produtiva e prazerosa para a criança com TDC. Esse livro identifica, descreve e promove a adoção de práticas efetivas no ambiente escolar, as quais são fundamentadas em pesquisa. Conjuntamente, incorpora os desejos de educadores e do público em geral – especialmente familiares. Por outro lado, esse livro incorpora também os desejos das comunidades científicas engajadas em determinar as necessidades da criança com TDC, fornecendo recursos direcionados para lidar com as barreiras que podem limitar as ações educacionais e promovendo práticas educacionais e clínicas inovadoras que beneficiem a criança com TDC nos diferentes ambientes da vida escolar e social.

No primeiro capítulo deste livro, "O Transtorno do Desenvolvimento da Coordenação: Saberes Necessários aos Professores", os autores nos proporcionam uma visão abrangente do TDC e de estratégias para a identificação de crianças e adolescentes com TDC no meio escolar. Além disso, proporcionam uma discussão sobre processos interventivos e as possíveis repercussões de intervenções educacionais sistematizadas. Os autores alertam também para a necessidade da conscientização de familiares e professores e para a necessidade de elaboração de diretrizes comuns que possibilitem a visibilidade da criança e adolescente com TDC.

No segundo capítulo, "Implicações dos Conhecimentos Sobre os Transtornos do Neurodesenvolvimento nas Dificuldades Motoras", os autores nos propiciam compreender as dificuldades de identificação da criança com TDC, enquanto diagnósticos coexistentes – como TDAH, TEA e transtornos de aprendizagem – são detectados. As possíveis razões de evolução menos favorável nos casos de comorbidades também são discutidas no capítulo. Os autores destacam a necessidade de uma abordagem multidisciplinar e do papel ativo da escola na educação dessas crianças.

No terceiro capítulo, "Como identificar crianças com possível quadro de TDC em sala de aula", a autora apresenta a importância dos sinais de risco observáveis em criança em idade escolar. São expostas informações sobre o uso da triagem motora no ambiente escolar, com a observação das dificuldades na execução de tarefas nas aulas de educação física, no recreio, na sala de aula e nas dependências da escola.

No quarto capítulo, "Modelo de Avaliação e Intervenção Integrativa na Escola: Crianças com Transtorno de Desenvolvimento da Coordenação", são descritas, de forma interdependente, as dificuldades motoras, cognitivas e sociais enfrentadas por crianças com TDC. A autora nos propicia compreender a importância de implementar um modelo integrado para a avaliação e intervenção de crianças com TDC no ambiente escolar. Isso é apoiado na perspectiva bioecológica de desenvolvimento, a qual destaca a relevância do contexto – escola e família - na rede de relações e no apoio da criança com TDC.

O quinto capítulo do livro é chamado "Orientação Cognitiva Para o Desempenho Ocupacional Diário na Escola: Estratégias e Contribuições da Terapia Ocupacional". As autoras nos proporcionam informações relevantes sobre estratégias específicas para apoiar e encorajar as crianças com TDC a participarem das atividades rotineiras da escola. É destacado a importância do trabalho multidisciplinar, com a participação efetiva da terapia ocupacional, na escola e no suporte da criança com TDC.

No sexto capítulo, "Participação de Crianças com Transtorno do Desenvolvimento da Coordenação no Contexto Escolar: Implicações e Direcionamentos", uma ampla reflexão sobre as características motoras e o impacto dessas dificuldades na funcionalidade da criança no ambiente escolar é exposta pelos autores. Salienta-se também estratégias para nortear os encaminhamentos e direcionamentos escolares, a fim de promover a participação da criança com TDC no contexto escolar.

O sétimo capítulo é intitulado "O uso de vídeo games ativos para crianças com TDC na escola: uma ferramenta promissora" e os autores estabelecem uma discussão sobre o uso da realidade virtual com vídeos games ativos para crianças com TDC no contexto escolar. Estratégias relevantes para a implementação de intervenções com esses recursos, com a finalidade de facilitar a integração, imersão, envolvimento e aprimoramento de habilidades motoras em crianças com TDC, são fornecidas.

No oitavo capítulo, "TDC em Crianças das Zonas Urbana, Rodoviária, Rural e Ribeirinha da Cidade de Manaus", destaca-se a importância de compreender o TDC em crianças de diferentes regiões e culturas, tendo como enfoque o Amazonas. Os autores refletem sobre as pesquisas iniciais no Brasil e os desafios de pesquisar esse fenômeno no contexto Amazônico, propiciando evidências para características transculturais do transtorno.

O nono capítulo do livro, "Lidando com o TDC: estratégias práticas para pais e professores", propicia uma ampla reflexão sobre a identificação e as necessidades da criança com TDC no ambiente escolar. As autoras propõem a implementação de estratégias no ambiente escolar organizadas em três diferentes níveis crescentes de intensidade e intervenção, objetivando promover o sucesso da criança na escola e potencializar o uso de recursos para os profissionais que atuam no ambiente escolar.

No décimo capítulo desse livro, intitulado "Prevalência de TDC em Escolares com Dificuldades de Aprendizagem", discute-se a identificação da prevalência do TDC em crianças com e sem dificuldades de aprendizagem. É destacado também a importância do monitoramento periódico por meio de escalas de triagem no ambiente escolar. Dessa forma, os autores possibilitam a discussão sobre os benefícios da prática sistematizada de atividades neuropsicopedagógicas ludomotoras nas séries iniciais do ensino fundamental em uma perspectiva preventiva.

Por fim, no décimo-primeiro capítulo, "Caracterização do desempenho motor de escolares do Ensino Fundamental por meio do uso de questionário para pais e professores", as autoras destacam a discordância entre pais e professores quanto as dificuldades motoras, emocionais, motoras e de organização demonstradas por crianças com TDC. Ademais, alertam para a necessidade de maior divulgação do tema para pais e professores.

Este livro promove práticas educacionais baseadas em evidências científicas e desafia os leitores a entender e enfrentar as possíveis dificuldades da criança com TDC no ambiente escolar com estratégias de ensino e aprendizagem eficazes. Dessa forma, contribui para a disseminação de pesquisas relevantes sobre o tema, com repercussão educacional e clínica. Ainda, cumprindo um pressuposto da pesquisa translacional, o livro busca aproximar o conhecimento da pesquisa na saúde e na educação para a aplicação prática com impacto social.

Convido o leitor a conhecer, apreciar e significar essa obra.

TRANSTORNO DO DESENVOLVIMENTO DA COORDENAÇÃO: SABERES NECESSÁRIOS AOS PROFESSORES

Lúcio Fernandes Ferreira[2]

Samia Darcila Barros Maia[3]

Andrea Michele Freudenheim[4]

INTRODUÇÃO

A área de estudos do Desenvolvimento Humano investiga os processos de mudança e estabilidade nos domínios afetivo-social, cognitivo e motor ao longo do ciclo de vida. Preocupa-se em **identificar** os fatores que podem potencializar ou restringir o desenvolvimento; **descrever** e **explicar** as possíveis causas e seus efeitos no comportamento observado; **predizer** o desenvolvimento futuro baseado no desenvolvimento anterior ou atual; e, apresentar propostas de **intervenção** para que o desenvolvimento ocorra de forma adequada (Papalia, Olds & Feldman, 2006).

As teorias de desenvolvimento humano possuem papel importante na história da psicologia da criança e do adolescente. Ao longo do tempo, teóricos dessa área se dedicaram a descrever as mudanças sistemáticas do comportamento relativas à infância e à adolescência, na cognição, emoção, no movimento e nas relações entre esses aspectos. Tais teorias organizaram, dotaram de significado e coerência os comportamentos observados que permitiram a dedução e sua testagem em trabalhos empíricos subsequentes (Dubas et al., 2003). No domínio afetivo- social,

2 Professor Permanente do Programa de Pós-Graduação da Faculdade de Educação/ PPGE-FACED/Universidade Federal do Amazonas, UFAM.

3 Dra. em Educação, Universidade Federal do Amazonas, UFAM.

4 Professora associada, orientadora de mestrado e doutorado da Escola de Educação Física e Esporte da Universidade de São Paulo, USP.

destaca-se a influência dos ambientes e o impacto da experiência social ao longo do curso de vida, pois a cada fase de desenvolvimento, o indivíduo se defronta com um conflito central, isto é, uma crise - normal e saudável - que precisa ser superada (Erikson, 1968). Na infância, quando confiança, autonomia e iniciativa se fortalecem, juntamente com o sucesso mediante esforço, resulta o desenvolvimento de competências. Na adolescência, a crise se caracteriza pelo desenvolvimento da identidade que, em constante mudança, depende das experiências e informações adquiridas nas interações diárias. Assim, crianças e adolescentes que recebem encorajamento e reforço apropriados às suas respectivas necessidades de exploração pessoal, tendem a emergir desses estágios de crise mais fortalecidos, independentes e com melhor autocontrole.

No entanto, há inúmeros transtornos, ou seja, alterações da ordem regular e esperada das mudanças. Entre eles, o Transtorno do Desenvolvimento da Coordenação (TDC), tema do presente capítulo, com prevalência na infância estimada em 6% (APA, 2013). Essa prevalência ranqueia o TDC entre os transtornos de desenvolvimento mais frequentes de crianças e adolescentes (Sugden, 2007; Wann, 2007). Para mais, no contexto nacional os valores da prevalência entre nossas crianças superam os preconizados pela literatura (APA, 2013, Sugden & Wright, 1998; Geuze et al, 2001; Blank et al, 2019). Na região Sul, por exemplo, encontramos valores entre 10,5% e 36% de escolares com provável TDC severo e na região Norte, no contexto amazônico, encontramos valores entre 8% e 15,5% de escolares com provável TDC (Souza et al., 2006; Santos et al., 2015; Cabral, 2018).

Os indivíduos com TDC apresentam características de prejuízo identificáveis no domínio motor que, em função do comprometimento motor propriamente dito, podem gerar consequências no desenvolvimento nos domínios cognitivo, emocional e social e assim criar obstáculos a uma vida plena de realizações.

Nesse sentido, parte-se do pressuposto de que quanto mais precoce for a observação dos indicadores e a identificação do TDC, maiores as chances de auxiliar, acompanhar e intervir no curso de desenvolvimento de crianças e adolescentes com TDC (Ferreira et al., 2015). Por outro lado, a negligência pode ser desastrosa e afetar o seu comportamento e desenvolvimento. Desta maneira, fica clara a importância de professoras e professores possuírem saberes sobre o TDC.

Para permitir às leitoras e leitores autonomia na escolha do ordenamento de sua leitura segundo interesse, no presente capítulo, separamos estes saberes a partir das questões: 1) TDC, o que vem a ser?; 2) Quais as características de quem apresenta o TDC?; 3) Como podemos identificar crianças e adolescentes com TDC?; 4) Quais as possíveis consequências do TDC ao longo do tempo?; 5) Intervenções educacionais sistematizadas podem ser benéficas?; e, 6) Como professoras e professores podem ajudar?

Neste capítulo, nem que pretendêssemos poderíamos esgotar o assunto. Essas perguntas têm sido constantemente revisitadas em estudos que vão se complementando, pois em ciência não há resposta definitiva, mas sim, uma aproximação crescente. Como enunciado no título, o presente capítulo tem como objetivo prover as professoras e professores de saberes necessários ao melhor cumprimento de sua função de educadores. Vale destacar que os saberes aqui apresentados estão fundamentados em conhecimentos acadêmico-científicos atualizados.

1. TDC, O QUE VEM A SER?

O TDC é considerado um transtorno do neurodesenvolvimento, comum em crianças e adolescentes, marcado por dificuldades no desenvolvimento da coordenação motora, manifestadas pelo comprometimento da aprendizagem e da execução de habilidades motoras (Ferreira et al., 2015). Essas dificuldades no desenvolvimento interferem negativamente no desempenho de atividades sociais, Atividades de Vida Diária (AVD) e em Atividades de Vida Escolar (AVE) (Magalhães et al., 2011), que não são atribuíveis e nem explicáveis por causas neurológicas e/ou físicas (APA, 2013; Santos et al., 2015).

A princípio, assumia-se que o TDC era, simplesmente, um atraso motor que seria superado pelo processo maturacional. No entanto, resultados de estudos realizados no final do século passado mostraram tratar-se de uma "deficiência" crônica e persistente ao longo da vida. Assim, a expectativa de que o transtorno desapareceria naturalmente foi descartada (Losse et al., 1991; Geuze & Borger, 1993; Davenport et al., 2003).

Como causa do TDC, foram levantadas hipóteses relacionadas a problemas: perceptivos, nos mecanismos visuais; vestibular e proprioceptivo (Willoughby & Polatajko, 1995); de processamento central, envolvendo estratégias cognitivas (Connolly, 1980), fisiológicos (Gubbay, 197; 1978 e, em fatores perinatais (Marlon et al, 1989; Pearsall-Jones et al.; 2009; Roberts et al., 2011). Porém, buscar encontrar a causa do TDC tem sido, até o momento, uma tarefa fracassada. Suas características heterogêneas, que ratificam sua complexidade, têm apontado na direção de uma associação entre diversos fatores (Henderson & Hall, 1982; Miyahara & Möbs, 1995; Smits-Engelsman et al., 2011).

2. QUAIS AS CARACTERÍSTICAS DE QUEM APRESENTA TDC?

Para caracterizar crianças e adolescentes com TDC, reforçaremos primeiro a heterogeneidade de sua manifestação para, na sequência, apresentar as características comuns, que favorecem sua identificação.

Embora apresentem características em comum, crianças e adolescentes com TDC constituem um grupo 'heterogêneo'. Diferem no grau de suas dificuldades (leves ou graves) para realizar as tarefas diárias, podendo afetar quase todas as atividades ou apenas específicas (Missiúna et al., 2010) e/ou escolares (Magalhães et al., 2011). Os desafios também diferem em severidade no domínio motor, podendo variar conforme as demandas ambientais e tarefas praticadas durante a infância, afetando mais as funções motoras grossas e posturais e/ou as habilidades motoras finas que requerem coordenação viso-motora (Missiúna et al., 2010). Frequentemente, outros transtornos desenvolvimentais coocorrem com o TDC. Nesse sentido, crianças e adolescentes com TDC também diferem no grau em que apresentam condições coocorrentes, como incapacidade de aprendizagem (Bryant & Bradley, 1987; Law, Polatajko & Miller, 1989), dificuldade de fala (Rintala, Pienimaki, Ahonem, Cantell & Kooistra, 1998; Hill, 2001), Transtorno de Déficit de Atenção (Kaplan, Wilson, Dewey & Crawford, 1998; Alves et al., 2008) e Dislexia (Geuze & Kalverboer, 1994).

No quesito dessas coocorrências, frequentemente, não se pode afirmar o que é causa e o que é consequência (Shoemaker & Kalverboer, 1994), bem como afirmar se o TDC ocorre isoladamente ou se o padrão de debilidade corresponde à manifestação de um déficit subjacente maior. Certamente, essa característica do TDC nos coloca frente a um problema: quando há coocorrência de transtornos desenvolvimentais que afetam o desempenho escolar e/ou o comportamento afetivo-social, o transtorno motor é tido como de menor gravidade (Henderson & Barnett, 1998) ou, até mesmo, ignorado (Santos et al., 2015). Entretanto, crianças e adolescentes que apresentam TDC de forma isolada – mais exceção do que regra –, merecem atenção e auxílio no quesito do desenvolvimento motor tanto quanto os que apresentam coocorrências (Ferreira & Freudenheim, 2017). O transtorno motor por si só é suficiente para causar prejuízos ao desenvolvimento nos demais domínios do comportamento (Henderson & Hall, 1982).

Até aqui, ao caracterizar crianças e adolescentes com TDC, reforçamos a heterogeneidade de sua manifestação, mas há características comuns, que favorecem o reconhecimento da condição. A seguir, mesmo podendo diferir em grau de dificuldade, apresentamos características comuns às crianças e adolescentes que apresentam o TDC (Quadro 1).

QUADRO 1: Características de crianças e adolescentes com TDC.

Características Físicas	Características Emocionais / Comportamentais
1. Desajeitamento na execução de movimentos. Esbarra, derrama ou derruba coisas. 2. Durante a infância apresenta dificuldades com habilidades motoras grossas (corpo inteiro), habilidades motoras finas (usando as mãos) ou ambas. 3. Atraso no desenvolvimento de certas habilidades motoras durante a infância, como andar de triciclo / bicicleta, pegar uma bola, pular corda, fechar botões e amarrar cadarços. 4. Discrepância entre suas habilidades motoras e suas habilidades em outras áreas. Por exemplo, as habilidades intelectuais e de linguagem podem ser bastante fortes, enquanto as habilidades motoras estão atrasadas, notada principalmente na fase escolar. 5. Dificuldade em aprender novas habilidades motoras. Uma vez aprendidas, certas habilidades motoras podem ser executadas muito bem, enquanto outras podem continuar a ser mal executadas. 6. Dificuldade com atividades que requeiram mudanças constantes em sua posição corporal ou quando ela deve se adaptar às mudanças no ambiente (por exemplo, queimada, vôlei). 7. Dificuldade em atividades que requeiram o uso coordenado de ambos os lados do corpo (por exemplo, cortar com uma tesoura, dar passos largos, balançar um taco ou manusear um taco de hóquei). 8. Baixo controle postural e pouco equilíbrio, especialmente em atividades que exigem equilíbrio (por exemplo, subir escadas, ficar em pé enquanto se veste). 9. Dificuldade em escrever à mão. Essa habilidade envolve a interpretação contínua de feedback sobre os movimentos da mão ao planejar novos movimentos, e é uma tarefa muito difícil para a maioria dos indivíduos com TDC.	1. Falta de interesse ou aversão determinadas atividades, especialmente aquelas que exigem uma resposta física. Para crianças e adolescentes com TDC, o desempenho das habilidades motoras requer um esforço significativo. A fadiga e o fracasso repetido podem fazer com que evitem participar de tarefas motoras. 2. Baixa tolerância à frustração, diminuição da autoestima e falta de motivação devido às dificuldades para enfrentar as atividades que são exigidas em todos os aspectos de sua vida. 3. Isolamento social, principalmente durante a fase escolar. Algumas crianças procuram crianças mais novas para brincar, enquanto outras brincam sozinhas ou seguem o educador ou supervisor escolar. Isso pode ser devido à diminuição da autoconfiança ou rejeição às atividades físicas. 4. Baixa satisfação com seu desempenho (por exemplo, apaga trabalhos escritos, reclama de desempenho em atividades motoras, mostra frustração com o produto do trabalho). 5. Resistência a mudanças em sua rotina ou em seu ambiente. Se o indivíduo tem que despender muito esforço para planejar uma tarefa, mesmo uma pequena mudança em como ela deve ser realizada pode representar um problema significativo.

Fonte: Adaptado de Missiuna, Rivard, Pollock (2011).

Outras características comuns às crianças e adolescentes com TDC são: dificuldade em equilibrar a velocidade da execução motora com a necessidade de precisão, por exemplo, a escrita à mão ser elegante, mas extremamente lenta (Rosemblum & Livineh-Zirinski, 2008); dificuldade em atividades escolares, como em operações matemática (Pieters, et al.,

2012; Pulzi & Rodrigues, 2015; Gomez et al. 2015) na linguagem escrita, que exige que a caligrafia seja precisa e organizada na página (Missiúna et al., 2011); dificuldade com as atividades da vida diária, como vestir-se, usar talheres, escovar os dentes, fechar zíperes, organizar a mochila (Summers et al., 2008); dificuldade para concluir o trabalho dentro do prazo, organizar sua mesa, armário, dever de casa e até mesmo distribuir o espaço em uma página (Huau et al., 2015; Prunty et al., 2015).

Quando uma ou mais dessas dificuldades são observadas no comportamento da criança ou do adolescente e quando elas interferem em sua capacidade de participar com sucesso nos ambientes doméstico e escolar, recomendamos a realização da avaliação motora, seja informal e ou mais sistematizada, por profissional capacitado e, se possível, avaliação médica, fisioterapêutica, fonoaudióloga e psicológica.

3. COMO PODEMOS IDENTIFICAR CRIANÇAS E ADOLESCENTES COM TDC?

A introdução do termo TDC e de critérios para sua identificação e diagnóstico no manual diagnóstico e estatístico de transtornos mentais (DSM-III, APA, 1987) e do reconhecimento da condição pela Organização Mundial da Saúde (OMS/CID-10), embora com outra terminologia – desordem específica da função motora –, foi de grande valia para o reconhecimento do fenômeno como transtorno. E, consequentemente, impulsionou os estudos sobre o tema (Sugden & Wright, 1998; Geuze et al., 2015).

O processo de identificação e diagnóstico do TDC segue quatro critérios estabelecidos no DSM-V (APA, 2013, pag. 74):

A. A aprendizagem e execução de habilidades motoras coordenadas estão substancialmente abaixo do esperado dada a idade cronológica da pessoa e oportunidade para aquisição e uso das habilidades motoras. As dificuldades manifestam-se por "desajeitamento" (por exemplo, deixar cair ou bater em objetos), bem como lentidão e imprecisão do desempenho de habilidades motoras, por exemplo, pegar um objeto, usar uma tesoura ou talheres, caligrafia, andar de bicicleta um participar de esporte.

B. Os déficits nas habilidades motoras mencionados no critério A interferem significativa e perceptivamente nas atividades de vida diária adequada à idade cronológica (por exemplo, autocuidado e automanutenção) na produtividade acadêmica/escolar, nas atividades pré-profissionais e profissionais, de lazer e de jogos.

C. Os primeiros sintomas acontecem no período inicial de desenvolvimento.

D. Os déficits nas habilidades motoras não são explicados por deficiência intelectual (transtorno do desenvolvimento intelectual) ou deficiência visual e não são atribuíveis condição neurológica que afeta o movimento (por exemplo, distrofia muscular, paralisia cerebral ou doença degenerativa).

Os itens A e B devem ser usados como critérios de inclusão, enquanto os critérios C e D (DSM-IV, APA, 2000) como de exclusão (Smits-Engelsman et al., 2015).

Atender a todos esses critérios não é tarefa fácil, principalmente, quando lidamos com indivíduos (alunos) do contexto escolar. Para contornar essa dificuldade Smits-Engelsmann e colaboradores (2015) propuseram a adoção da terminologia diferenciada para se referir à situação de impossibilidade de verificação de todos os critérios de identificação determinados pelo "DSM-V":

1. **TDC severo (TDCs)**: quando todos os critérios do DSM-V são atendidos. Crianças e adolescentes com escore de desvio padrão de, no mínimo, 1,64 abaixo da média (≤ 6º percentil), a partir de teste motor validado.
2. **TDC moderado (TDCm)**: quanto todos os critérios do DSM-V são atendidos. Crianças e adolescentes com escore de desvio padrão de 1 (1,64) abaixo da média (entre o 6º e o 15º percentil) a partir de teste motor validado.
3. **Provável TDC (pTDC)**: quando há descrição do critério ou critérios utilizados, porém, um ou mais critérios não foram atendidos. Por exemplo, não há informação sobre as atividades escolares (AVE) ou sobre os critérios de exclusão C e D. Crianças com **pTDC** têm escore com desvio padrão de, no mínimo, 1 (1,64) abaixo da média (≤ 16º percentil).
4. **Risco para TDC (rTDC)**: quando todos os critérios do DSM-V são atendidos. Crianças com idade ≤ 5 anos. Caso, nas reavaliações subsequentes, todos os critérios sejam atendidos a identificação e o diagnóstico devem ser confirmados.

Importante ressaltar que, a inserção no critério A da redação "... **e oportunidade para aquisição e uso das habilidades motoras**" exige definir e avaliar tal condição. No entanto, os instrumentos e testes de identificação e diagnóstico do TDC existentes não contemplam esse aspecto. Dessa forma, enquanto permanecerem as dúvidas sobre como atender esse aspecto, melhor será evitar a utilização do termo "diagnóstico" (Henderson & Geuze, 2015; Smits-Engelsman et al., 2015).

A identificação do transtorno motor pode ser feita informalmente pelos pais, familiares e/ou professores quando percebem que as crianças e adolescentes não estão alcançando os marcos motores, apresentam dificuldades em tarefas de autoajuda, tarefas escolares, nas relações sociais, ou em tarefas com demandas motoras (manipulativas, estabilizadoras e locomotoras). A função também pode ser avaliada por profissionais como, por exemplo, o fisioterapeuta e o pediatra (Ferreira & Freudenheim, 2017). Assim, tanto a criança quanto o adolescente podem ser observados e avaliados informalmente em diferentes contextos: doméstico, escolar, de lazer e em consultório (Sugden & Wright, 1998).

O processo de identificação e diagnóstico do TDC será mais bem conduzido a partir do conhecimento da existência de uma trajetória, ao longo dos anos, onde diversos comportamentos – cognitivos, afetivos, sociais e motores – (Quadro 2) são afetados e impactam negativamente tanto em tarefas do dia a dia quanto escolares, provocando atitudes agressivas ou tornando crianças e adolescentes excessivamente dependentes e passivos (Missiúna et al, 2011). Esses comportamentos indicadores de TDC podem ser observados por pais, familiares e professores.

QUADRO 2: Indicadores de TDC durante a infância e adolescência.

Faixa etária	Indicativos
7-12 anos **Dificuldades na escola**	• Pega no lápis de maneira desajeitada; • Dificuldade para terminar trabalhos escritos; • Discrepância entre habilidade verbal e desempenho em provas e avaliações; • Frustração na escrita e dever de casa.
8-13 anos **Problemas motores**	• Participação limitada em esportes e atividades extracurriculares; • Tende a observar ao invés de participar; • Vitimização, *bullying* e isolamento social.
14 anos em diante **Comportamento emocional**	• Fica frustrado(a), evita brincadeiras ativas e atividades motoras finas; • Não gosta de esportes e recreação ativa, risco de sedentarismo; • Faz comentários autodepreciativos; • Baixa autoestima, baixo senso de competência; • Ansiedade, depressão e isolamento.

Fonte: Adaptado de Missiúna, Gaines e Sucie (2010).

Além da observação informal ao longo dos anos, faz-se necessário que ocorra avaliação formal, isto é, aplicação de instrumentos e testes com normas referenciadas. A avaliação com norma referenciada compreende a aplicação de testes padronizados aplicados por profissionais (entre eles, pediatras, fisioterapeutas, terapeutas, psicólogos, fonoaudiólogos, profissionais de educação física), envolvendo tanto medidas quantitativas quanto qualitativas (Ferreira & Freudenheim, 2017, pg. 93). Como as medidas qualitativas dependem de julgamento mais subjetivo do que as quantitativas (Keogh, Sugden, Reynard & Calkins, 1979), recomenda-se que sejam usadas de forma complementar na identificação de crianças e adolescentes com TDC (Henderson, 1987). Tal associação ocorre na Bateria de Avaliação do Movimento para crianças (*Movement Assessment Battery for Children*).

A Bateria de Avaliação do Movimento para crianças (*Movement Assessment Battery for Children*) – 1ª e 2ª edições – (Henderson & Sugden, 1992; Henderson, Sugden & Barnett, 2007) visa identificar transtornos ou atrasos no desenvolvimento motor de crianças e adolescentes. Pode ser aplicada nos contextos clínico e educativo, bem como em estudos em áreas relacionadas ao desenvolvimento infantil (Geuze et al., 2001) e do adolescente, abrangendo as idades de 3 a 16 anos. Essa bateria é composta por dois instrumentos complementares – Lista de Checagem e Bateria Motora – que atendem aos critérios da Associação Americana de Psiquiatria (APA) e permitem a avaliação em diferentes contextos.

A Lista de Checagem (LC) apresenta três seções, que envolvem observar, respectivamente: (1) seção A, os comportamentos motores em ambiente previsível; (2) seção B, comportamentos motores em ambiente imprevisível; e (3) seção C, aspectos que possivelmente afetam negativamente o comportamento motor (Henderson, Sugden & Barnett, 2007). A versão brasileira da LC demonstrou ser válida e fidedigna para triagem de crianças com transtornos motores (Ramalho et. al., 2013).

A Bateria Motora (BM) mede três classes de habilidades motoras: (1) destreza manual; (2) mirar e receber; e (3) equilíbrio. Para cada classe a BM apresenta tarefas motoras específicas por faixa etária: faixa 1, de 3 a 6 anos; faixa 2, de 7 a 10 anos; e faixa 3, de 11 a 16 anos (Henderson, Sugden & Barnett, 2007).

A BM é de fácil aplicação, pois permite a prática de cada tarefa; as tarefas são específicas e as orientações sobre os aspectos a serem reforçados pelo examinador, em vista do executante obter seu melhor desempenho na tarefa, são claras e objetivas (Henderson & Sugden, 1992). A flexibilidade na organização das tarefas possibilita à criança sentir-se motivada, encorajada e capaz de obter sucesso. Em sendo apresentadas na forma de jogos e brincadeiras de fácil entendimento, as tarefas demandam pouca instrução verbal, requerendo assim reduzido tempo de atenção, ou seja, parado. Além de seu importante papel na avaliação e identificação do TDC, a BM fornece informações que podem auxiliar na orientação, planejamento e execução de programas de intervenção (Ferreira & Freudenheim, 2017)

Como já mencionado, quanto mais precoce a observação dos indicadores e a identificação do TDC, maior a chance de auxiliar, acompanhar e intervir no curso do desenvolvimento de crianças e adolescentes (Ferreira et al., 2015). Portanto, na confirmação da presença de TDC, pais e professores devem agir conjuntamente e com brevidade, para que os transtornos motores sejam minimizados e as consequências ao longo do tempo, apresentadas no tópico a seguir, evitadas.

4. QUAIS AS POSSÍVEIS CONSEQUÊNCIAS DO TDC AO LONGO DO TEMPO?

Indivíduos que apresentam TDC cumprem uma trajetória de vida marcada por experiências de fracasso, de frustração e dificuldades que se alteram ao longo do tempo. Essa trajetória tem início nos primeiros anos escolares, com os transtornos afetando negativamente a coordenação motora, o que por sua vez prejudica a participação em jogos e brincadeiras infantis, passando para as habilidades de autocuidado, escolares e de relação com seus pares. Em função das repetidas experiências de fracasso, pode afetar negativamente o autoconceito, a saúde emocional e mental da criança, podendo esses prejuízos estender-se para as fases da adolescência e adulta (Missiúna et al, 2007; Kirby et al., 2013; Brianezi, 2017).

Caso haja negligência, as dificuldades advindas do TDC se intensificam na adolescência. Para além das dificuldades motoras, se intensificam aquelas relacionadas às complicações secundárias, ou seja, não diretamente relacionadas ao transtorno motor, como dificuldades de aprendizagem, problemas sociais, emocionais e comportamentais (Bejerot, Edgar & Humble, 2011; Kirby *et al.*, 2013; Hill, Brown & Sorgardt, 2011). Aparecem, em consequência também, com mais frequência os rótulos de preguiçoso, descoordenado, desmotivado e/ou desajeitado (Schoemaker & Kalverboer, 1994; Skinner & Piek, 2001).

Importante frisar que, ao se afastarem dos jogos e brincadeiras, dos exercícios físicos e das atividades esportivas, crianças e adolescentes com TDC formam um grupo de risco para o surgimento de graves problemas de saúde, especificamente, doenças cardiovasculares (Cairney et al., 2010); obesidade (Cairney, Hay, Faught & Hawes, 2005; Wagner,

Kastner, Petermann, Jekauc, Worth & Bö, 2011); e sedentarismo (Green, Lingam, Mattocks, Riddoch, Ness & Emond, 2011), problemas que se agravarão na fase adulta.

Na fase adulta, o TDC impacta a vida pessoal e profissional. Mesmo na fase adulta, indivíduos com TDC podem ter prejuízos na coordenação motora fina e/ou grossa; dificuldades em definir a mão dominante para a realização de tarefas manuais; dificuldade de organizar a linguagem verbal e escrita; dificuldade no controle do tom de voz; podem ter senso de direção inadequado; sensibilidade exagerada ou diminuída para odores, temperatura, dor, paladar e/ou barulho; e, dificuldade de organização, planejamento e problemas de memória, principalmente a de curto prazo (Brianezi, 2017).

Nesse contexto, surge então uma pergunta essencial, a ser tratada no tópico seguinte: há possibilidade de intervir e alterar a trajetória de uma pessoa com TDC, ou seja, de evitar o aumento das dificuldades enfrentadas ao longo do tempo, e contribuir para que leve uma vida mais plena de realizações? Mais especificamente, em havendo identificação e ou diagnóstico do TDC nas fases precoces do desenvolvimento, há intervenções educacionais, que podem evitar muitos dos "sofrimentos" causados pelo TDC?

5. INTERVENÇÕES EDUCACIONAIS SISTEMATIZADAS PODEM SER BENÉFICAS?

É imprescindível a elaboração e o oferecimento de programas de intervenção às crianças e adolescentes com TDC. Esses programas, quando específicos, são benéficos (Hillier, 2007; Miyahara, 1996; Pless, Carlsson, 2000; Wann, 2007; Blank, et al, 2019; Smits-Engelsmann et al., 2013). E, quanto mais precoce for o início de sua aplicação, maior a probabilidade de minimizar os prejuízos vivenciados nos contextos doméstico, comunitário e escolar que podem advir do TDC.

Muitas vezes, mesmo na impossibilidade do completo atendimento aos critérios de diagnóstico do TDC, tanto professores quanto pais observam a existência e persistência de dificuldades motoras no desempenho de tarefas nos ambientes doméstico e escolar. Nesse caso, mesmo que a identificação e o diagnóstico de TDC não estejam consolidados, é recomendável a implementação de ações de intervenção que favoreçam a participação de crianças e adolescentes nas atividades desenvolvidas nesses ambientes (Blank et al, 2019). Ainda, os autores afirmam que, a intervenção sistematizada é crucial principalmente para crianças da educação infantil que apresentam significativas dificuldades motoras.

No contexto escolar, por exemplo, a severidade das dificuldades motoras afeta tanto as habilidades motoras finas, que são exigidas em grande parte das atividades escolares, quanto as habilidades motoras grossas, importantes na participação em jogos e brincadeiras, nos esportes, no lazer e nas relações sociais com seus pares (Blank et al., 2019; Smits-Engelsmann et al., 2018). Esses aspectos juntamente com as características dos diversos ambientes (doméstico, comunitário e escolar), nos quais a criança e o adolescente convivem, devem ser considerados na elaboração de programas de intervenção.

Planejar programas de intervenção não é uma tarefa simples, também em função das características heterogêneas que acompanham o TDC. Por outro lado, há fortes razões para sua implementação (Sugden; Chambers, 2005): (1) a persistência do TDC ao longo da infância, adolescência e fases desenvolvimentais posteriores; (2) a coocorrência de outros transtornos desenvolvimentais e; (3) os prejuízos à trajetória desenvolvimental são reais. Portanto, é necessário assumirmos o compromisso ético de auxiliar o indivíduo com TDC.

Quanto mais informações forem obtidas, melhor será o planejamento do programa de intervenção. As fontes de informação incluem histórico, exame clínico, resultados de testes motores, relatos dos pais, relatos dos professores, relato da própria criança e ou adolescente, relatos de outras pessoas próximas e, se possível, questionários validados (APA, 2013, Blank et al., 2019) como, por exemplo, Lista de Checagem do teste MABC-2 (Valentini, et al., 2014) e DCDQ-B (Magalhães, et al., 2011). É necessário também, levar em conta os aspectos psicossociais decorrentes do TDC.

Aspectos psicossociais, como ansiedade (Schoemaker & Kalverboer, 1994) e autoconceito (Piek, Baynan & Barret, 2006) devem ser monitorados e acompanhados ao longo da intervenção, por meio de instrumentos padronizados e validados, tais como, *Strengths and Difficulties Questionaire* (Goodman, 1997); *Perceived Efficacy and Goal Setting System* (Missiúna, 1998; Missiúna, Rivard & Pollock, 2004); *Children's Self-Perceptions of Adequacy in and Predilection for Physical Activity Questionaire* (Cairney et al., 2007; Hay, Hawes & Faught, 2004). Em suma, ao planejar um programa de intervenção, independentemente de sua abordagem de base, devemos ser o mais rigorosos possível na identificação e diagnóstico do TDC e considerar os aspectos motor e psicossocial.

Segundo a Classificação Internacional Funcional (CIF), programas de intervenção devem visar metas para remediar os prejuízos, reduzir as limitações nas diversas práticas (motoras, afetivo-sociais, escolares) e possibilitar uma participação mais ativa (Ferreira & Freudenheim, 2017). Entendemos assim, que a CIF fortalece a importância da interação entre criança/adolescente, ambiente (doméstico, comunitário, escolar), a melhoria de sua saúde física e mental ou suas deficiências.

Atualmente a CIF agrupa os programas de intervenção em três abordagens (Blank et al., 2019). A primeira abordagem, **orientada a estrutura e função corporal**, abrange atividades que visam melhorar as funções corporais consideradas subjacentes à dificuldade motora funcional identificada. Na abordagem seguinte, **orientada à atividade**, o foco é melhorar o desempenho em uma atividade específica. E a terceira abordagem, **orientada a participação**, visa melhorar a participação em dada atividade em situação da vida diária.

As abordagens orientadas à atividade e à participação têm como conteúdo da intervenção a aprendizagem e o treinamento da habilidade ou de habilidades motoras específicas (Blank et al., 2019). No caso dessas abordagens, as seguintes recomendações são cruciais: (1) propor tarefas orientadas às necessidades da criança e ou adolescente (atividades que tenham significado para eles); (2) propor tarefas orientadas à meta (com foco em atividades e na participação como descritos na versão infantil e adolescente da CIF; (3) escolher tarefa e contexto específico (o que é aprendido e em qual circunstância); (4) considerar que crianças e ou adolescentes têm papel ativo; (5) objetivar a funcionalidade, não a normalidade; e (6) promover o envolvimento ativo de pais e responsáveis favorecendo a transferência da aprendizagem (Blank et al., 2019).

Os programas de intervenção (Hung & Pang, 2010; Boney, Ferguson & Smits-Engelsman, 2017; Noordstar et al., 2017;Wood et al., 2017) são o marco inicial para a transformação de um ciclo de exclusão, autoexclusão e isolamento social vivenciado por crianças e adolescentes com TDC, em uma trajetória desenvolvimental emoldurada pela autoconfiança, autocompetência, pelo sentimento de pertencimento, pela participação ativa nos diferentes ambientes (doméstico, comunitário, escolar) e pela adoção de hábitos saudáveis e melhoria de sua qualidade de vida (Missiúna, Rivard & Bartlett, 2006).

6. COMO PROFESSORES PODEM AJUDAR?

Professores são fundamentais no processo de identificação da criança e ou adolescente que necessita de atendimento educacional especializado, em razão de suas dificuldades cognitivas e comportamentais relacionadas à aprendizagem (Rodrigues, 2001; Porath, 1997), em especial, às advindas do TDC.

Os prejuízos motores e as consequências geradas pelo TDC podem ser observados nas crianças e adolescentes no cotidiano, durante a realização das atividades escolares, nas aulas de educação física, nos comportamentos exibidos nos corredores, no pátio e nos intervalos entre as aulas (Missiúna et *al*., 2003). Nesse ambiente, os professores (Sax & Kautz, 2003), se bem preparados, serão os primeiros a perceber características da possível presença do TDC (Sugden & Wright, 1998). Portanto, professores desempenham papel chave nas ações de identificação, gestão e encaminhamento de crianças e adolescentes com transtornos motores, ações essas necessárias à sua inclusão escolar.

Para facilitar sua observação, é importante que os professores recorram a quatro perguntas: (1) A carência de competência em habilidades motoras está afetando outras áreas da aprendizagem? (2) A interação com outras pessoas está sendo afetada? (3) O(a) aluno(a) está se tornando infeliz? e, (4) Outros comportamentos estão ocorrendo em função dos transtornos motores? (Chambers & Sugden, 2006).

Por outro lado, a invisibilidade do TDC, sua não observação no contexto escolar, pode causar a negligência das necessidades educativas especiais (NEE) e aproximar crianças e adolescentes da exclusão e posteriormente do abandono escolar. Cabe mencionar que, por educação inclusiva, entende-se a inclusão de todos, independentemente de seu talento, deficiência, origem socioeconômica ou cultural em ambientes escolares acolhedores e que satisfaçam suas NEE (Stainback & Stainback, 1999). Por NEE entenda-se as dificuldades acentuadas de aprendizagem ou limitações no processo de desenvolvimento, advindas ou não de deficiências, que dificultem o acompanhamento das atividades curriculares (Unesco, 1994; Warnock, 1978), incluindo crianças e adolescentes com TDC.

Para finalizar, além do papel das professoras e professores, enfatizamos a importância da família e sua força no âmbito de assegurar que os direitos de seus filhos, inclusive daqueles com transtornos motores, sejam respeitados (Tiba, 1998). Nesse sentido, professores e pais devem se unir em prol de uma educação inclusiva às crianças com TDC.

CONSIDERAÇÕES FINAIS

A produção de saberes sobre o TDC tem aumentado consideravelmente nos últimos 25 anos. Hoje sabemos mais sobre as características motoras e não motoras de crianças e adultos com TDC; melhoramos o processo de diagnóstico; medimos com mais rigor os resultados das intervenções; e, avançamos no conhecimento sobre os processos subjacentes das deficiências funcionais de crianças e adolescentes com TDC (Henderson & Geuze, 2015). No entanto, quanto mais estudamos sobre esse fenômeno menos parece que sabemos.

Sabe-se pouco sobre as mudanças desenvolvimentais e, para mudar esse quadro poderíamos recorrer a duas formas de estudo longitudinal. Poderíamos acompanhar, registrar e descrever, as mudanças desenvolvimentais ao longo do tempo, em crianças com transtornos motores e ou de crianças nascidas a pré-termo. Na primeira, avaliaríamos maior número de variáveis e destacaríamos as diferenças individuais. Na segunda, obteríamos saberes pertinentes à etiologia e a prevalência do TDC.

Pouco se sabe também sobre os fatores relacionados à aprendizagem motora da criança ou adolescente com TDC. Compreender como o *feedback*, a instrução, o tipo de prática e o estabelecimento de metas, por exemplo, podem afetar a aprendizagem de crianças e adolescentes com TDC seria de grande valia para o planejamento e aplicação de programas de intervenção.

Permanece, por fim, a necessidade, de elaboração de diretrizes de prática clínica, definição, diagnóstico, avaliação e intervenção, em 'terras tupiniquins', a exemplo do que fez a *European Academy Of Childhood Disability* (Blank et al., 2019). Enquanto isso, nos beneficiemos das discussões e propostas nacionais (Ferreira et al., 2015) e das diretrizes internacionais de Blank e colaboradores (2019).

Mas, o mais preocupante no momento, e que com esse capítulo pretendemos alertar, diz respeito ao desconhecimento do TDC por parte de familiares e professores que perpetua a invisibilidade dos transtornos motores nos ambientes doméstico, comunitário e, principalmente, escolar. Nesse último, a preocupação central e quase exclusiva, irrefletida, das escolas ditas 'tradicionais' ou 'conteudistas', com o domínio cognitivo lança um véu sobre os transtornos motores e evidencia a "ignorância" sobre a forte relação existente entre os domínios motor e cognitivo, relação que é, inclusive, imprescindível para o bom desempenho escolar.

Nesse contexto, no presente capítulo tratamos de saberes necessários aos professores, ou seja, buscamos contribuir com sua preparação para bem exercer sua função. Para tornar o TDC mais visível, o iluminamos, tratando de várias de suas facetas, em forma de questões.

REFERÊNCIAS

Alves, Fátima. (2008) Psicomotricidade: corpo, ação e emoção. 4° ed. Rio de Janeiro: Wak.

American Psychiatric Association- APA. (1987). Diagnostic and Statistical manual of mental disorders. 3. ed. rev. Washington, DC: American Psychiatric Association.

American Psychiatric Association- APA. (2013). Developmental Coordination Disorder. In: *Diagnostic and Statistical Manual of Mental Disorders*. 5 ed. American Psychiatric Association. Arlington, p.74.

Bejerot, S.; Edgar, J. & Humble, M. B. (2011). Poor performance in physical education – a risk factor for bully victimization: A case-control study. *Acta Paediatrics*, v. 100, p. 413-419.

Blank R., Barnett A.L., Cairney J., Kirby D.G.A., Polatajko H., Rosenblum S., Smits - Engelsma B., Sugden D. & Vinçon P.W.S. (2019). Recomendações de prática clínica internacional sobre a definição, diagnóstico, avaliação, intervenção e aspectos psicossociais do transtorno do desenvolvimento da coordenação. *Developmental Medicine & Children Neurology, 61*(3), 242–285. https://doi.org/10.1111/dmcn.14132

Boney, E., Ferguson, G. & Smits-Engelsman (2017). B. The efficacy of two activity--based interventions in adolescents with developmental coordination disorder. *Research in Developmental Disatility*, 223-236.

Brianezi, S. E. (2017). Dispraxia: entenda o transtorno e as consequências da falta de diagnóstico. Saúde e Bem-Estar. Disponível em: < https://zenklub.com.br/a-dispraxia-e-um-disturbio-tambem-de-adultos/> Acesso em 02.04.2021.

Bryant, P. & Bradley, L. (1987). *Problemas de leitura na criança*. Porto Alegre: Artes Médicas.

Cabral, G. C. F. (2018), Prevalência de crianças com provável transtorno do desenvolvimento da coordenação: um saber necessário para inclusão educacional no contexto amazônico. Dissertação - Programa de Pós-graduação em Educação da Universidade Federal do Amazonas.

Cairney, J.; Hay, J. A.; Faught, B. E.; Wade, T. J. & Corna, L. E Flouris, A. (2005) Developmental Coordination Disorder, Generalized Self-Efficacy Toward Physical Activity, and Participation in Organized and Free Play Activities. *The Journal of Pediatrics.*

Cairney, J., Hay, J. A., Veldhuizen, S., Missiuna & C., Faught B. E. (2010). Developmental coordination disorder, gender and the activity deficit over time: A longitudinal analysis. *Developmental Medicine and Child Neurology*, 52(3), e67 e72.

Chambers M.E. & Sugden D.A. (2006). Estabilidade e mudança em crianças com Transtorno de Coordenação do Desenvolvimento. Escola de Educação, Universidade de Leeds, Leeds LS2 9JT, Reino Unido.

Connoly, K. (1980). Motor development and motor disability in: RUTTER, M. (ed). *Developmental Psychiatry*. London: Heinemann.

Davenport, M. J. et al. (2003) Developmental Coordination Disorder. *Journal of the American Physical Therapy Association*, Chicago, v. 83, p. 722-731.

Dubas J. S.; Miller K & Petersen A. C. (2003). O estudo da adolescência durante o século XX: A História da Família.

Erikson, E. H. (1968). Identity, youth, and crisis. New York: Norton.

Ferreira, L. F et al. (2015). Transtorno do Desenvolvimento da Coordenação: discussões iniciais sobre programas de intervenção. *Revista Acta Brasileira de Movimento Humano*, v. 5, n. 1, p. 42-65.

Ferreira, L. F. & Freudenheim, A. M. (2017). Noções desenvolvimentais e o transtorno do desenvolvimento da coordenação. Curitiba: CRV. 144 p.

Geuze, R. & Borger, H. (1993). Children who are clumsy: five Years late. *Adapted Physical Activity Quarterly*, Champaign, v. 10, p. 10-21.

Geuze, R. H. & Kalverboer, A. F. (1994). Tapping a rhythm: A problem of timing for children who are clumsy and dyslexic. *Adapted Physical Activity Quarterly*, v. 11, p. 203- 213.

Geuze, R. H. et al. (2001). Clinical and research diagnostic criteria or developmental coordinationdisorder: a review and discussion. *Human Movement Science*, Amsterdam, v. 20, p. 7-47.

Geuze, R. H., Schoemaker, M. M. & Smits-Engelsman, B. C. M. (2015). Clinical and research criteria for developmental coordination disorder-should they be one and the same? *Current Developmental Disorders Reports*, Cham, v. 2, n. 2, p. 127-130.

Goodman, R. (1997). The Strengths and Difficulties Questionnaire: a research note. *Journal of Child Psychology and Psychiatry*, 38 (5), 581-586.

Gomez, A., Piazza, M., Jobert, A., Lambertz, G. D., Dehaene, S. & Huron, C. (2015). Dificuldades matemáticas na coordenação do desenvolvimento desordem: processamento numérico simbólico e não simbólico. *Research in Developmental Disabilities* 43–44, 167–178.

Green, D., Lingam, R., Mattocks, C., Riddoch, C., Ness, A. & Emond, A. (2011). O risco de redução da atividade física em crianças com provável transtorno de coordenação do desenvolvimento: um estudo longitudinal prospectivo. *Res Dev Disabil.*

Gubbay, S.S. (1978). The Management of Developmental Apraxia. *Developmental Medicine & Child Neurology*, London, v.20, p. 643-646.

Hay J., Hawes, R., Faught, B. (2004). Avaliação de um instrumento de triagem para transtorno do desenvolvimento da coordenação. J Adolesc Saúde.

Henderson, S. E. & Geuze, R. H. (2015). Ten conferences on developmental coordination disorder (DCD): A brief commentary on 20 years of research. *Physical & Occupational Therapy in Pediatrics*, v. 35, n. 2, p. 97-102.

Henderson, S. E. & Hall, D. (1982). Concomitants of clumsiness in Young school children. *Developmental medicine and Child Neurology*, London, v. 24, p. 448-460.

Henderson, S. E., Sugden, D. A. & Barnett, A. L. (2007). Movement assessment battery for children: examiner's manual. 2. ed. London: Harcourt Assessment.

Henderson, S. E. (1987). The Assessment of "clumsy" children: old and new approaches. *Journal of Psychology and Psychiatry*, Oxford, v.28, n.4, p.511-527.

Henderson, S. E. & Sugden, D. (1992). Movement Assessment Battery for children. London: The Psychological Corporation.

Hill, E.L. (2001). Nonspecific nature of specific language impairment: A review of the literature with regard to concomitante motor impairmants. *International Journal of Language and Communication Disorders*, v36, n. 2. P. 149-171.

Hill, E.L., Brow, D. & Sorgardt, K.S. (2011). A Preliminary Investigation Of Quality of Life Satisfaction Reports in Emerging Adults with and without Developmental Coordination Disorder. *Jornal Adult Dev*. 18, 130-34.

Hillier, S. (2007). Intervention for children with developmental coor dination disorder: A systematic review. *The Internet Journal of Allied Health Sciences and Practice*, v. 5, n. 3, p. 1-11.

Huau, A., Velay, J. L. & Jove,r M. (2015). Graphomotor skills in children with developmental coordination disorder (DCD): handwriting and learning a new letter. *Human Movement Science*, v. 42, p. 318-32.

Hung, W. & Pang, M. (2010). Effects of group-based versus individual-based exercise training on motor performance in children with developmental coordination disorder: a randomized controlled study. *Journal of Rehabilitation Medicine 42*(2): 122–128..

Kaplan, B. J., Wilson, B. N, Dewey, D. & Crawford, S. G. (1998). DCD may not be a discrete disorder. *Human Movement Science*, Amsterdan, v. 17, p. 471-490.

Keog, J.F., Sugden, D.A., Reynard, C.L. & Calkins, J. A. (1979). Identification of clumsy children: comparison and comments. *Journal of Human Movement Studies*, London, v. 5, p. 32-41.

Kirby, A, Sugden, D. & Purcell, C. (2013). Diagnosing developmental coordination disorders. Advance of The Print Journal. The Discovery Centre, University of South Wales, Newport, UK, School of Education, University of Leeds, Leeds, UK.

Law, M., Polatajko, H.J. & Miller, J. (1989). O efeito de um programa de integração sensorial no desempenho acadêmico, desempenho motor e autoestima em crianças identificadas como deficientes de aprendizagem: resultados de um ensaio clínico. *The Occupational Therapy Journal of Research*, *11*(3), 155-176.

Losse, A., Henderson, S. E., Elliman, D., Hall, Knight, E. & Jongmans, M. (1991). Clumsiness in children do they grow out of it? A 10-year follow- up study. *Developmental Medicine & Children neurology*. London, v. 33, p. 33-68.

Magalhães, L. C., Cardoso, A. A. & Missiuna, C. (2011) Activities and participation in children with developmental coordination disorder: A systematic review. *Research in Developmental Disabilities*, v. 32, p. 1309-1316.

Marlow, N., Roberts, B. L. & Cooke, R. W. I. (1989). Motor skills in extremely low birthweight children at the age of 6 years. *Archives of Disease in Childhood*, London, V. 64 p. 839-847.

Missiuna, C., Rivard, L. & Bartlett, D. (2003). Early identification and risk management of children with Developmental coordination Disorder. *Pediatric Physical Therapy*, v. 15, p. 32-38, 2003.

Missiuna, C., Rivard, L. & Pollock, N. (2011). Crianças com Transtorno do Desenvolvimento da Coordenação: em casa na sala de aula e na comunidade. Trad. Lívia Magalhães. *Can Child, Centre for Childhood Disability Research*, McMaster University.

Missiuna, C. et al. (2007). A trajectory of Troubles: Parent's Impressions of the impact of Developmental Coordination Disorder: Physical and Occupational Therapy in Paediatrics, v. 27, n.1, p. 81-89.

Miyahara, M. & Mob, S. I. (1995). Developmental dyspraxia and Developmental Coordination Disorder. *Neuropsychological Review*, v. 5, p. 245-268.

Noordstar, J. J., Van Der Net, J. & Voerman, L. (2017). The effect of an integrated perceived competence and motor intervention in children with developmental coordination disorder. *Research in Developmental Disability*, 60 (January): 162–175.

Papalia, D. E.; Olds, S. W. & Feldman, R. D. (2006). Desenvolvimento humano. Porto Alegre: Artmed.

Pearsall- Jones et al. (2009). An investigation into etiological pathways of DCD and ADHD using a monozygotic twin design. *Twin Research & Human Genetics*, v. 12, n. 4, p. 381–391.

Pereira, H. S et al. (2001). Parametric control of fingertip forces during precision grip lifts in children with DCD (developmental coordination disorder) and DAMP (deficits in attention motor control and perception). *Neuropsychologia*, v. 39, n. 5, p. 478-488.

Pieters, S., Roeyers H. & Rosseel Y. (2012). Identificação de subtipos entre crianças com transtorno de coordenação do desenvolvimento e dificuldades de aprendizagem matemática, usando agrupamento baseado em modelo. *Journal of Learning Disabilities*.

Pless, M. & Carlsson, M. (2000). Effects of motor skill intervention on developmental coordination disorder: A meta -analysis. *Adapted physical activity quarterly*, v. 17, n. 4, p. 381-401.

Porath, M. (1997). Affective and motivational considerations in the assessment of gifted learners. *Roeper Review*, v. 19, p. 13-17.

Prunty M., Barnett A.L., Wilmut K. & Plumb M. (2015). O impacto das dificuldades de escrita na qualidade da composição em crianças com transtorno do desenvolvimento da coordenação. *British Journal of Occupational Therapy*.

Pulzi, W. & Rodrigues, G. M. (2015). Transtorno do Desenvolvimento da Coordenação: uma Revisão de Literatura. Rev. bras. educ. espec. [online], vol.21, n.3, pp.433-444.

Rintala, P., Pienimäki, K., Ahonen, T., Cantell, M., & Kooistra, L. (1998). Os efeitos de um programa de treinamento psicomotor no desenvolvimento de habilidades motoras em crianças com distúrbios do desenvolvimento da linguagem. *Human Movement Science*, 17 (4-5), 721-737.

Roberts, G. et al. (2011). Developmental coordination disorder in geographic cohorts of 8-yearold children born extremely preterm or extremely low birth weight in the 1990s, *Developmental Medicine and Child Neurology*, v. 53, n. 1, p. 55-60.

Rodrigues, D. A (2001). Educação Física perante a Educação Inclusiva: reflexões conceptuais e metodológicas. *Boletim da Sociedade Portuguesa de Educação Física*, v. 24/25, p. 73-81.

Rosenblum, S. & Livineh-Zirinski, M. (2008). Handwriting process and product characteristics of children diagnosed with developmental coordination disorder. *Human Movement Science*, v. 27, p. 200-214.

Santos, J. O. L.; Ferreira, L. F.; Souza1, M. F. L.; Junior, Alissandro C. B.; Oliveira, P. B. & Bruzi, A. T. (2015). Transtorno do Desenvolvimento da Coordenação: um desafio oculto no cotidiano escolar manauara. *Amazônida: Revista do Programa de Pós-Graduação em Educação UFAM*, ano 20, n. 2.

Sax L. & Kautz K.J (2003). The Annals of Family Medicine, *Annals Family Med*, 1 (3) 171-174.

Schaffer, R., Law, M., Polatajko, H. & Miller, J. (1989). Um estudo de crianças com dificuldades de aprendizagem e problemas sensório-motores ou não joguemos fora com a água do banho. *Fisioterapia e Terapia Ocupacional em Pediatria*, 9 (3), 101-117.

Schoemaker, M. M. & Kalverboer, A. F. (1994). Social and affective problems of children who are clumsy: how early do they begin? *Adapted Physical Activity Quarterly*. Champaign, v. 11, p. 130-140.

Skinner, R. A. & Piek, J. P. (2001). Psychosocial implications of poor motor Coordination in children and adolescents. *Human Movement Science*. Amsterdam, v. 30, p. 73-94.

Smiths-Engelsman, B. C. M; Niemeijer, A. S & Waelvelde, H. (2011). Is Movement Assessment Battery for Children- 2nd edition a reliable instrument to measure motor performance in 3 years old children? *Research in Developmental Disabilities*, v. 32.

Smits-Engelsman, B. C. M. et al. (2015). Diagnostic criteria for DCD: past and future. *Human Movement Science*. 42;293-306.

Souza, C. J. F.; Ferreira, L. F.; Catuzzo, M. T. & Corrêa, U. C. (2006). O teste ABC do movimento para crianças de ambientes diferentes. *Revista Portuguesa de Ciência do Desporto*, v. 7, n. 1, p. 36-47.

Souza, P. R. F & Vasconcelos, A. L. C. (2017). Educação inclusiva e diversidade: a prática do docente no cotidiano escolar no contexto amazônico. Metodologia, educação especial e inclusão no contexto da globalização, p. 44-61.

Stainback, S & Stainback, W. (Orgs.). (1999) Inclusão: um guia para educadores. Porto Alegre: Artmed Sul.

Sugden, D. A. & Wright, H. C. (1998). Motor Coordination disorders in children. London: Sage.

Sugden, D. (2007). Leeds Consensus Statement. Developmental Coordination Disorder as a Specific Learning Difficulty. *ESRC Research Seminar Series 2004-2005*.

Summers, J., Larkin D. & Dewey D. (2008). Atividades da vida diária em crianças com transtorno do desenvolvimento da coordenação: vestir-se, higiene pessoal e habilidades alimentares. *Ciência do Movimento Humano*, p. 215-229.

Tiba, I. (1998). Ensinar Aprendendo: como superar os desafios do relacionamento professor/aluno em tempos de globalização. São Paulo: Editora Gente.

Unesco. (1994). Declaração de Salamanca. Sobre Princípios, Políticas e Práticas na Área das Necessidades Educativas Especiais.

http://portal.mec.gov.br/seesp/arquivos/pdf/salamanca.pdf.

Valentini, N. C., Clark, J. E. & Whitall, J. (2014). Developmental coordination Disorder in socially disadvantaged Brazilian children. John Wiley and Sons Ltd, *Child: care health and development*, v. 41, n. 6, p. 970-979.

Wagner, Kastner, Peterman, Jekauc & Eorth E B.O. (2011). O impacto da obesidade no distúrbio de coordenação do desenvolvimento na adolescência. *Res Dev Disabil*.

Wann, J. (Commentary). (2007). Current approaches to intervention in children with developmental coordination disorder. *Developmental Medicine and Child Neurology*, v. 19, p. 405-405.

Warnock et al. (1978). Special Education Needs Report of Committee of Inquiry into the Education of Handicapped Children and Young People. London: Her Majesty's Stationery Office.

Willoughby & Polatajko. (1995). Problemas motores em crianças com transtorno do desenvolvimento da coordenação: revisão da literatura. *American Journal of Occupational Therapy*, vol. 49, 787-794.

Wood, G., Miles, C. & Coyles, G. (2017). A randomized controlled trial of a group-based gaze training intervention for children with developmental coordination disorder. PLoS One. v. 41, n. 2, p. 970-979.

TRANSTORNOS DO NEURODESENVOLVIMENTO E DIFICULDADES MOTORAS

Jorge A. De Oliveira[5]
Roseane O. Nascimento[6]
Juliana B. Goulardins[7]

1. TRANSTORNOS DO NEURODESENVOLVIMENTO E DIFICULDADES MOTORAS

Os transtornos do neurodesenvolvimento incluem problemas comportamentais e cognitivos que surgem durante o período de desenvolvimento e envolvem dificuldades significativas na aquisição e execução de funções intelectuais, motoras ou sociais específicas. Tipicamente se manifestam cedo no desenvolvimento, em geral antes de a criança ingressar na escola, sendo caracterizados por déficits no desenvolvimento que acarretam prejuízos no funcionamento pessoal, social, acadêmico ou profissional. Os déficits de desenvolvimento variam desde limitações muito específicas na aprendizagem ou no controle de funções executivas até prejuízos globais em habilidades sociais ou inteligência, tais como os transtornos de comunicação, transtorno do desenvolvimento intelectual (deficiência intelectual), transtornos motores (entre os quais se destaca o transtorno do desenvolvimento da coordenação - TDC), trans-

5 Professor Doutor MS-5.1 (Associado) RDIDP, orientador no programa de Pós Graduação em nível de Doutorado e Mestrado na Escola de Educação Física e Esporte da Universidade de São Paulo, USP

6 Professora adjunta do curso de Licenciatura em Educação Física do Instituto de Ciências Sociais, Educação e Zootecnia (ICSEZ), Universidade Federal do Amazonas, UFAM

7 Professora, coordenadora do Curso de Especialização de Fisioterapia aplicada a Neuropediatria da Physiocursossp/ Fabic Universidade Cruzeiro do Sul

torno do espectro autista (TEA), transtorno do déficit de atenção e hiperatividade (TDAH) e transtornos específicos da aprendizagem (American Psychiatric Association, [APA] 2013).

No caso de alguns transtornos do neurodesenvolvimento, a apresentação clínica inclui sintomas tanto de excesso, quanto de déficits e atrasos em atingir os marcos esperados. Por exemplo, o TEA pode ser diagnosticado quando os déficits característicos de comunicação social são acompanhados por comportamentos excessivamente repetitivos, interesses restritos e insistência nas mesmas coisas (APA, 2013). Em outros transtornos do neurodesenvolvimento, a identificação dos sintomas pode não ser tão clara e se confunde com questões pessoais ou julgamentos sociais como má-educação. Nesses casos, o diagnóstico médico especializado, com uma investigação minuciosa de todo o histórico da criança é fundamental para verificar a frequência, a persistência, a intensidade e os prejuízos funcionais relacionados aos sintomas.

É frequente a ocorrência de mais de um transtorno do neurodesenvolvimento, o que chamamos de comorbidade. Por exemplo, a sobreposição entre TDAH e TDC é estimada em 30 a 50% dos casos (Fliers et al., 2011), entre o TEA e o TDC a estimativa varia de 50 a 85% (Fournier et al., 2010), já entre o transtorno específico da aprendizagem e o TDC está estimativa chega a pelo menos 50% (Jongmans et al., 2003). Em muitos casos, o diagnóstico secundário é pelo menos tão importante quanto o primário no prognóstico de cada criança. No entanto, a ocorrência de dificuldades motoras em alguns transtornos do neurodesenvolvimento ainda recebe pouca atenção em comparação aos problemas cognitivos e comportamentais.

Devemos lembrar que o desenvolvimento motor é parte integrante do desenvolvimento humano como um todo, sendo um fenômeno que possibilita a realização de atividades diárias em padrões de movimento, que são adquiridos e refinados ao longo de toda vida. O movimento é fundamental para a adaptação física, mental e emocional do indivíduo, especialmente na infância. Problemas motores podem causar dificuldades em atividades do cotidiano, como por exemplo, andar de bicicleta, vestir-se, amarrar os sapatos, escrever e praticar esportes.

Um número crescente de estudos também tem reconhecido a importância da competência motora para o desenvolvimento social e emocional. Essa relação pode ser parcialmente explicada pelo fato de que, em muitos países, a capacidade de um bom desempenho em esportes e jogos é altamente valorizada. A participação em tais atividades também promove o desenvolvimento de relacionamentos interpessoais de apoio e laços sociais nas crianças (McHale et al., 2001). Isso cria um problema para aqueles que têm dificuldades com as habilidades motoras. Pesquisas mostram que crianças com dificuldades motoras têm menos probabilidade de participar tanto de atividades organizadas (por exemplo, equipes esportivas) quanto não organizadas (brincadeira livre) (Cairney et al., 2005). Elas muitas vezes tentam evitar a participação em tais atividades por medo do fracasso e/ou da crítica dos colegas (Skinner & Piek, 2001). Ao evitar a participação, as crianças limitam sua oportunidade de praticar habilidades e de participar em um ambiente social, criando assim um círculo vicioso.

Estudos anteriores mostram que as dificuldades motoras são particularmente comuns em crianças com TEA, TDAH e transtornos específicos da aprendizagem (formado pelos transtornos com prejuízo em leitura, expressão escrita e na matemática) e que muitas vezes esses sintomas caracterizam a comorbidade com TDC (APA, 2013; Piek & Dyck, 2004).

Devemos deixar claro que TDC e dificuldade motora não são sinônimos. A palavra "transtorno" nos remete a uma condição médica ou anormalidade que gera prejuízo ou risco de prejuízo, na qual os processos etiológicos ou patológicos são desconhecidos. Já os termos "dificuldade motora" se referem a um sintoma, que aquele processo de aprendizagem e execução das habilidades motoras da criança está com algum problema. Fazendo uma analogia bem simples, quando uma criança está doente e febril, a febre é um sintoma, que pode ser causado por inúmeras doenças. Da mesma forma, a dificuldade motora é um sintoma, que pode ser causado por diferentes condições, como por exemplo, problemas emocionais, dificuldades de aprendizagem, falta de estímulos ou mesmo o próprio TDC.

Contudo, a condição comórbida do TDC a outro transtorno do neurodesenvolvimento contribui para uma evolução menos favorável, visto que o diagnóstico é, por vezes, mais difícil de ser realizado tendo em vista a semelhança dos prejuízos apresentados e há necessidade de diversas intervenções simultaneamente com objetivo de melhora funcional da criança. Portanto, é essencial identificar com precisão os problemas motores em crianças com transtornos do neurodesenvolvimento, e o manejo dessas condições exige conhecimento e experiência clínica, intervenção precoce e específica e atuação multidisciplinar integrada. A seguir, vamos relacionar cada uma dessas comorbidades ao tema central deste livro, o TDC, e discutir algumas implicações práticas para a intervenção motora nessas condições.

1.1. TDC E TDAH

Diversos estudos destacam que a relação entre as habilidades motoras, cognitivas e comportamentais, particularmente as dificuldades motoras têm sido associadas à desatenção, hiperatividade e impulsividade em crianças (Piek et al., 2007). O TDAH é o transtorno neurocomportamental mais comum em crianças e adolescentes, com prevalência mundial estimada em 5,29% (Polanczyk et al., 2007). Ele é mais frequentemente observado em meninos do que em meninas, com taxas que variam de 2:1 até 10:1 (Scahill & Schwab-Stone, 2000; Willcutt, 2012).

O TDAH pode causar prejuízos funcionais importantes e os sintomas principais incluem a desatenção, a hiperatividade e a impulsividade, que se manifestam de forma excessiva, persistente e inapropriada para a idade, não ocorrem em um único contexto e não podem ser atribuídos a outro diagnóstico (APA, 2013). A desatenção é a capacidade limitada de permanecer atento por um tempo necessário para realizar ou compreender determinada tarefa. Já a hiperatividade caracteriza-se pelo excesso de atividade motora na criança e a impulsividade manifesta-se por reações impensadas e repentinas (Barkley, 2003).

A hiperatividade motora é um aspecto notável do TDAH, manifestada por agitação, inquietação e movimentos corporais desnecessários. Diversas dificuldades motoras têm sido identificadas nessas crianças, tais como em habilidades motoras de tarefas de destreza manual e coordenação bimanual (Piek et al., 2007), equilíbrio (Mao et al., 2014), marcha e controle postural (Mao et al., 2014; Papadopoulos et al., 2014). Além disso, crianças com TDAH demonstraram níveis de desempenho inferiores em escalas de avaliação do desenvolvimento motor quando comparadas a controles típicos (Goulardins et al., 2013; Rosa Neto et al., 2015). Com isso, crianças com TDAH tendem a cair, chocar-se ou derrubar coisas com frequência. A observação cuidadosa em diferentes contextos é necessária para determinar se a falta de competência motora é atribuível à distração e à impulsividade ou ao TDC. Se forem satisfeitos os critérios para ambos os transtornos, ambos os diagnósticos podem ser dados.

A relação entre o TDAH e o TDC tem sido reconhecida há várias décadas, sendo o TDC uma das comorbidades mais frequentes encontradas em crianças com TDAH (Kadesjö & Gillberg, 2001). Em relação às crianças com ambos os transtornos, TDAH e TDC, as dificuldades mais exploradas na literatura científica são relacionadas às habilidades motoras finas, seja em tarefas gráficas quanto em atividades que medem a destreza dos movimentos das mãos e dedos. A maioria desses estudos, aponta pouca ou nenhuma diferença entre crianças típicas e crianças com TDAH, porém dificuldades mais acentuadas em crianças com TDAH e TDC, tais como níveis mais altos de produção do pico de força e tempo de reação mais lentos (Pitcher et al., 2003); pior controle de movimento, incluindo dificuldades para manter a velocidade constante e apresentar movimentos grosseiros e esforço extra na força aplicada durante a tarefa (Lee et al., 2013).

Dessa forma, é levantada a hipótese de que indivíduos com TDAH podem apresentar dificuldades na preparação motora, mas não na execução motora (Klimkeit et al., 2005), enquanto que indivíduos com TDAH e TDC são mais imprecisos e lentos ao executar o ato motor (APA, 2013) e apresentam uma variabilidade no controle dos aspectos temporais e espaciais do movimento (Piek et al., 2007).

Um aspecto a ser destacado é que as dificuldades motoras em crianças com esses transtornos não se expressam simplesmente pela não realização de tarefas motoras, mas sim, por uma imprecisão e/ou lentidão na execução do ato motor. Isso pode explicar o fato dos problemas motores nesses casos não serem considerados importantes. Mesmo não sendo tão evidentes como as questões enfrentadas por crianças cadeirantes ou com paralisia cerebral, essas dificuldades motoras podem ter implicações psicossociais, cognitivas e de saúde física geral futuras (Dewey & Volkovinskaia, 2018; Rasmussen & Gillberg, 2000). Embora a comparação entre crianças com TDAH e/ou TDC e aquelas com incapacidades físicas e/ou intelectuais não seja muito adequada, em razão de diferentes magnitudes e dimensões do desempenho motor e do comprometimento funcional, ela é necessária para chamar a atenção de profissionais da saúde e da educação para uma questão negligenciada.

Estudos que demonstram as implicações psicossociais associadas ao TDAH e ao TDC também destacam a importância da identificação precoce e intervenção para esses transtornos, a fim de minimizar os possíveis resultados negativos posteriores. A compreensão do desempenho motor em indivíduos com alterações do neurodesenvolvimento fornece uma base sólida de intervenção e terapia. A precisão no diagnóstico tem um impacto importante na determinação do tratamento e, portanto, no prognóstico desses indivíduos. Por exemplo, é possível que sejam necessárias abordagens diferentes no tratamento da comorbidade. Há algumas evidências que sugerem que o metilfenidato pode ser útil em crianças com TDAH e TDC (em especial para dificuldades motoras finas, como escrita), porém pouco se sabe sobre a intervenção farmacológica no TDC (Flapper & Schoemaker, 2008). No entanto, também tem sido argumentado que a intervenção farmacológica por si só não deve ser considerada em crianças com TDAH e TDC, sendo recomendados tratamentos adicionais e de suporte (Blank et al., 2012).

É preciso ressaltar também que em várias crianças, nem sempre pode ser determinado em que medida os problemas comportamentais são transtornos coexistentes ou as consequências de experiências negativas de longa data com os problemas de coordenação na vida cotidiana (Blank et al., 2019). No entanto, o reconhecimento dessas condições e distinções são fundamentais para o estabelecimento de prioridades de intervenção.

1.2. O TDC E O TEA

Assim como no TDAH, estudos também apontam que as dificuldades na coordenação motora são comuns em crianças com TEA (Green et al., 2009), que tendem a apresentar comprometimento no controle postural (Freitag et al., 2007), na marcha (Rinehart et al., 2006), na realização de habilidades manuais de preensão (Katayama, 2020), bem como comprometimento na coordenação motora grossa (Kaur, Srinivasan, Bhat, 2018) e fina (McPhillips et al., 2014), que, consequentemente, prejudica o desempenho escolar.

O TEA é caracterizado por um persistente déficit na capacidade de iniciar e sustentar comunicação e interações sociais recíprocas, e na manifestação de padrões repetitivos, restritos e inflexíveis de comportamento e de interesses (APA, 2013). Tais déficits devem ser suficientemente graves para causar prejuízo em importantes áreas do funcionamento do indivíduo, seja do ponto de vista pessoal, familiar, social, ocupacional, educacional, entre outras, cujas quais precisam ser observadas em vários contextos sociais e pessoais. Os indivíduos ao longo do espectro exibem uma ampla gama de capacidades intelectuais e habilidades linguísticas, que variam de graves prejuízos a condições limítrofes e um padrão típico de desenvolvimento. A classificação dos indivíduos com TEA em níveis de gravidade ainda é um aspecto discutido na comunidade científica. Não há nenhuma escala que ajude nesta classificação, além dos especificadores de gravidade que consideram o comprometimento pela necessidade de apoio e o histórico do paciente (APA, 2013).

Além dos comportamentos descritos acima, os déficits motores são um sintoma comum no TEA e têm sido observados desde as primeiras descrições do transtorno. As alterações motoras são apontadas, inclusive, como sinais de alerta para a condição nos primeiros anos de vida, antes mesmo de outros sintomas comportamentais. Por isso, se faz necessário o entendimento das diferenças específicas entre os sintomas motores do TEA e o TDC.

O TEA e o TDC são transtornos do neurodesenvolvimento com definições e critérios diagnósticos distintos, que desde a publicação da quinta edição do Manual Diagnóstico e Estatístico dos Transtornos Mentais (DSM-5), podem ser diagnosticados em comorbidade em certos indivíduos, por exemplo, crianças com TEA com dificuldades significativas em habilidades motoras podem também ser diagnosticadas com TDC (APA, 2013). Entretanto, é de extrema importância um diagnóstico assertivo e efetivo, pois normalmente as dificuldades estão em tarefas simples, como escrever, vestir-se, andar, correr, etc. Esse processo envolve a avaliação das habilidades motoras, analisando se essas habilidades afetam a vida diária, determinando se houve um início precoce de atrasos motores e garantindo que os sintomas não ocorrem devido a uma condição médica e/ou neurológica geral. Antes das mudanças no DSM-5, os critérios diagnósticos para TDC incluíam descartar a presença de um transtorno pervasivo do desenvolvimento co-ocorrente: uma categoria que, na época, incluía Transtorno Autista, Síndrome de Asperger, Síndrome de Rett e Transtorno Pervasivo do Desenvolvimento-Sem Outra Especificação (APA, 2000).

No DSM-5, um único diagnóstico (TEA) substitui os diagnósticos anteriores identificados como transtornos pervasivos do desenvolvimento. TEA é um termo amplo usado para uma população clínica caracterizada por padrões complexos e muitas vezes heterogêneos de sintomas biológicos e comportamentais, com características compartilhadas nos domínios da comunicação e interação social, e interesses restritos e comportamentos repetitivos (APA, 2013).

Evidências sugerem que dificuldades motoras podem ser observadas entre 35,4% e 79% dos indivíduos com TEA, essas porcentagens dependem do tipo de avaliação motora, referências e pontos de corte utilizados (Licari et al., 2020). Essas dificuldades incluem déficits na preparação e planejamento práxico/motor, sincronia interpessoal (Kaur et al., 2018), tempo e organização, tônus muscular, equilíbrio e marcha (Maski et al., 2011), além de atrasos na obtenção de marcos motores (Paquet et al., 2016). Estudos recentes têm investigado essas características em grupos distintos de indivíduos com TEA, TDC e TEA+TDC. Diferenças notáveis foram identificadas na capacidade de memória operacional, desempenho gestual, gravidade das dificuldades motoras e preensão seletiva (Caçola et al., 2017). Além disso, disfunções no processamento sensorial também têm sido relacionadas ao desempenho cognitivo de crianças com TEA (Pastor-Cerezuela et al., 2020).

Esses déficits no controle motor, juntamente com a falta de engajamento na atividade física, tornam os indivíduos com TEA e TDC propensos a problemas crônicos de saúde, tais como sedentarismo, obesidade e doenças cardiovasculares. Nesse sentido, estudos de intervenção com exercícios físicos têm apontado resultados promissores, com melhora nas habilidades motoras e comportamentais, incluindo estereotipias, funcionamento socioemocional, cognição e atenção (Schmidt et al., 2021), sendo que os exercícios vigorosos apresentam efeitos mais pronunciados do que os leves e menos extenuantes (Lang et al., 2010).

1.3. O TDC E O TRANSTORNO DE APRENDIZAGEM

Pelo menos 50% das crianças com TDC são identificadas com transtornos específicos de aprendizagem concomitantes (Getchell et al., 2007), representados por dificuldades persistentes e prejudiciais nas habilidades básicas acadêmica na leitura (dislexia), na expressão escrita e na matemática (discalculia) (Baldi et al., 2018; Blank et al., 2012).

O transtorno específico da aprendizagem é diagnosticado quando a criança apresenta déficits específicos na capacidade de perceber e/ou processar informações com eficiência e precisão e os primeiros sintomas se manifestam durante os anos escolares. O desempenho individual nas habilidades acadêmicas afetadas está bastante abaixo da média para a idade, ou níveis de desempenho aceitáveis são atingidos somente com esforço extraordinário. Para todas as pessoas, esse transtorno do neurodesenvolvimento pode acarretar prejuízos duradouros em atividades que dependam das habilidades, inclusive no desempenho profissional. Enquanto os marcos motores, como andar ou falar, são adquiridos ao longo do desenvolvimento e emergem com a maturação cerebral, as habilidades acadêmicas (leitura, ortografia, escrita, matemática) precisam ser ensinadas e aprendidas de forma explícita.

Dessa forma, os transtornos específicos da aprendizagem perturbam o padrão normal de aprendizagem de habilidades acadêmicas e não devem ser confundidos com uma consequência de falta de oportunidade de aprendizagem ou educação escolar inadequada (APA, 2013). Os transtornos específicos de aprendizagem são relativamente comuns, com taxa de prevalência global no Brasil estimada em 7,6%, 5,4% para os déficits específicos de escrita, 6% de matemática e 7,5% de leitura (Fortes et al., 2016).

A diferença entre déficit de habilidades acadêmicas e dificuldades no desempenho escolar é que, no primeiro, a criança não tem a capacidade esperada para aprender determinado conteúdo e, no segundo, a criança tem capacidade, mas não demonstra esse conhecimento de forma constante. É importante ficar claro para a equipe escolar que alunos com transtornos de aprendizagem, mas também TDAH, TEA e TDC, apresentam mais dificuldade para realizar o mesmo trabalho de seus colegas, tanto em quantidade quanto velocidade, e podem não apresentar o mesmo comportamento social esperado dos outros estudantes.

A comorbidade entre TDC e transtorno específico de aprendizagem na idade escolar aumenta a probabilidade de baixo desempenho em tarefas motoras perceptivas, que fazem parte de muitas atividades motoras diárias (Jongmans et al., 2003). Por exemplo, 30–60% do tempo escolar é gasto em atividades motoras finas, com a caligrafia predominando sobre outras tarefas (Tseng & Cermak, 1993). Nos primeiros anos do ensino fundamental, a caligrafia ruim pode não ser refletida pela velocidade, mas pela precisão, já que a velocidade da caligrafia está fracamente associada às habilidades motoras finas e é influenciada por outros domínios, como percepção visual e idade (Smits-Engelsman et al., 2003).

Particularmente em relação às habilidades matemáticas, crianças com TDC apresentaram desempenho inferior em tarefas de comparação simbólica e não simbólica de números quando comparadas às crianças com desenvolvimento típico. Quando comparadas com indivíduos de mesma idade, as crianças com TDC tiveram desempenho significativamente pior para recuperação de fatos numéricos e cálculo procedimental (Gomez et al., 2015).

Já em relação às habilidades de leitura, um estudo que incluiu crianças com dislexia e crianças identificadas por professores como "leitores ruins", mostrou que a maioria delas obtiveram pontuações significativamente mais baixas, em comparação com crianças com desenvolvimento típico, na bateria motora que é padrão mundial para apoiar os diagnósticos de TDC (MABC-2). Em particular, ambos os grupos de crianças com dificuldades de leitura alcançaram desempenhos mais baixos nas subáreas de destreza manual e equilíbrio (Iversen et al., 2005). Mesmo quando crianças com dislexia não apresentam todas as características necessárias para o diagnóstico de TDC, estas podem apresentar dificuldades em algumas habilidades motoras (Blank et al., 2012). Estudos recentes que investigaram essas características motoras (por exemplo, estabilidade postural e destreza manual), encontraram capacidades motoras deficitárias em crianças com transtornos de aprendizagem, em comparação com seus pares de desenvolvimento típico, em particular naqueles com dislexia (Westendorp et al., 2014).

No entanto, vale destacar que problemas oftalmológicos também são associados à problemas de leitura e escrita em crianças, e no caso de crianças com TDC têm maior probabilidade de apresentar alterações oftalmológicas, tais como hipermetropia, anisometropia, redução de estereoacuidade, entre outras (Creavin et al., 2014). Por isso, uma avaliação específica e multidisciplinar é essencial para fazer a diferenciação desses casos.

Contudo, os transtornos específicos de aprendizagem coexistentes com TDC têm sido interpretados como um indicador de gravidade e de disfunção perceptivo-motora (Jongmans et al., 2003). Por isso, conhecer como os transtornos do neurodesenvolvimento e as condições associadas podem interferir sobre o desempenho motor infantil tem implicações não apenas para a avaliação e identificação adequada, mas também para o direcionamento de intervenções focadas nas necessidades individuais de cada criança.

2. IMPLICAÇÕES PRÁTICAS SOBRE A INTERVENÇÃO NAS COMORBIDADES COM TDC

Diante desse cenário, nota-se que é amplamente reconhecido que crianças com TDC costumam ter outros diagnósticos coexistentes. Deve-se considerar que o TDAH, o TEA ou os transtornos específicos de aprendizagem podem interferir no desempenho nos testes motores, bem como nas atividades de vida diária, dificultando a interpretação dos achados da avaliação motora. Como resultado dessas comorbidades com TDC, a criança pode apresentar, além da dificuldade motora, dificuldades associadas a diferentes eixos do desenvolvimento cognitivo e pessoal, que podem refletir nas atividades acadêmicas e sociais, devido às diferentes características, à etiologia e intensidade de cada transtorno comórbido (Piek et al., 2007; Pitcher et al., 2003; Van Herwegen et al., 2019). Todas essas necessidades, assim como as potencialidades de cada criança devem ser consideradas de forma singular para um melhor direcionamento das práticas de intervenção, assistência e educação.

No entanto, diante da complexidade duplicada dos transtornos em comorbidade, torna-se difícil realizar estudos que investiguem a eficácia de programas de intervenção que visem minimizar os impactos destes nas atividades acadêmicas e sociais dessas crianças. Estudos realizados com esta intenção tendem a apresentar amostras pequenas, que não representam a população em questão, bases teóricas pouco robustas e métodos de estudos não experimentais, o que compromete a validade externa (Nadeau et al., 2020).

Este cenário reflete na prática diária de professores que, muitas vezes, tendem a improvisar, o que certamente não é a solução! Mas o que fazer se os estudos não atendem às expectativas da realidade escolar?

Na verdade, não temos a receita pronta para as situações que vocês encontrarão na sala de aula! O que temos são um apanhado de orientações advindas da experiência de especialistas e resultados de estudos, que podem tornar a prática pedagógica mais eficaz e a vida da criança menos difícil. Mas para tanto, é necessário o engajamento não apenas do professor, mas de toda equipe pedagógica, da família e dos demais profissionais que lidam com a criança. Vale destacar que não são apenas os professores e responsáveis que lidam com crianças com transtornos do neurodesenvolvimento. A maioria dessas crianças têm necessidades complexas, que requerem apoio de vários profissionais especializados como pedagogos, psicólogos, médicos, terapeutas ocupacionais, fisioterapeutas, fonoaudiólogos, etc.

Este trabalho multidisciplinar é importante pois, antes de iniciar qualquer intervenção, é necessário identificar precisamente como a dificuldade motora afeta a criança que apresenta o TDC em comorbidade com outro transtorno do neurodesenvolvimento. Além de detectar os problemas e dificuldades, outro ponto não menos importante de ser considerado é conhecer os interesses dessa criança, o meio cultural no qual está inserida e suas potencialidades para que a intervenção implementada seja apropriada não apenas as dificuldades, mas também a seus interesses e, assim, tenha maior eficácia. Portanto, a intervenção com essas crianças envolve apoio de dentro e de fora da escola, formando um tripé no qual a criança é o centro das atenções: escola – família - profissionais da área da saúde.

A escola ideal para crianças com transtornos do neurodesenvolvimento não é aquela que apenas aceita a criança, mas aquela que assume o compromisso, oferece e mobiliza recursos de auxílio a alunos com dificuldades, que é capaz de avaliar um aluno pelos progressos que alcança e não por aquele que se espera na comparaçao com o progresso da classe, que estabelece uma parceria efetiva com pais e profissionais responsáveis pelo acompanhamento desses alunos, que investe na formação do corpo docente.

Dentro do contexto escolar, o professor tem um papel crítico no contexto da aprendizagem e das experiências vivenciadas pelas crianças com transtornos do neurodesenvolvimento. O conhecimento e a atitude são os pontos chave nesse processo. É pequeno ainda o número de professores que têm conhecimento suficiente e adequado sobre essas condições e, em muitos casos, têm percepções erradas sobre a natureza, a causa, manifestações de sintomas e do que eles próprios podem fazer dentro da sala de aula. Crianças com transtornos do neurodesenvolvimento precisam de mais estrutura, reforços positivos mais frequentes, consequências negativas e adaptações em suas tarefas. Também é preciso concentrar-se nas competências dessas crianças, mais do que em seus déficits, ajudando-os a desenvolver atitudes positivas diante do contexto escolar e a diminuir os riscos secundários das alterações motoras e comportamentais.

Consideramos o trabalho do professor, especialmente dos polivalentes, extremamente solitário quando deveria ser solidário. Obviamente não estamos fazendo uma crítica destrutiva a estes profissionais! Ao invés disto, nos solidarizamos com seu árduo ofício, que deveria ser mais brando, caso o cenário político educacional valorizasse a categoria e contribuísse com condições ideais de trabalho. Retomando a linha de raciocínio, ao trabalhar de forma solitária, o professor tende a lidar com as crianças com transtorno do neurodesenvolvimento, muitas vezes sem ter conhecimento de sua condição e com conhecimentos limitados ao comportamento destas a um espaço que se resume a poucos metros quadrados – a sala de aula. Ao abrir o leque de possibilidades de observação, dentro da escola, mais especificamente, envolvendo no programa de intervenção os recursos humanos, isto é, toda a equipe pedagógica e os demais funcionários, em um trabalho colaborativo, possibilitará o melhor conhecimento e compreensão do comportamento da criança em diferentes ambientes e, portanto, a contribuição para o estabelecimento de práticas diferenciadas e bem adaptadas (Nadeau et al., 2020).

Este trabalho colaborativo dentro da escola contribui também para conhecer outras crianças com transtorno do neurodesenvolvimento e o trabalho realizado por seus colegas para intervir com elas e, contribui, ainda, para diminuir possíveis comportamentos que podem, de alguma forma, ir na contramão do trabalho de intervenção implementado. Alguns exemplos podem ser: a superproteção que os funcionários e/ou outros professores da escola poder exercer à criança com TEA; o estigma de "danada e/ou distraída" atribuído à criança com TDAH; ou mesmo aos risos e broncas (chamadas de atenção) aos possíveis esbarrões e quedas causadas pelas crianças com TDC.

A implementação de práticas de intervenção que envolvam a escola como um todo requer, além da solidariedade do(a) professor(a) de abrir a porta de sua sala e ampliar seus anseios, bônus e ônus da prática pedagógica com crianças com transtornos do neurodesenvolvimento, momentos para capacitação, formação, treinamento de todos os envolvidos com essas crianças. Estes momentos devem ser, preferencialmente, semanais para que todos consigam estabelecer uma linguagem comum em relação a cada criança e suas características. No entanto, estes momentos devem abordar não apenas as características, mas também, estratégias para responder às suas necessidades específicas. Proporcionar esses momentos possibilita que os professores sejam capazes de decifrar adequadamente as necessidades das crianças e aprimorar as intervenções para que se adequem às necessidades e potencialidades da criança (Nadeau et al., 2020).

O trabalho colaborativo dentro da escola permite que o(a) professor(a) saia do trabalho solitário, converse com os demais funcionários e professores da escola, conheça melhor suas crianças, conheça as crianças, com as mesmas condições, de seus colegas professores, troque conhecimento e reflitam sobre seus métodos de ensino e intervenção. Assim, ter conhecimento mais amplo do comportamento e ampliar a intervenção para os demais espaços do ambiente escolar são essenciais para o acolhimento e a condução eficaz da intervenção implementada, seja esta qual for. Além de ampliar a intervenção da sala de aula para toda escola, outros ambientes também são indispensáveis para favorecer melhores efeitos nos resultados da intervenção realizada com as crianças com transtornos do neurodesenvolvimento. E estes ambientes envolvem a família e os profissionais da saúde que lidam com essas crianças.

A parceria entre a escola e a família é fundamental para estabelecer intervenções com base nos interesses, nas potencialidades e dificuldades da criança, e permite considerar, sobretudo, os aspectos culturais nos quais a criança está inserida. Este envolvimento rompe o paradigma de que os membros da família são meros ajudantes do dever de casa ou aqueles que devem ser comunicados caso algo saia do "normal" no desempenho acadêmico, o que não é incomum no caso de crianças com estes transtornos. As intervenções que envolvem a colaboração genuína entre a escola e as famílias têm melhor impacto no desempenho e desenvolvimento das crianças com transtornos do neurodesenvolvimento (Nadeau et al., 2020). Além disso, as orientações aos pais de crianças com transtornos do neurodesenvolvimento devem incluir estratégias para reforçar comportamentos positivos, ignorar comportamentos provocativos e fornecer informações claras, consistentes e respostas seguras a comportamentos inaceitáveis.

Fechando o tripé, escola – família – profissionais da saúde, a intervenção em crianças com transtornos do neurodesenvolvimento precisa estar alinhada com o tratamento realizado com os profissionais da saúde. Um bom exemplo da importância dessa parceria seria o planejamento e oferecimento adequado de atividades escolares em crianças com TDAH que fazem tratamento medicamentoso. A medicação à base de metilfenidato é a opção de primeira linha, com eficácia e segurança nesses casos. Consiste em um medicamento psicoestimulante que aumenta a liberação de dopamina (importante neurotransmissor precursor natural da adrenalina) em determinados circuitos do sistema nervoso central, ajudando a corrigir o funcionamento deficitário e auxiliando no controle da hiperatividade (Van der Oord et al., 2008). Dentre as possibilidades existentes no mercado, o metilfenidato de curta duração é o mais antigo e o de menor custo, sendo, por isso, o de uso mais frequente entre os alunos de escolas públicas. Sua ação pode controlar os sintomas por até quatro horas, o que quer dizer que o horário da administração pode interferir diretamente sobre o desempenho escolar, de modo que, se as atividades que requerem maior atenção e demandas cognitivas, tais como leituras de textos longos, interpretação de enunciados longos, provas e etc. forem realizadas no pico do efeito medicamentoso, o desempenho da criança será melhor.

Outro exemplo, são as dificuldades de comunicação presentes em crianças com TEA, em muitos casos, elas também tendem a ter transtornos de linguagem, que frequentemente apresentam-se em comorbidade com os transtornos específicos de aprendizagem (APA, 2013) e, frequentemente, precisam do acompanhamento de fonoaudiólogos. O professor não ter conhecimento deste diagnóstico comórbido e do tratamento que está sendo realizado por esse profissional da saúde, não terá munição para intervir com essa criança e muito menos poderá contribuir para o seu melhor desempenho e desenvolvimento.

Assim, a comunicação bidirecional entre escola – família – profissionais da saúde, para o desenvolvimento de intervenção em conjunto pode ser mais eficaz e eficiente, ao contribuir sobremaneira para o desempenho das crianças nas atividades acadêmicas, domésticas, sociais e de lazer, melhorando o desenvolvimento e a qualidade de vida dessas crianças.

REFERÊNCIAS

American Psychiatric Association [APA]. (2000). *Diagnostic and Statistical Manual of Mental Disorders, 4th Edition, Text Revision (DSM-IV-TR)*. American Psychiatric Association.

American Psychiatric Association [APA]. (2013). *Diagnostic and Statistical Manual of Mental Disorders (DSM-5®)*. American Psychiatric Pub.

Baldi, S., Caravale, B., & Presaghi, F. (2018). Daily motor characteristics in children with developmental coordination disorder and in children with specific learning disorder. *Dyslexia* , *24*(4), 380–390.

Barkley, R. A. (2003). Issues in the diagnosis of attention-deficit/hyperactivity disorder in children. In *Brain and Development* (Vol. 25, Issue 2, pp. 77–83). https://doi.org/10.1016/s0387-7604(02)00152-3.

Blank, R., Barnett, A. L., Cairney, J., Green, D., Kirby, A., Polatajko, H., Rosenblum, S., Smits-Engelsman, B., Sugden, D., Wilson, P., & Vinçon, S. (2019). International clinical practice recommendations on the definition, diagnosis, assessment, intervention, and psychosocial aspects of developmental coordination disorder. *Developmental Medicine and Child Neurology*, *61*(3), 242–285.

Blank, R., Smits-Engelsman, B., Polatajko, H., Wilson, P., & European Academy for Childhood Disability. (2012). European Academy for Childhood Disability (EACD): recommendations on the definition, diagnosis and intervention of developmental coordination disorder (long version). *Developmental Medicine and Child Neurology*, *54*(1), 54–93.

Caçola, P., Miller, H. L., & Williamson, P. O. (2017). Behavioral comparisons in Autism Spectrum Disorder and Developmental Coordination Disorder: A systematic literature review. *Research in Autism Spectrum Disorders*, *38*, 6–18.

Cairney, J., Hay, J. A., Faught, B. E., Wade, T. J., Corna, L., & Flouris, A. (2005). Developmental coordination disorder, generalized self-efficacy toward physical activity, and participation in organized and free play activities. *The Journal of Pediatrics*, *147*(4), 515–520.

Creavin, A. L., Lingam, R., Northstone, K., & Williams, C. (2014). Ophthalmic abnormalities in children with developmental coordination disorder. *Developmental Medicine and Child Neurology*, *56*(2), 164–170.

Dewey, D., & Volkovinskaia, A. (2018). Health-related quality of life and peer relationships in adolescents with developmental coordination disorder and attention-deficit-hyperactivity disorder. *Developmental Medicine and Child Neurology*, *60*(7), 711–717.

Flapper, B. C. T., & Schoemaker, M. M. (2008). Effects of methylphenidate on quality of life in children with both developmental coordination disorder and ADHD. *Developmental Medicine and Child Neurology*, *50*(4), 294–299.

Fliers, E. A., Franke, B., & Buitelaar, J. K. (2011). [Motor problems in children with ADHD receive too little attention in clinical practice]. *Nederlands tijdschrift voor geneeskunde*, *155*(50), A3559.

Fortes, I. S., Paula, C. S., Oliveira, M. C., Bordin, I. A., de Jesus Mari, J., & Rohde, L. A. (2016). A cross-sectional study to assess the prevalence of DSM-5 specific learning disorders in representative school samples from the second to sixth grade in Brazil. *European Child & Adolescent Psychiatry*, *25*(2), 195–207.

Fournier, K. A., Hass, C. J., Naik, S. K., Lodha, N., & Cauraugh, J. H. (2010). Motor coordination in autism spectrum disorders: a synthesis and meta-analysis. *Journal of Autism and Developmental Disorders*, *40*(10), 1227–1240.

Freitag, C. M., Kleser, C., Schneider, M., & von Gontard, A. (2007). Quantitative assessment of neuromotor function in adolescents with high functioning autism and Asperger Syndrome. *Journal of Autism and Developmental Disorders*, *37*(5), 948–959.

Getchell, N., Pabreja, P., Neeld, K., & Carrio, V. (2007). Comparing children with and without dyslexia on the Movement Assessment Battery for Children and the Test of Gross Motor Development. *Perceptual and Motor Skills*, *105*(1), 207–214.

Gomez, A., Piazza, M., Jobert, A., Dehaene-Lambertz, G., Dehaene, S., & Huron, C. (2015). Mathematical difficulties in developmental coordination disorder: Symbolic and nonsymbolic number processing. *Research in Developmental Disabilities*, *43-44*, 167–178.

Goulardins, J. B., Marques, J. C. B., Casella, E. B., Nascimento, R. O., & Oliveira, J. A. (2013). Motor profile of children with attention deficit hyperactivity disorder, combined type. *Research in Developmental Disabilities*, *34*(1), 40–45.

Green, D., Charman, T., Pickles, A., Chandler, S., Loucas, T., Simonoff, E., & Baird, G. (2009). Impairment in movement skills of children with autistic spectrum disorders. *Developmental Medicine and Child Neurology*, *51*(4), 311–316.

Higashionna, T., Iwanaga, R., Tokunaga, A., Nakai, A., Tanaka, K., Nakane, H., & Tanaka, G. (2017). Relationship between Motor Coordination, Cognitive Abilities, and Academic Achievement in Japanese Children with Neurodevelopmental Disorders. *Hong Kong Journal of Occupational Therapy*, *30*(1), 49–55.

Iversen, S., Berg, K., Ellertsen, B., & Tønnessen, F.-E. (2005). Motor coordination difficulties in a municipality group and in a clinical sample of poor readers. *Dyslexia* , *11*(3), 217–231.

Jongmans, M. J., Smits-Engelsman, B. C. M., & Schoemaker, M. M. (2003). Consequences of comorbidity of developmental coordination disorders and learning disabilities for severity and pattern of perceptual-motor dysfunction. *Journal of Learning Disabilities*, *36*(6), 528–537.

Kadesjö, B., & Gillberg, C. (2001). The comorbidity of ADHD in the general population of Swedish school-age children. *Journal of Child Psychology and Psychiatry, and Allied Disciplines*, *42*(4), 487–492.

Kaur, M., M Srinivasan, S., & N Bhat, A. (2018). Comparing motor performance, praxis, coordination, and interpersonal synchrony between children with and without Autism Spectrum Disorder (ASD). *Research in Developmental Disabilities*, *72*, 79–95.

Klimkeit, E. I., Mattingley, J. B., Sheppard, D. M., Lee, P., & Bradshaw, J. L. (2005). Motor preparation, motor execution, attention, and executive functions in attention deficit/hyperactivity disorder (ADHD). *Child Neuropsychology: A Journal on Normal and Abnormal Development in Childhood and Adolescence*, *11*(2), 153–173.

Lang, R., Koegel, L. K., Ashbaugh, K., Regester, A., Ence, W., & Smith, W. (2010). Physical exercise and individuals with autism spectrum disorders: A systematic review. *Research in Autism Spectrum Disorders*, *4*(4), 565–576.

Lee, I.-C., Chen, Y.-J., & Tsai, C.-L. (2013). Kinematic performance of fine motor control in attention-deficit/hyperactivity disorder: the effects of comorbid developmental coordination disorder and core symptoms. *Pediatrics International: Official Journal of the Japan Pediatric Society*, *55*(1), 24–29.

Licari, M. K., Alvares, G. A., Varcin, K., Evans, K. L., Cleary, D., Reid, S. L., Glasson, E. J., Bebbington, K., Reynolds, J. E., Wray, J., & Whitehouse, A. J. O. (2020). Prevalence of Motor Difficulties in Autism Spectrum Disorder: Analysis of a Population-Based Cohort. In *Autism Research* (Vol. 13, Issue 2, pp. 298–306). https://doi.org/10.1002/aur.2230

Mao, H.-Y., Kuo, L.-C., Yang, A.-L., & Su, C.-T. (2014). Balance in children with attention deficit hyperactivity disorder-combined type. *Research in Developmental Disabilities*, *35*(6), 1252–1258.

Maski, K. P., Jeste, S. S., & Spence, S. J. (2011). Common neurological co-morbidities in autism spectrum disorders. *Current Opinion in Pediatrics*, *23*(6), 609–615.

McGuinness, P. S., Cook, N. E., Bush, H., Lind, H., Vuijk, P. J., Doyle, A. E., & Braaten, E. B. (2017). 4.10 children with autism spectrum disorder and comorbid specific learning disorder demonstrate cognitive weakness compared to autism spectrum disorder alone. *Journal of the American Academy of Child and Adolescent Psychiatry*, *56*(10), S231.

McHale, S. M., Crouter, A. C., & Tucker, C. J. (2001). Free-Time Activities in Middle Childhood: Links with Adjustment in Early Adolescence. In *Child Development* (Vol. 72, Issue 6, pp. 1764–1778). https://doi.org/10.1111/1467-8624.00377

McPhillips, M., Finlay, J., Bejerot, S., & Hanley, M. (2014). Motor deficits in children with autism spectrum disorder: a cross-syndrome study. *Autism Research: Official Journal of the International Society for Autism Research*, *7*(6), 664–676.

Nadeau, M.-F., Massé, L., Argumedes, M., & Verret, C. (2020). Education for students with neurodevelopmental disabilities-Resources and educational adjustments. *Handbook of Clinical Neurology*, *174*, 369–378.

Papadopoulos, N., McGinley, J. L., Bradshaw, J. L., & Rinehart, N. J. (2014). An investigation of gait in children with Attention Deficit Hyperactivity Disorder: a case controlled study. *Psychiatry Research*, *218*(3), 319–323.

Paquet, A., Olliac, B., Bouvard, M.-P., Golse, B., & Vaivre-Douret, L. (2016). The Semiology of Motor Disorders in Autism Spectrum Disorders as Highlighted from a Standardized Neuro-Psychomotor Assessment. *Frontiers in Psychology*, *7*, 1292.

Pastor-Cerezuela, G., Fernández-Andrés, M.-I., Sanz-Cervera, P., & Marín-Suelves, D. (2020). The impact of sensory processing on executive and cognitive functions in children with autism spectrum disorder in the school context. *Research in Developmental Disabilities*, *96*, 103540

Piek, J. P., & Dyck, M. J. (2004). Sensory-motor deficits in children with developmental coordination disorder, attention deficit hyperactivity disorder and autistic disorder. *Human Movement Science*, *23*(3-4), 475–488.

Piek, J. P., Pitcher, T. M., & Hay, D. A. (2007). Motor coordination and kinaesthesis in boys with attention deficit-hyperactivity disorder. In *Developmental Medicine & Child Neurology* (Vol. 41, Issue 3, pp. 159–165). https://doi.org/10.1111/j.1469-8749.1999.tb00575.x

Pitcher, T. M., Piek, J. P., & Hay, D. A. (2003). Fine and gross motor ability in males with ADHD. In *Developmental Medicine & Child Neurology* (Vol. 45, Issue 08). https://doi.org/10.1017/s0012162203000975

Polanczyk, G., de Lima, M. S., Horta, B. L., Biederman, J., & Rohde, L. A. (2007). The worldwide prevalence of ADHD: a systematic review and metaregression analysis. *The American Journal of Psychiatry*, *164*(6), 942–948.

Rasmussen, P., & Gillberg, C. (2000). Natural outcome of ADHD with developmental coordination disorder at age 22 years: a controlled, longitudinal, community-based study. *Journal of the American Academy of Child and Adolescent Psychiatry*, *39*(11), 1424–1431.

Rinehart, N. J., Bellgrove, M. A., Tonge, B. J., Brereton, A. V., Howells-Rankin, D., & Bradshaw, J. L. (2006). An examination of movement kinematics in young people with high-functioning autism and Asperger's disorder: further evidence for a motor planning deficit. *Journal of Autism and Developmental Disorders*, *36*(6), 757–767.

Rosa Neto, F., Goulardins, J. B., Rigoli, D., Piek, J.P., & Oliveira, J. A. (2015). Motor development of children with attention deficit hyperactivity disorder. *Revista Brasileira de Psiquiatria (Sao Paulo, Brazil : 1999)*, *37*(3), 228–234.

Scahill, L., & Schwab-Stone, M. (2000). Epidemiology of Adhd in School-Age Children. In *Child and Adolescent Psychiatric Clinics of North America* (Vol. 9, Issue 3, pp. 541–555). https://doi.org/10.1016/s1056-4993(18)30106-8

Schmidt, E.M.; Hoffmann J.A.; Mulé, C.; & Briesch, A. (2021). Effects of a teacher training program to promote physically active play among preschoolers with autism spectrum disorders. *Journal of School Psychology*, *85*, 57–79.

Skinner, R. A., & Piek, J. P. (2001). Psychosocial implications of poor motor coordination in children and adolescents. *Human Movement Science*, *20*(1-2), 73–94.

Smits-Engelsman, B. C. M., Wilson, P. H., Westenberg, Y., & Duysens, J. (2003). Fine motor deficiencies in children with developmental coordination disorder and learning disabilities: an underlying open-loop control deficit. *Human Movement Science*, *22*(4-5), 495–513.

Tseng, M. H., & Cermak, S. A. (1993). The Influence of Ergonomic Factors and Perceptual-Motor Abilities on Handwriting Performance. In *American Journal of Occupational Therapy* (Vol. 47, Issue 10, pp. 919–926). https://doi.org/10.5014/ajot.47.10.919

Van der Oord, S., Prins, P. J. M., Oosterlaan, J., & Emmelkamp, P. M. G. (2008). Efficacy of methylphenidate, psychosocial treatments and their combination in school-aged children with ADHD: a meta-analysis. *Clinical Psychology Review*, *28*(5), 783–800.

Van Herwegen, J., Ashworth, M., & Palikara, O. (2019). Views of professionals about the educational needs of children with neurodevelopmental disorders. *Research in Developmental Disabilities*, *91*, 103422.

Westendorp, M., Hartman, E., Houwen, S., Huijgen, B. C. H., Smith, J., & Visscher, C. (2014). A longitudinal study on gross motor development in children with learning disorders. *Research in Developmental Disabilities*, *35*(2), 357–363.

Willcutt, E. G. (2012). The prevalence of DSM-IV attention-deficit/hyperactivity disorder: a meta-analytic review. *Neurotherapeutics: The Journal of the American Society for Experimental NeuroTherapeutics*, *9*(3), 490–499.

Katayama, S.S. (2020). Identificação do tipo de preensão e dominância lateral da habilidade motora manual de indivíduos com Transtorno do Espectro do Autismo na perspectiva ecológica: um estudo de caso. Dissertação (Mestrado) - Escola de Educação Física e Esporte da Universidade de São Paulo. - São Paulo > [s.n.], 2020.

COMO IDENTIFICAR CRIANÇAS COM POSSÍVEL QUADRO DE TDC EM AMBIENTE ESCOLAR

Paola Matiko Martins Okuda[8]

Considerando que o ambiente escolar é onde a criança passa pelo menos metade do seu dia, o professor é o profissional que mais tem a chance de identificar crianças de risco para Transtorno do Desenvolvimento da Coordenação (TDC). Sendo assim, este capítulo tem como objetivo instrumentalizar os profissionais da educação para identificar crianças de risco para dificuldades motoras em ambiente escolar.

De acordo com o que foi estabelecido internacionalmente como recomendações de boas práticas clínicas (Blank et al., 2019), sabe-se que os sintomas de TDC aparecem cedo na vida da criança e devem ser considerados precocemente como sinais de atenção, entretanto, diante da grande variabilidade existente no desenvolvimento motor, recomenda-se que o diagnóstico formal seja realizado somente a partir dos 5 anos de idade em casos de comprometimentos severos. Ainda, o diagnóstico deve ser realizado por um médico ou equipe multiprofissional devidamente qualificado para avaliar o indivíduo de acordo com os critérios especificados e avaliações padronizadas devem ser utilizadas.

Este mesmo guia de recomendações apresentou uma revisão sistemática sobre questionários utilizados para identificar TDC e os resultados mostraram que a sensibilidade e a especificidade são altamente variáveis e dependem da pessoa que completou o questionário (pais, professores ou a própria criança) e a amostra (clínico ou populacional), recomendando que, se possível, as medidas utilizadas para coletar informações sobre as características relacionadas ao TDC de um indivíduo, possua padronização adequada.

Dentre as possibilidades de ferramentas validadas para uso com a população brasileira, utilizadas e/ou preenchidas por profissionais da edu-

---

8 Terapeuta Ocupacional - Universidade Federal de São Paulo, UNIFESP

cação, o mais utilizado é o Questionário de transtorno do desenvolvimento da coordenação – dcdq-brasil (Prado et al., 2009), com vários estudos indicando sua sensibilidade e especificidade na identificação de crianças de risco para TDC entre 5 a 15 anos de idade. Recentemente, em 2019, o questionário de checagem para professores da Bateria de Avaliação de Movimento para Crianças (MABC-2)(Henderson et al., 2007) foi traduzida e está disponível para uso com a população brasileira, mas poucos estudos foram realizados em relação a sua sensitividade e especificidade na identificaçao de crianças com risco para TDC.

Além destas ferramentas, a literatura (Caçola & Lage, 2019; Camden et al., 2015; Golenia et al., 2018), assim como foi detalhado no capítulo de Ferreira, Maia & Freudenheim, são sinais de riscos observáveis para alterações motoras em crianças com idade escolar:

- Dificuldade em se manter sentado corretamente;
- Dificuldade em organizar o material escolar na mesa;
- Dificuldade em usar as linhas do caderno;
- Quando usa borracha, mancha toda a folha ou rasga;
- Evita usar tesoura;
- Evita usar cola líquida por fazer muita "bagunça" (dificuldade em ajustar quantidade força para apertar o tubo);
- No geral, crianças com dificuldades no desempenho de habilidades motoras tendem a evitar atividades esportivas; atividades em grupos que exijam movimentos amplos e associados, como pega-pega; e não participam de atividades de aventura, uma vez que exigem respostas rápidas.
- Nas atividades de recreação e na aula de educação física é sempre o último a ser chamado, cansa-se facilmente, é desorganizado nas atividades com sequências e/ou que envolvam bilateralidade e apresenta respostas motoras não ajustadas em velocidade (ou muito rápida ou muito lenta).

Como já descrito anteriormente, apesar de a observação dos sinais de risco serem pertinentes ao ambiente escolar, ela não é suficiente para considerar que o aluno seja realmente de risco para alterações no desenvolvimento motor e para garantir um encaminhamento adequado, rápido e eficiente, faz-se necessário a utilização de instrumentos validades e padronizados.

Para tal, surge a Avaliação de triagem Motora -ATM (Okuda et al., 2018) que foi elaborada com base nas demandas diárias apresentadas por professores em relação às dificuldades de seus alunos no dia-a-dia nas tarefas e atividades escolares

Então para a construção da ATM foram realizadas observações clínicas dos alunos do ensino fundamental no ambiente escolar, focando nos aspectos do desempenho motor durante a execução de tarefas nas aulas de educação física, no recreio, na sala de aula e nas dependências da escola (banheiro, refeitório). Além disso, a elaboração dos itens contou com ampla revisão da literatura, considerando duas áreas principais de dificuldade que são relevantes para o desempenho motor: habilidades motoras finas (habilidades manuais / habilidades de manipulação) e equilíbrio/controle corporal.

Após sua validação psicométrica, a ATM se mostrou ser uma ferramenta de triagem confiável, de administração rápida e válida para identificar e quantificar crianças em risco de ter transtornos/dificuldades motores, como ter o risco de TDC.

Embora ainda haja limitações no processo de validação da ATM, como os relatados pelos autores, algumas destas limitações estão sendo sanadas em pesquisas que estão em andamento e o uso da ATM por profissionais da educação em ambientes escolares é recomendável, cumprindo as recomendações de boas práticas clínicas para TDC.

Mesmo com todos os critérios metodológicos e analíticos complexos envolvidos na elaboração e validação da ATM, sua maior contribuição está no fato de ter sido pensada para ser uma ferramenta de baixo custo, aberta e aplicável por profissionais das áreas da saúde e educação sem a necessidade de treinamento, rápida (sendo aplicada no máximo em 15 minutos) e ainda, por ser aplicada por observação direta sobre desempenho das crianças entre 5 e 10 anos e 11 meses nas tarefas, o risco de viés é diminuído.

Vale ressaltar que os itens da ATM são avaliados usando uma escala de classificação de três pontos, indicando o grau de desempenho de cada criança na tarefa, sendo: "0" igual a "não executou" (o que significa que a criança não realizou o teste exigido), "1" igual a "baixo desempenho" (a criança teve um desempenho ruim) e "2" igual a "desempenho normal" (a criança executou corretamente). E para limitar a subjetividade em termos de pontuação de tarefa, para cada tarefa é fornecida uma descrição detalhada para o examinador sobre os aspectos a observar e considerar ao pontuar cada item.

Abaixo, segue o manual da ATM com a descrição detalhada do material utilizado, da forma de aplicação geral, as instruções para aplicar e pontuar cada tarefa, e a tabela de referência para pontuação por sexo e idade.

Não há uma folha resposta para a ATM, mas como a ideia é aplicar em ambiente escolar, supõe-se que muitas crianças serão avaliadas, então sugere-se que imprima uma cópia do teste completo e crie uma tabela, imprima-a se preferir, com espaços para pontuar cada tarefa, facilitando o registro e armazenamento das informações de cada criança avaliada.

AVALIAÇÃO DE TRIAGEM MOTORA PARA IDENTIFICAÇÃO DE CRIANÇAS DE RISCO PARA ALTERAÇÕES MOTORAS - ATM.

Material: cronômetro; fita métrica; fita adesiva; barbante (grossura 12), bola de tênis e tapete com botões (FIGURA 1).

INSTRUÇÃO GERAL PARA AS TAREFAS 1, 2 E 3:

O examinador deve sentar-se em frente da criança para uma melhor demonstração.

O examinador deve demonstrar todas as tarefas pelo menos uma vez para que a criança entenda como se realiza, mas não mais que três vezes. Se após três demonstrações a criança não compreender e não conseguir realizar, marque zero na tarefa.

1. Fechar botões médios (2cm); peça para a criança fechar todos os 5 botões médios, *o mais rápido que ela puder.*
   Lembre-a de que todos os botões devem estar colocados corretamente nas "caselas", como se fossem numa camisa, para que não abram.
   Sempre lembre a criança: ***Você deve permanecer sentada!***
   ( ) 0 = não consegue (quando não realiza o teste)
   ( ) 1 = consegue parcialmente (realiza o teste com grande dificuldade: lentidão ao fechar os botões, dificuldade em dissociar os dedos, aproxima demais o tapete do rosto, movimento de elevação do ombro que dificulta o movimento; ou fecha 2 ou 3 botões parcialmente; ou ultrapassa o tempo médio de execução da tarefa para a escolaridade/sexo)
   ( ) 2 = consegue completamente (quando realiza o teste apropriadamente)
2. Fechar botões pequenos (1,5 cm); peça para a criança fechar todos os 5 botões médios, *o mais rápido que ela puder.*
   Lembre-a de que todos os botões devem estar colocados corretamente nas "caselas", como se fossem numa camisa, para que não abram.
   Sempre lembre a criança: ***Você deve permanecer sentada!***
   ( ) 0 = não consegue (quando não realiza o teste)

( ) 1 = consegue parcialmente (quando realiza o teste com grande dificuldade: lentidão ao fechar os botões, dificuldade em dissociar os dedos, aproxima demais o Tapeta do rosto, movimento de elevação do ombro que dificulta o movimento; ou fecha 2 ou 3 botões parcialmente; ou ultrapassa o tempo médio de execução da tarefa para a escolaridade/sexo)

( ) 2 = consegue completamente (quando realiza o teste apropriadamente)

3. Fechar botões de pressão (tamanho padrão 10mm): pedir para que a criança feche os 5 botões de pressão, mas agora apertando-os, *o mais rápido que ela puder*.

   Sempre lembre a criança: ***Você deve permanecer sentada!***

   ( ) 0 = não consegue (quando não realiza o teste)

   ( ) 1 = consegue parcialmente (quando realiza o teste com grande dificuldade: lentidão ao fechar os botões, dificuldade em dissociar os dedos, aproxima demais o Tapete do rosto, movimento de elevação do ombro que dificulta o movimento; ou fecha somente 2 ou 3 botões de pressão; ou ultrapassa o tempo médio de execução da tarefa para a escolaridade/sexo)

   ( ) 2 = consegue completamente (quando realiza o teste apropriadamente)

4. Dar um nó: com a criança ainda sentada, remova o tapete com botões e coloque-o de lado. A criança deve estar sentada ainda em frente ao examinador.

   Agora o examinador deve demonstrar como dar um nó simples com barbante no dedo da criança. Após demonstração, pedir para que ela faça o mesmo no dedo do examinador.

   Tentativas: três vezes. Depois de três tentativas, se a criança não for capaz de executar a tarefa, pontuar zero na tarefa.

   ( ) 0 = não consegue (quando não realiza o teste)

   ( ) 1 = consegue parcialmente (quando o nó desmancha; ou não fica amarrado; ou usa somente as pontas do barbante para fazer o nó; ou ultrapassa o tempo médio de execução da tarefa para a escolaridade/sexo)

   ( ) 2 = consegue completamente (quando realiza o teste apropriadamente)

5. Tamborilar: com a criança ainda sentada em frente ao examinador, peça que coloque as mãos na mesa e faça movimentos de pinça, tocando com o dedão em todos os dedos, iniciando no indicador indo até o dedo mínimo e vice-versa, com olhos fechados.

Peça para a criança realizar primeiro com uma das mãos 3 vezes, depois com a outra mão 3 vezes e por último com as duas mãos juntas 3 vezes.

Sempre lembre a criança: ***Você deve permanecer com os olhos fechados!***

Tentativas: uma demonstração, um treino e três tentativas formais (caso perceba que a criança não é capaz de realizar a tarefa, pode parar o teste).

(   ) 0 = não consegue (quando não realiza o teste; abre os olhos constantemente durante a execução)

(   ) 1 = consegue parcialmente (quando faz somente uma mão de cada vez, hesita na execução, pula dedos, toca dois dedos ao mesmo tempo, abre os olhos ao mudar de mão)

(   ) 2 = consegue completamente (quando realiza o teste apropriadamente)

6. Andar pé-ante-pé com as mãos na cintura: Faça uma linha reta no chão com a fita adesiva (5 metros) e peça para a criança andar sobre a linha, olhando para frente, pé-ante-pé com as mãos na cintura (10 passos). Ou seja, os dedos de um pé devem tocas o calcanhar do outro.

Tentativas: uma demonstração, um treino e três tentativas formais.

O examinador deve demonstrar pelo menos uma vez para que a criança entenda como se realiza, mas não mais que três vezes. Se após três demonstrações a criança não compreender e não conseguir realizar, marque zero na tarefa.

(   ) 0 = não consegue (quando não realiza o teste)

(   ) 1 = consegue parcialmente (quando dá até 5 passos; apresenta desequilíbrios; não toca os pés ou fica tentando arrumar para tocá-los depois de ter dado o passo; se desloca para os lados ou se afasta da linha de referência)

(   ) 2 = consegue completamente (quando realiza o teste apropriadamente)

7. Correr em uma linha reta e pegar uma bola sem cair: a criança deve correr 5 metros em linha reta pegar a bola no final da linha e retornar ao início e parar exatamente em cima da linha de início.

A criança deve correr em linha reta, deve se equilibrar para não cair ao pegar a bola, e deve parar exatamente em cima da linha de início ao retornar.

Tentativas: uma demonstração e uma tentativa formal.

( ) 0 = não consegue (quando não realiza o teste da maneira correta- ultrapassa o tempo e não para na linha)

( ) 1 = consegue parcialmente (quando corre em linha reta, tem a intenção correta, mas não para na linha, ultrapassando-a ou parando antes; cai ao pegar a bola ou ao chegar no final; ultrapassa o tempo médio de execução da tarefa para a escolaridade/sexo)

( ) 2 = consegue completamente (quando realiza o teste apropriadamente)

Observações gerais durante o desempenho no teste:

- Atenção
- Tempo de resposta e execução
- Organização durante a tarefa
- Mão dominante
- Pé dominante

Outras observações:

____

____

____

____

PONTUAÇÃO DA ATM

Tabela 1: Escores normativos – com a pontuação total obtida somando-se as 7 tarefas, se a criança estiver abaixo da média por ano escolar e sexo, considera-se de risco para alterações motoras.

Ano Escolar	Meninas		Meninos	
	M±DP	Quartis	M±SD	Quartis
1	9.21±2.11	8.0-9.0-10.5	8.24±2.19	7.0-8.5-10.0
2	11.17±1.52	10.0-11.0-12.0	10.49±1.96	10.0-11.0-12.0
3	11.42±1.64	10.0-12.0-13.0	10.55±2.38	9.0-11.0-13.0
4	10.98±1.85	9.0-12.0-12.5	9.95±2.18	8.0-10.0-11.0
5	11.54±1.69	10.3-12.0-13.0	11.58±1.52	10.8-12.0-13.0

Nota: M: Média, DP: Desvio Padrão

Tabela 2A: Média de tempo nas tarefas ano escolar.

Ano escolar	Tarefa 1
1	35,04 (95% CI: 31,36 - 38,73; SD:14,50)
2	27,47 (95% CI: 24,93 - 30,00; SD: 12,24)
3	31,58 (95% CI: 27,28 - 35,88; SD:16,78)
4	24,11 (95% CI: 22,10 - 26,12; SD: 9,14)
5	20,93 (95% CI: 19,40 - 19,40; SD: 6,14)
Ano escolar	**Tarefa 2**
1	28,96 (95% CI: 24,72 - 33,20; SD: 16,69)
2	24,24 (95% CI: 21,96 - 26,51; SD: 10,98)
3	23,35 (95% CI: 19,29 - 27,41; SD:15,84)
4	20,83 (95% CI: 18,10 - 23,55; SD: 12,41)
5	18,79 (95% CI: 17,049 - 20,53: SD: 7,03)
Ano escolar	**Tarefa 3**
1	23,28 (95% CI: 20,79 - 25,77; SD: 9,80)
2	16,14 (95% CI: 14,63 - 17,66; SD: 7,30)
3	14,94 (95% CI: 13,47 - 16,40; SD: 5,72)
4	14,38 (95% CI: 13,52 - 15,25; SD: 3,92)
5	12,63 (95% CI: 11,69 - 13,58; SD: 3,82)
Ano escolar	**Tarefa 4**
1	9,79 (95% CI: 7,99 - 11,59; SD: 7,08)
2	9,60 (95% CI: 8,00 - 11,21; SD: 7,74
3	6,89 (95% CI: 5,47 - 8,30; SD: 5,53)
4	7,41 (95% CI: 6,33 - 8,50; SD: 4,94)
5	6,81 (95% CI: 5,57 - 8,06; SD: 5,02)
Ano escolar	**Tarefa 7**
1	6,01 (95% CI: 5,68 - 6,34; SD: 1,31)
2	5,55 (95% CI: 5,31 - 5,79; SD: 1,15)
3	5,09 (95% CI: 4,90 - 5,29; SD: 0,77)
4	5,40 (95% CI: 5,08 - 5,72; SD: 1,44)
5	5,07 (95% CI: 4,81 - 5,33; SD: 1,04)

Tabela 2B: Média de tempo nas tarefas por sexo.

Sexo	Meninas	Meninos
Tarefa 1	24,73 (95% CI: 23,35 - 26,11; SD: 9,02)	30,03 (95% CI: 27,88 - 32,17; SD: 15,25)
Tarefa 2	20,61 (95% CI: 19,07 - 22,15; SD: 10,07)	25,37 (95% CI: 23,25 - 27,48; SD: 14,98)
Tarefa 3	15,21(95% CI: 14,24 - 16,17; SD: 6,34)	16,97 (95% CI: 15,85 - 18,09; SD: 7,93)
Tarefa 4	8,86 (95% CI: 7,90 - 9,82; SD: 6,27)	7,58 (95% CI: 6,68 - 8,47; SD: 6,37)
Tarefa 7	5,63 (95% CI: 5,44 - 5,81; SD: 1,19)	5,27 (95% CI: 5,10 - 5,44; SD: 1,22)

Embora não haja validação para o tempo de execução em cada tarefa, nas tabelas 2ª e 2B estão as médias de tempo de execução na população avaliada por ano escolar e por sexo para ser usado como referência, evitando assim subjetividade na pontuação.

Caso acredite que sua população seja diferente, sugere-se que, para cada tarefa o tempo de execução da criança seja cronometrado e registrado para que possa criar uma média por sexo e ano escolar das crianças que está avaliando.

Modelo sugerido para folha resposta

Nome	Idade	Série	Sexo	T1	TT1	T2	TT2	T3	TT3	T4	TT4	T5	T6	T7	TT7	OG

Legenda: T – tarefa; TT – tempo de execução na tarefa; OG – Observações gerais

Observação: A pedidos de alguns colaboradores, foram criados vídeos de demonstração para cada tarefa (em inglês). Lembrando que não há a necessidade de treinamento para a aplicação da ATM, mas caso queira assistir, acesse: https://www.youtube.com/watch?v=2ISwxPxrn2Q&list=PLFCBLZPk4HLXu2fvomLsV8IDztBcUzbQw

TAPETE COM BOTÕES

Instruções para confeccionar o tapete com botões:

Figura 1. Materiais e medidas necessárias para confecção do tapete com botões. Nota: foto tirada do tapete de botões da primeira versão, sem as devidas correções, seguir como modelo, mas usar o texto instrutivo para confecção.

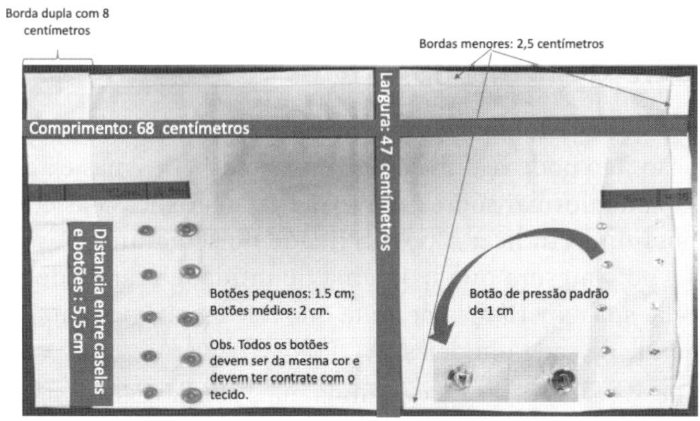

Materiais para confecção do tapete com botões:

- Tecido: 1 metro de Brim branco (para ter um pouco de sobra);
- Botões: 5 unidades de cada tamanho (pequenos 1,5 cm; médios: 2 cm)
- Botões de pressão: colchetes de pressão com 10 mm (ou 1 cm)

Costure as três bordas de 2,5 cm;

- Em seguida, na quarta borda, faça uma dobra no tecido com 8 centímetros e costure (lembrando de fazer uma borda mínima na ponta ou passar overlok antes de passar a costura para evitar que o tecido desfie e dar um bom acabamento);
- Após ter colocado as bordas no tecido, faça 5 caselas para os botões sobre a borda maior, na horizontal, cortados verticalmente ao cento, com 2 cm entre as laterais. A distância entre uma casela e outra é de 5,5 cm. Faça o acabamento em ilhós nas caselas para não desfiar e fixar o tecido duplo;
- Para pregar os botões, há uma distância de 12 cm do final da casela ao meio do botão pequeno. Os botões médios devem ser pregados paralelos aos botões pequenos a uma distância de 4,5 cm medidos pelo centro dos botões. Todos os botões devem ser pregados alinhados às caselas.

- Botões de pressão (também conhecidos como colchetes de pressão e/ou tic-tac): devem ser colocados do outro lado do tecido, considerando 2 cm da borda lateral e inferior para iniciar pregar os botões, seguindo o alinhamento dos botões pequenos e médios. A distância vertical entre os botões é de 9 cm, medindo a partir de seus centros.

CONSIDERAÇÕES FINAIS

Diante do que já foi exposto nos capítulos anteriores, o profissional da educação não pode realizar o diagnóstico de TDC, mas é a fonte mais confiável para informar sobre as diversas características das crianças que atende, incluindo indicar a possibilidade de seu aluno(a) ser de risco para TDC, pois mesmo que haja uma quantidade grande de alunos na sala de aula, sua experiência permite que crie estratégias para identificar a necessidade de cada um deles.

E para deixar suas observações ainda mais confiáveis e assertivas, com base nas recomendações internacionais de boas práticas clínicas, este capítulo trouxe a Avaliação de Triagem Motora, que é um instrumento com normas padronizadas, de baixo custo, de rápida aplicação, realizado diretamente com a criança, o que permite a observação quantitativa e qualitativa de seu desempenho em tarefas baseadas no cotidiano escolar.

Por fim, ainda há a possibilidade de se utilizar a ATM com todas as crianças entre 5 e 10 anos e 11 meses do ensino fundamental para criar estratégias de intervenção dentro da própria escola, como indicado nos capítulos de Valentini; Weber et al.; Neto e Draghi; e Magalhães e Moraes. Ainda, como precisamos garantir que a criança tenha tido oportunidades para se desenvolver motoramente antes do diagnóstico final, a ATM pode ser utilizada para comparar seus desempenhos no início, no meio e no final do ano letivo, por exemplo, ou pré e pós intervenção escolar (Germano, 2015; Okuda, 2015), diminuindo assim a probabilidade de falsos positivos e falsos negativos para risco de TDC, garantindo o encaminhamento precoce e eficaz dessas crianças.

REFERÊNCIAS

Blank, R., Barnett, A. L., Cairney, J., Green, D., Kirby, A., Polatajko, H., Rosenblum, S., Smits-Engelsman, B., Sugden, D., Wilson, P., & Vinçon, S. (2019, Mar). International clinical practice recommendations on the definition, diagnosis, assessment, intervention, and psychosocial aspects of developmental coordination disorder. Dev Med Child Neurol, 61(3), 242-285. https://doi.org/10.1111/dmcn.14132

Caçola, P., & Lage, G. (2019). Developmental Coordination Disorder (DCD): An overview of the condition and research evidence. Motriz: Revista de Educação Física, 25(2).

Camden, C., Wilson, B., Kirby, A., Sugden, D., & Missiuna, C. (2015, Jan). Best practice principles for management of children with developmental coordination disorder (DCD): results of a scoping review. Child Care Health Dev, 41(1), 147-159. https://doi.org/10.1111/cch.12128

Germano, G. D., Okuda, P. M. M. (2015). O uso de modelo de resposta à intervenção para a identificação precoce do TDAH e do TDC. In O. V. C. A. Andrade, Okuda, P. M. M., Capellini, S. A. (Ed.), Tópicos em aprendizagem: parte IV. (pp. 211-222). Fundepe.

Golenia, L., Bongers, R. M., van Hoorn, J. F., Otten, E., Mouton, L. J., & Schoemaker, M. M. (2018). Variability in coordination patterns in children with developmental coordination disorder (DCD). Hum Mov Sci, 60, 202-213.

Henderson, S. E., Sugden, D. A., & Barnett, A. L. (2007). Movement assessment battery for children-2: Movement ABC-2: Examiner's manual. Pearson.

Okuda, P. M. M. (2015). Intervenção e identificação precoce do Transtorno do Desenvolvimento da coordenação em escolares no inicio da alfabetização [Dissertações - Fonoaudiologia - FFC, Universidade Estadual Paulista Julio de Mesquita Filho, Faculdade de Filosofia, Ciências e Letras]. Dissertações - Fonoaudiologia - FFC. http://hdl.handle.net/11449/123219

Okuda, P. M. M., Pangelinan, M., Chiorri, C., Capellini, S. A., & Cogo-Moreira, H. (2018, Feb). A new motor screening assessment for children at risk for motor disorders: construct validity. Arq Neuropsiquiatr, 76(2), 104-112. https://doi.org/10.1590/0004-282X20170183

Prado, M., Magalhães, L., & Wilson, B. (2009). Cross-cultural adaptation of the Developmental Coordination Disorder Questionnaire for Brazilian children. Brazilian Journal of Physical Therapy, 13(3), 236-243.

MODELO DE AVALIAÇÃO E INTERVENÇÃO INTEGRATIVA NA ESCOLA: CRIANÇAS COM TRANSTORNO DE DESENVOLVIMENTO DA COORDENAÇÃO

Nadia Cristina Valentini[9]

O transtorno do Desenvolvimento da Coordenação (TDC) ocorre quando crianças demonstram atrasos nos marcos motores ou dificuldades coordenativas que resultam na dificuldade de realizar atividades diárias; sem a identificação de condição médica ou neurológica que explique as dificuldades. O diagnóstico de crianças com TDC deve ser realizado de maneira criteriosa, por equipe multidisciplinar (terapeutas, professores, psicólogos e médicos). As diretrizes apontadas no Manual Diagnóstico de Transtornos Mentais - 5ª edição (*American Psychiatric Association* - APA, 2013) deve ser seguida. Inicialmente, deve ser avaliado, com testes padronizados, se a criança apresenta atraso em habilidades motoras considerando sua idade cronológica (Critério A); se os atrasos motores interferem nas atividades diárias, nas experiências sociais, ou escolares da criança (Critério B); se primeiros sinais do transtorno ocorreram precocemente com atrasos nos marcos motores - rolar, engatinhar, e caminhar (Critério C); e, se as dificuldades de coordenação, as quais excedem as dificuldades esperadas para uma idade específica, não são explicadas por deficiência visual e intelectual, ou não são atribuíveis a condição neurológica que afete o movimento (Critério D).

As diretrizes propostas pela APA (2013) possibilitam a consistência no uso de critérios práticos e específicos para o diagnóstico do TDC e para o encaminhamento da criança para intervenções compensatórias. O diagnóstico auxilia na compreensão das limitações e no delineamento de

9 Professor Titular da Escola de Educação Física, Fisioterapia e Dança da Universidade Federal do Rio Grande do Sul – UFRGS. Membro do International Motor Development Research Consortium I-MDRC Advisor Committee.

estratégias para compensar essas dificuldades; e, a escola com sua equipe multidisciplinar tem papel fundamental neste processo. Destaca-se ainda que o diagnóstico e a intervenção o mais cedo possível são essenciais para o bem-estar da criança, visto que a falta do mesmo pode levar crianças à frustração e ao isolamento, pois as mesmas percebem que têm dificuldades em tarefas que seus pares realizam com facilidade; e, são motivo de *bulling* de colegas. O objetivo deste capítulo é descrever brevemente, de forma interdependente, as dificuldades motoras, cognitivas e sociais enfrentadas por crianças com TDC, e discutir o modelo integrado para a avaliação e intervenção para crianças com TDC, no ambiente escolar, apoiado, na perspectiva bioecológica.

DIFICULDADES MOTORAS, COGNITIVAS E SÓCIO EMOCIONAIS EM CRIANÇAS COM TDC: A INTERDEPENDÊNCIA DOS DOMÍNIOS DO DESENVOLVIMENTO NA INFÂNCIA

A complexidade da avaliação do TDC em crianças é um desafio para os profissionais devido a heterogeneidade dos aspectos motores afetados e das repercussões do mesmo no cotidiano da criança. Crianças com TDC podem apresentar déficits motores generalizados, com dificuldades observáveis na realização de habilidades motoras finas (amarrar sapatos, abotoar uma camisa) e amplas (arremessar, chutar, galopar), e no equilíbrio (Valentini, Clark & Whitall, 2014; Valentini, Oliveira, Pangelinan, Whitall & Clark, 2017). Outras crianças com TDC podem demonstrar dificuldades motoras restritas, por exemplo, nas habilidades finas ou somente no equilíbrio (Zwicker, Suto, Harris, Vlasakova & Missiuna, 2018). Destaca-se ainda que a organização e planejamento do movimento são afetados pelo transtorno (Brown-Lum & Zwicker et al., 2018), e as crianças com TDC tendem a ser imprecisas em ações motoras e também mais lentas (Zwicker et al., 2018) quando comparadas aos seus pares.

Crianças com TDC demonstram déficits nas funções executivas de controle inibitório – capacidade de inibir ou não um comportamento necessario para a auto regulação (Diamond, 2013; Leonard, Bernardi, Hill & Henry, 2015; Sartori, Valentini & Fonseca, 2019), memória de trabalho – capacidade de reter as informações temporariamente necessárias para executar um raciocínio e tomar decisões (Leonard et al., 2015; Chen, Tsai, Hsu, Ma & Lai, 2013), e de flexibilidade cognitiva – capacidade de perceber e alterar um comportamento para adaptar-se às novas demandas de um ambiente que muda rapidamente (Leonard et al., 2015; Sartori, Valentini & Fonseca, 2019). As funções executivas permitem ao indivíduo direcionar o comportamento para estabelecer metas, avaliar a eficiência do comportamento adotado, e abandonar, se necessário, estratégias ineficientes por outras mais eficientes (Miyake & Friedman, 2012). Essas capacidades são essenciais para a resolução de problemas que caracterizam o ambiente escolar.

Consequentemente, crianças com TDC podem demonstrar baixo desempenho escolar (Asonitou et al., 2012; Gomez et al., 2015; Leonard et al., 2015), com dificuldades na realização de tarefas de leitura (Sumner et al., 2016), escrita (Zwicker et al., 2018), maior incidência de erros de soletração, e baixa qualidade do texto produzido (Prunty, Barnett, Wilmut & Plumb, 2016). Dificuldades com as operações matemáticas básicas (adição, subtração, divisão, multiplicação) e de raciocínio lógico matemático mais complexo (frações e álgebra) (Alloway, 2011; Vaivre-Douret, 2014) são reportados em crianças com TDC. Essas dificuldades são provavelmente decorrentes da menor eficiência da conectividade do sistema neural (Querne et al., 2008), e de déficits em memória verbal (Chen et al., 2013) e visuoespacial (Alloway, 2011; Alloway & Archibald, 2008; Vaivre-Douret, 2014) em crianças com TDC. Destaca-se ainda, que as dificuldades e desempenho baixo em tarefas escolares pode estar presente, mesmo quando crianças com TDC atingem escores na média ou até acima da média em mensurações de coeficiente de inteligência (Zwicker et al., 2018).

As dificuldades motoras também repercutem em diferentes aspectos da vida de crianças. Criança com TDC demonstram pouco engajamento em atividades que requerem participação em grupos e em atividades físicas e esportivas (Yu, Burnett, & Sit, 2018) e no brinquedo (Zwicker et al., 2018). As interações sociais são limitadas e muitas crianças com TDC vivenciam o isolamento social (Cairney, Rigoli & Piek, 2013); o qual decorre muitas vezes da exclusão pelos pares, da auto exclusão pelo medo do fracasso, do perceber-se incapaz de realizar determinadas tarefas (Cairney, Rigoli & Piek, 2013; Valentini et al., 2012), da não participação em atividades motoras e esportivas. Não raramente crianças com TDC são vítimas de *bulling* na escola (Piek, Barret, Jones & Louise, 2005) e sofrem com a depressão (Campbell, Missiuna & Vailalancourt, 2012). Considerando que a base para a construção de relações socioafetivo na escola se estabelece nas tarefas em grupos e nos esportes, e nas brincadeiras no tempo livre e de recreio, para essas crianças essas experiências são limitadas.

Desde os primeiros anos de vida é por meio das habilidades motoras que a criança interage com o ambiente, aprende e descobre o mundo; se o controle motor é afetado, tal como ocorre em crianças com TDC, pode-se esperar diferenças na forma em que o ambiente é percebido e como estas informações são processadas pela criança. Portanto, não supreendentemente as associações entre déficits motores e dificuldades cognitivas (Michel, Molitor & Schneider, 2016; Rahimi-Golkhandan, Steenbergen, Piek & Wilson, 2015) e sociais (Campbell, Missiuna & Vailalancourt, 2012; Piek, Barret, Jones & Louise, 2005; Valentini et al., 2012) tem sido constantemente reportadas. Visto que as tarefas escolares, requerem que a criança compreenda as instruções, regras, combinações e limites – demandas do processo de socialização -, além de compreenderem o que é necessário para a solução de um determinado problema, a sequência planejada para realizá-lo, e o monitoramento dos procedimentos – demandas dos processos cognitivos (Diamond., 2013), é compreensível a repercussão multifatorial das dificuldades motoras em crianças com TDC. O contexto escolar permite a criança criar e estabelecer relações que são levadas para além dos muros escolares; as interações limitadas e o isolamento da criança com TDC repercutem no ambiente familiar.

Consequentemente, compreensão de como o transtorno afeta as diferentes dimensões do desenvolvimento infantil necessita um olhar para os múltiplos ambientes em que a criança se desenvolve e dos recursos que a criança dispõem para agir nesses ambientes. Ainda mais, é necessária a compreensão das necessidades reais, imediatas, e de médio e longo prazo da criança com TDC; a avaliação e a implementação de estratégias interventivas especificas deve envolver uma equipe multidisciplinar e a família da criança. A interdependência dos domínios cognitivo, sócio emocional e motor deve ser considerada para uma abordagem integrada de avaliação e intervenção da criança com TDC, bem como os múltiplos contextos em que as suas experiências são construídas. A identificação das dificuldades motoras, cognitivas e socioafetivas é essencial para a intervenção escolar para prevenir o fracasso escolar e tornar esse ambiente acolhedor para a criança.

Figura 1. Interdependência entre os domínios e as dificuldades de crianças com TDC.

- Déficits nas habilidades finas e amplas, e no equilíbrio;
- Desempenho motor lento e impreciso.

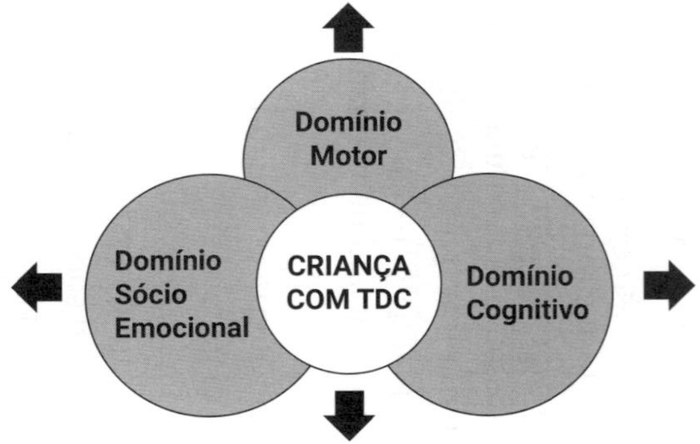

- Isolamento social;
- Vitimização e Bulling;
- Baixas percepções de competência e de auto eficácia;
- Fragilização do auto conceito

- Déficits nas funções executivas: controle inibido, memória de trabalho e flexibilidade cognitiva;
- Desempenho escolar mais baixo na leitura, escrita e matemática.

Dificuldades Reportadas

- Praticar esportes e atividades físicas em grupos;
- Participar em atividades sociais em grupos;
- Orientar-se em relação a direção, espaço e tempo;
- Copiar do quadro e acompanhar ditados;
- Organizar e executar as tarefas no tempo estipulado;
- Estabelecer e manter relações de amizade;
- Manter a atenção e tranquilidade em situações sociais;
- Ser considerado pelos pares para jogos e tarefas escolares;
- Comunicar seus interesses e ideias.

A CRIANÇA COM TDC NA ESCOLA: COMO AVALIAR E INTERVIR

Considerando o pressuposto de que o desenvolvimento deve ser compreendido na interação das características da criança e da rede de sistemas ambientais em que vive, adaptamos e expandimos o modelo de estrutura integrada proposto para avaliar e intervir com as crianças com TDC (Blank et al., 2019; Sartori, Valentini & Fonseca, 2020). Expandimos o modelo (1) inserindo as características sócio afetiva da criança; (2) inserindo os instrumentos avaliativos em cada domínio do desenvolvimento, os quais podem ser utilizados na escola para mapear as dificuldades da criança com TDC; (3) ampliando a discussão sobre relevância dos variados contextos de desenvolvimento da criança, apoiados no modelo biecológico (Bronfenbrenner, 1992, 1979, 1974) e na CIF-criança (WHO, 2007). Ao longo desta discussão destacamos as formas de intervenção que tem obtido mais sucesso nas últimas duas décadas e as estratégias que podem ser implementadas na escola considerando as especificidades das tarefas e as oportunidades que podem ser criadas para a criança com TDC. A perspectiva adotada considera que as dificuldades demonstradas por crianças com TDC necessitam de avaliação e intervenção integrada - conduzida por equipe multidisciplinar na escola -, sistemática, e direcionada para tarefas específicas em diferentes momentos da vida da criança, e que esses processos devem incluir a família em todas as etapas.

Em relação à classificação Internacional de funcionalidade, incapacidade e saúde (CIF-criança; WHO, 2007), a abordagem considera também essas as diretrizes para destacar a importância do contexto em que a criança vive para direcionar estratégias para promoção da funcionalidade. Os instrumentos avaliativos sugeridos neste capítulo consideram quais são os aspectos importantes a serem avaliados na criança com TDC, se estes instrumentos estão disponíveis para serem usados e se propiciam informações relevantes no cuidado da criança. Em relação à intervenção, as necessidades individuais de criança com TDC direcionam as metas interventivas. Na sequência serão apresentadas quais são os pontos a serem observados e avaliados em relação à criança com TDC, e as considerações para a organização da intervenção em diferentes contextos em uma perspectiva bioecológica.

Figura 2. Modelo de interação para a avaliação e intervenção em crianças com TDC adaptado de Blank et al (2019) e Sartori, Valentini, & Fonseca (2020).

A AVALIAÇÃO DA CRIANÇA COM TDC: HABILIDADES MOTORAS E SOCIAIS, E FUNÇÕES EXECUTIVAS

As dificuldades motoras e sociais, e o baixo desempenho nas das funções executivas, que influenciam negativamente o desempenho no contexto escolar, caracterizam a trajetória atípica de desenvolvimento das crianças com TDC (Querne et al., 2008), portanto a compreensão desse fenômeno como multifatorial é necessária e requer a avaliação multidisciplinar.

AVALIAÇÃO DAS HABILIDADES MOTORAS FINAS E AMPLAS

As habilidades motoras finas, amplas (locomotoras e com bola), e o equilíbrio estático e dinâmico são essenciais nas atividades de vida diária, tarefas escolares, no brinquedo e prática esportiva. Portanto, essa avaliação tem repercussão importante para o contexto escolar e familiar. Inicialmente observações sistemáticas longitudinais devem ser utilizadas, para observar se as dificuldades coordenativas são passageiras ou somente em algumas tarefas que a criança está ainda aprendendo.

Se as dificuldades permanecem testes de triagem, como a Lista de Checagem da *Movement* ABC (Henderson, Sugden & Barnett, 2007, 2019) e o Questionário de Transtorno do Desenvolvimento da Coordenação (Wilson et al., 2005), dois instrumentos adaptados e validados para crianças brasileiras (Ramalho, Valentini, Muraro, Gadens & Nobre, 2013; Prado, Magalhães & Wilson, 2009, respectivamente) podem ser utilizados. A Lista de Checagem da *Movement* ABC avalia as dificuldades da criança em movimentos amplos e finos em ambientes previsíveis e em ambientes imprevisíveis. O Questionário de Transtorno do Desenvolvimento da Coordenação avalia o controle da criança durante a realização de habilidades motoras finas e amplas. Os dois testes são observacionais, conduzidos por adultos (pais, professores e/ou terapeutas) em casa ou na escola. Além da triagem de crianças com possível TDC, os testes auxiliam a equipe escolar a delinear ações pedagógicas para minimizar os problemas escolares decorrentes do transtorno.

Se a criança obtiver um escore baixo nos testes de triagem, recomenda-se a avaliação com testes padronizados. A Bateria de Avaliação do Movimento para Crianças - 2 (*Movement* ABC-2; Henderson, Sugden, & Barnett, 2007), validada para crianças brasileiras (Valentini, Ramalho & Oliveira, 2015) é considerada o padrão ouro para identificar o TDC. A *Movement* ABC-2 é composta por testes motores de destreza manual, mirar e pegar, e equilíbrio; as tarefas variam conforme a idade da criança.

Percentis e pontos de cortes são propostos para classificar o desempenho das crianças (percentil < 5: significativa dificuldade de movimento; percentil entre o 6 e 15: risco para dificuldade de movimento; percentil > 16 sem dificuldade de movimento). A MABC-2 tem sido utilizada especificamente para mensurar o critério 1 (desempenho motor pobre em relação à idade cronológica) proposto pelo DSM-5 (American Psychiatric Association, 2013).

O *Bruininks-Oseretsky Test of Motor Proficiency-2* (Bruininks & Bruininks, 2005) também tem sido utilizado para identificar as dificuldades motoras de crianças com TDC em habilidades motoras *de* controle manual fino, coordenação manual e corporal, força e agilidade. O teste possibilita a classificação do desempenho da criança em bem abaixo da média (< 30), abaixo da média (entre 31-40), média (entre 41-59), acima da média (60-69), bem acima da média (> 70). Os dois instrumentos possibilitam detectar áreas específicas das dificuldades motoras; essas informações podem ser utilizadas para delinear tarefas-específicas na intervenção.

AVALIAÇÃO DAS FUNÇÕES EXECUTIVAS

As funções executivas (memória de trabalho, controle inibitório, flexibilidade cognitiva) são habilidades de base que regulam o pensamento, as ações e emoções. Essas funções permitem a criança direcionar o comportamento para metas, avaliar a eficiência e a adequação desses comportamentos, inibir e abandonar estratégias ineficientes em prol de outras mais eficientes e resolver problemas imediatos, de médio e longo prazo (Diamond, 2013; Miyake & Friedman, 2012). As funções executivas combinam as habilidades motoras, sensoriais, de comunicação e cognitivas que desenvolvemos desde os anos iniciais. Essas funções são utilizadas nas atividades e situações diárias, como brincar, aprender e socializar ao longo da vida. Componentes específicos das funções executivas (memória de trabalho, controle inibitório, flexibilidade cognitiva) podem estar comprometidos, levando a diferentes manifestações de comportamento de crianças com TDC. A observação das dificuldades de funções executivas pode ser inicialmente realizada na escola ou em casa, por pais e professores, em tarefas, por exemplo, que envolvem a administração por parte da criança do tempo para completar tarefas, da organização, da atenção para aprender novas tarefas e habilidades, de resolução de problemas, ou ainda do autocontrole da criança em inibir comportamento inapropriado ou pouco eficientes.

Se dificuldades forem persistentemente observadas, existe a disponibilidades de vários instrumentos de fácil aplicação que podem ser conduzidos por professores ou psicólogos no contexto escolar. Recomendamos para avaliar a memória de trabalho o *Oral Word Span in Sentences* - avalia a capacidade das crianças de memorizar e relembrar frases lidas por um examinador (Fonseca, de Salles, & Parente, 2008), e o *Odd-One-Out* (Henry, 2001) para avaliar a memória de trabalho não verbal das crianças com o uso figuras com número crescente de informações. Para avaliar o controle inibitório, recomendamos o *Go/No-Go App* (Sartori, Valentini, & Nobre, 2018) e o *Hayling test* (Siqueira, Gonçalves, Hübner, & Fonseca, 2016). O *Go/No-Go App* possibilita avaliar o controle inibitório em tarefas com estímulos auditivos e visuais, e com respostas motoras e verbais. O teste de *Hayling* é utilizado para avaliar a inibição verbal com tarefas de completar frases. Para flexibilidade cognitiva recomendamos o *Trail Making Test* (Montiel & Seabra, 2012) em tarefas de sequência numérica e alfabética, e o Teste dos Cinco Dígitos (Paiva, Fialho, de Costa, & de Paula, 2016) - teste numérico com efeito *stroop*, o qual independe da capacidade de leitura da criança.

AVALIAÇÃO DAS HABILIDADES SOCIAIS

Habilidades sociais são um conjunto de comportamentos apresentados pelo indivíduo em resposta as demandas de uma situação interpessoal (Del Prette & Del Prette, 1999). Diversas habilidades sociais são necessárias para que a criança possa interagir com pares e adultos, desenvolver competências e autonomia para aprender. Habilidades são aprendidas, e, a infância é o período crítico para o desenvolvimento das mesmas (Del Prette & Del Prette, 2005). Crianças com TDC, tem dificuldades com essas habilidades interpessoais, e algumas delas são essenciais para o sucesso escolar a curto e longo prazo. Essas dificuldades somam-se ou podem acentuar o baixo desempenho escolar, a frustração, e a dependência da criança para realizar tarefas. O desenvolvimento dessas habilidades sociais tem sido considerado como fator de proteção do desenvolvimento saudável da criança (Del Prette & Del Prette, 2001), portanto, são cruciais para crianças com TDC.

Considerando as dificuldades reportadas em crianças com TDC, a escola pode auxiliar no desenvolvimento de algumas habilidades sociais. Dentre elas destacamos a escuta ativa (atenção ao que esta sendo comunicado, para compreensão e questionamento), a comunicação efetiva (transmitir um ponto de vista de forma clara, iniciar conversação), o trabalho em equipe e a relação com pares (inserir-se no trabalho de grupos com ações propositivas e cooperativas, oferecer assistência, convidar para atividades de interação), a adaptabilidade (capacidade de mudar ou ser mudado para se ajustar melhor em alguma situação), a auto-organização (planejamento, priorização de tarefas, organização do trabalho, finalização de tarefas), a autogestão (assumir a responsabilidade por suas atitudes, comportamentos e bem-estar), autocontrole (seguir regras, respeitar limites, controlar frustração), a diligência (esforço cuidadoso e persistente), e a resiliência (capacidade de se recuperar de descontinuidades, estresse, mudança e adversidades).

A observação das dificuldades sociais de crianças com TDC pode ser feita por professores, terapeutas, e os próprios pais. Em geral, essas dificuldades são inicialmente reportadas pelos pais quer percebem a batalha da criança em sentir-se adequada em ambientes sociais, interagir com crianças da mesma idade, ou até mesmo para expressar ou defender suas ideias. Em sala de aula professores reportam a falta de controle, gestão e organização nas tarefas. Se a observação dessas dificuldades persiste e leva a criança ao isolamento pelos pares ou ainda o auto isolamento, recomenda-se a avaliação da criança com TDC por psicólogos ou professores treinados na avaliação de habilidades sociais.

Um instrumento reconhecido para mensurar as habilidades sociais de crianças em idade escolar é o Sistema de Avaliação de Habilidades Sociais (Gresham & Elliott, 1990), adaptado (Del Prette, 2003) e validado para crianças brasileiras (Bandeira, Del Prette, Del Prette & Magalhães, 2009), a qual mensura essas habilidades na perspectiva da criança (responsabilidade, empatia, assertividade, autocontrole, evitar problemas, expressão de sentimento positivos) dos pais (cooperação, amabilidade, iniciativa e desenvoltura social, autocontrole e civilidade, autocontrole passivo), e dos professores (responsabilidade e cooperação, asserção positiva, autocontrole, autodefesa, cooperação com pares).

Para crianças pré-escolares recomenda-se o uso da Escala de Comportamentos Sociais de Pré-escolares (Merrell, 2002), adaptada e validada para crianças brasileiras (Dias, Freitas, Del Prette & Del Prette, A. (2011), a qual mensura a cooperação, a interação e a independência social; a mesma é respondida por pais e professores. O *Behavioral and Emotional Rating Scale*- 2 (Epstein, 2004), instrumento que mensura as competências pessoais de crianças em habilidades interpessoal e afetiva, o envolvimento com a família, e o funcionamento escolar (na perspectiva da criança, dos pais, e de professores) também pode ser considerado uma ferramenta importante na investigação das habilidades sociais de crianças com TDC.

A INTERVENÇÃO: A ESCOLA E A FAMÍLIA NO SUPORTE DA CRIANÇA COM TDC

As dificuldades multifatoriais enfrentadas pela criança com TDC ressaltam a necessidade da intervenção individualizada para potencializar as habilidades motoras, cognitivas e sociais; e, minimizar a influência dos déficits motores na capacidade da criança de funcionar na rotina diária. Portanto, considerando as diretrizes da CIF-criança (2001), destacamos a necessidade de considerar na intervenção os aspectos relacionados à estrutura e à função da criança com TDC, bem como as necessidades das crianças, quais as oportunidades a elas ofertadas nos diferentes contextos em que transita, e quais as metas estabelecidas de curto, médio e longo prazo para auxiliar a criança em cooperação com a família.

DELINEAMENTOS DE INTERVENÇÃO EFETIVAS

Diferentes abordagens têm sido utilizadas para auxiliar a criança com TCD, abordagens orientadas para a tarefa/atividade, para a função e para a participação (Smits-Engelsman, Vinçon, Blank, Quadrado, Polatajko, & Wilson, 2018) demonstram ter um efeito positivo na funcionalidade nas rotinas diárias e em diferentes habilidades motoras.

As abordagens *orientadas para a tarefa/atividades* são centradas na criança, implementam na intervenção atividades para melhorar a execução de um objetivo em um contexto específico ou de habilidades motoras específicas (exemplo: habilidades motoras fundamentais e esportiva) – visando a funcionalidade e a promoção da saúde da criança com TDC. Essas abordagens interventivas consideram o contexto onde a atividade será realizada, e, tem como meta o envolvimento ativo dos pais para que as estratégias desenvolvidas na intervenção possam atingir os outros contextos em que a criança atua (Smits-Engelsman et al., 2018). Ao longo de anos de implementação de intervenções *orientadas para a tarefa/atividade*, transitaram do foco exclusivo no aumento da capacidade funcional da criança para reportar também mudanças no nível de atividade das crianças (Smits-Engelsman et al. 2018). Essas intervenções, têm demonstrado impacto positivo nas habilidades motoras grossas e finas em crianças com TDC (Miyahara, Hillier, Pridham & Nakagawa, 2017). Ainda mais, delineamentos desta abordagem que implementaram o treinamento de tarefas neuromotoras, de habilidades especializadas do esporte (jogo e realidade virtual), e com *exergames* (jogos de movimento que utilizam sensores) são potenciais aliados para melhorar o condicionamento físico e a força funcional necessária nas atividades diárias em crianças com TDC (Smits-Engelsman et al., 2018).

As abordagens *orientadas para a função corporal* implementam atividades para melhorar as funções corporais subjacentes ao problema motor, por exemplo, treinamento óculo-manual, de atividades de vida diária, de força e de resistência (Smits-Engelsman et al., 2018). Destaca-se que quando a abordagem *orientada para a função corporal* é implementada combinadas com a intervenção voltada para a tarefa - combinando treinamentos de força e de tarefas óculo-manual e combinando tarefas de leitura com caminhada - o nível de transferência para a vida diária pode ser potencializado. Entretanto, a eficácia da abordagem da função corporal varia consideravelmente (Smits-Engelsman et al., 2018).

As abordagens *orientadas para a participação* têm como meta aumentar o envolvimento ativo da criança, pais e professores em situações da vida real levando em consideração o meio físico, social e cultural em que a criança vive. Essas abordagens implementam estratégias que auxiliam a criança na transferência do que foi aprendido na intervenção para situações da vida real (Smits-Engelsman et al., 2018).

As diferentes abordagens têm demonstrado impacto positivo para o desenvolvimento de crianças com TDC. Portanto, a decisão sobre o tipo de delineamento mais adequado deve ser realizada pela equipe multidisciplinar, a família e a própria criança. A decisão de delineamento interventivo deve ser fundamentada nas metas estabelecidas a curto, médio e longo prazo, na viabilidade da intervenção, nos recursos disponíveis, e nas possibilidades do envolvimento familiar. O envolvimento da família é crucial para que os resultados obtidos sejam transferíveis para a rotina da criança. Independente do delineamento adotado, a criação de um ambiente favorável para a aprendizagem é prioridade.

A criação de um ambiente apropriado para aprendizagem, envolve primeiramente a compreensão dos recursos que a criança com TDC dispõe, da participação ativa, da motivação e atenção para aprender, e da utilização de diferentes estratégias de ensino fundamentado na avaliação inicial da criança. Portanto, a criação de um ambiente apropriado para a aprendizagem depende da compreensão do professor das diferenças individuais em relação aos níveis de funcionalidade e as experiências previas da criança com TDC. A motivação e atenção da criança também são essenciais para garantir o engajamento, e, a permanência na prática. Para motivar a criança devem ser encorajados objetivos de curto prazo, tangíveis, que assegurem o aumento de confiança da criança nas suas habilidades. Para manter a atenção, o intervalo adequado entre as sessões, a simplificação da tarefa para controlar a ansiedade, e a instrução específica e breve podem ser importantes estratégias no ensino da criança com TDC. Para manter a criança engajada o suporte de adultos significativos nas tentativas e erros da criança, bem como experiências de sucesso são essenciais.

Para que experiências de sucesso ocorram é necessário compreender a complexidade da tarefa proposta em relação à funcionalidade da criança com TDC. O primeiro passo é a análise da tarefa para determinar o que é necessário para que o desempenho adequado seja conquistado pela criança com TDC, por exemplo, entender os componentes de força, coordenação óculo-manual, memória são requeridos na tarefa de escrever palavras ditadas pelo professor, ou, na tarefa de pegar uma bola lançada compreender que a tarefa requer coordenação óculo-manual, acuidade visual, processamento de velocidade, tempo de antecipação. Com a análise da tarefa o professor pode determinar como essas tarefas serão ensinadas, quais os recursos mais efetivos para a criança com TDC e ainda como adaptar a tarefa para que a criança tenha sucesso.

Muitas vezes a adaptação da tarefa requer uso de diferentes equipamentos e regras ou ainda do *scaffolding*. O *scalffolding* envolve dividir o aprendizado de um gesto motor ou de leitura, por exemplo, em partes e fornecer uma estrutura concreta de cada parte. Ao ensinar o gesto motor de arremessar uma bola, destacar com marcas no chão, fitas coloridas, adesivos o pé opositor da mão de arremesso e treinar esse critério motor, fazer o mesmo para os outros critérios motores para depois fazer a execução na totalidade; ou ainda solicitar que a criança descreva cada critério motor propiciando modelagem ao longo de cada etapa. Em um exercício de leitura, preparar a leitura discutindo o vocabulário, os pontos principais do texto, ou ainda separar o texto em diferentes etapas (início, meio, desfecho), somente para depois ler e discutir o texto todo conforme avança o entendimento da criança da tarefa.

Ao longo da intervenção pode-se empregar métodos de *ensino diretivo ou de descoberta orientada,* dependendo da tarefa a ser executada. A *instrução* para crianças com TDC deve ser objetiva e concisa, em um curto período. A *instrução* também deve considerar a progressão gradual partindo do que a criança já sabe para construir novos conhecimento. Uma vez atingido os objetivos, novas instruções podem ser propiciadas, não sobrecarregar a criança com informações é essencial. Ao longo da prática, *dicas verbais e visuais/demonstração* auxiliam na manutenção da atenção, no monitoramento dos erros, e na instrumentalização da criança para a correção desses erros. O uso do *feedback* que propicie informações suplementares de como realizar a tarefa é crucial para o sucesso da criança com TDC.

A RELEVÂNCIA DO CONTEXTO: A ESCOLA, A FAMÍLIA E A REDE DE RELAÇÃO E APOIO DA CRIANÇA

Destaca-se que a frequência em que a intervenção ocorre, independente da abordagem adotada, é fundamental. A dose interventiva tem repercussão direta nos efeitos interventivos, e novamente a família é o aliado da escola para garantir a participação necessária para atingir as metas estabelecidas. O monitoramento do progresso da criança auxilia a escola a compreender como o impacto das estratégias implementadas repercutem nos vários contextos que mediam a vida de uma criança com TDC, na própria família, por exemplo, nos grupos de amigos que frequenta, nos programas esportivos ou compensatórios.

Acreditamos também que a escola tem um papel fundamental de gerar informações para garantir a implementação de políticas públicas que suportem a criança com TDC e suas famílias, bem como o acesso ao acompanhante terapêutico, educacional e de saúde específicos. O impacto dos contextos mais remotos – políticas públicas (governos locais, estaduais e federais) são mediadas pelo conhecimento e pressão social gerada nos contextos mais próximos do desenvolvimento da criança - família e escola. Dessa forma, ao planejar um programa interventivo para a criança com TDC é necessário compreender as relações da criança com seus familiares e com seu grupo de amigos, e da mesma forma entender as relações no contexto escolar.

Além disso, compreender as redes sociais que se formam, a relação entre família e escola, os valores e as expectativas dos adultos (Summers, Larkin & Dewey, 2008), o valor que a cultura em que a criança está inserida atribui as várias atividades (Geertz, 2017), e de que forma o contexto e os processos proximais facilitam oportunidades para crianças atingirem seu potencial (Bronfenbrenner, 1992, 1979, 1974; Huston, Wright, Marquis & Green, 1999), são essenciais na promoção do desenvolvimento da criança com TDC.

Portanto, o modelo proposto considera a influência dos contextos em que as crianças vivem e funcionam – o *microsistema* da família e escola; a rede social formada pelo contexto – o *mesosistema* formado por familiares, pares, professores, terapeutas, vizinhos; os contextos em que a criança não tem influência, mas onde as decisões tomadas podem afetar a criança – *exosistema* composto por departamentos de educação e de esportes; bem como a influência de um contexto mais amplo - o *macrosistema* formado por cultura, ideologias, legislação; bem como a força dos processos proximais (Bronfenbrenner, 1992, 1979, 1974). Em relação à força dos processos proximais, destaca-se que os recursos individuais da criança com TDC – as dificuldades motoras e sociais, e o baixo desempenho nas funções executivas - direciona a atitude da criança com TDC no contexto, aceitando ou evitando o envolvimento em atividades que requerem competência motora (provisão), e por consequência as dificuldades afetam a forma como a criança se relaciona com seus pares e adultos (demandas) nos microssistemas - família, escola, e comunidade.

Figura 3. Os diferentes contextos e as oportunidades de desenvolvimento da criança com TDC

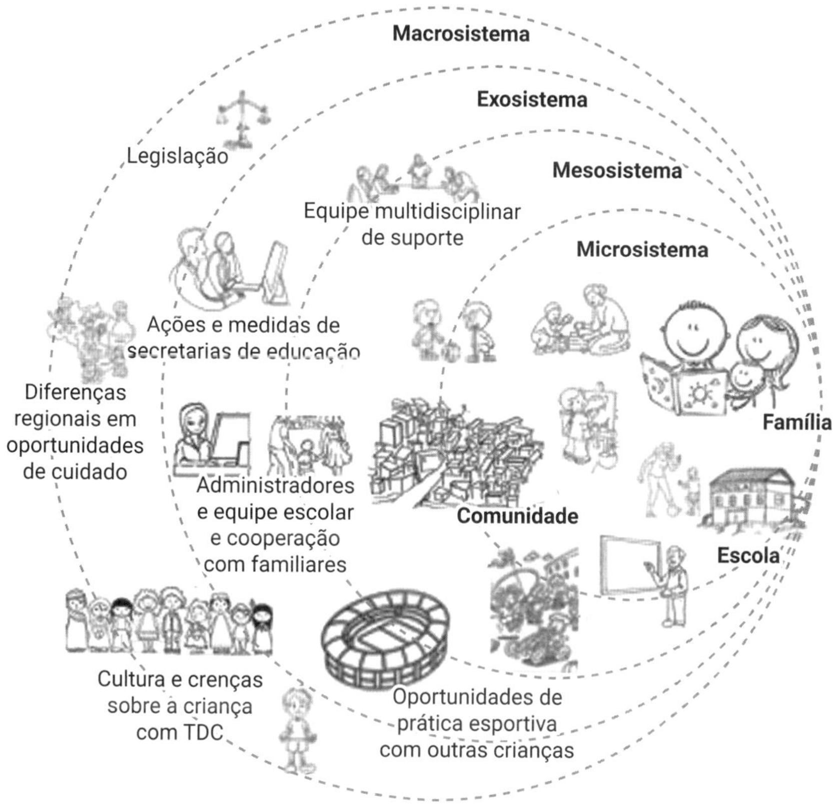

CONSIDERAÇÕES FINAIS

Compreender as interações entre a criança com TDC e os contextos de desenvolvimento em que atua são condições necessárias para avaliar e planejar programas de intervenção. A família tem papel fundamental neste processo subsidiando os professores com informações sobre o comportamento da criança ao transitar entre diferentes contextos – essas informações são essenciais para o planejamento interventivo. A família e a escola são os sistemas efetivos para promover e sustentar o desenvolvimento da criança; sem o envolvimento familiar os efeitos positivos conquistados pela intervenção escolar tendem a ser mais tênues. Escola e família devem trabalhar juntas para auxiliar a criança com TDC a entender suas dificuldades e participar de intervenções que poderão gerar benefícios motores, cognitivos e sociais.

REFERÊNCIAS

Alloway, T. (2011). A comparison of working memory profiles in children with ADHD and DCD. Child Neuropsychology: A Journal on Normal and Abnormal Development in Childhood and Adolescence, 17(5), 483–494. doi.10.1080/09 297049.2011.553590

Alloway, T., & Archibald, L. (2008). Working Memory and Learning in Children and Specific Language Impairment. 251–262.

APA - American Psychiatric Association. (2013). Diagnostic and statistical manual of mental disorders (DSM-5®). American Psychiatric Publication.

Asonitou, K., Koutsouki, D., Kourtessis, T., & Charitou, S. (2012). Motor and cognitive performance differences between children with and without developmental coordination disorder (DCD). Research in Developmental Disabilities, 33(4), 996–1005.

Bandeira, M., Del Prette, Z.A.P., Del Prette, A., & Magalhães, T. (2009). Validação das Escalas de Habilidades Sociais, Comportamentos Problemáticos e Competência Acadêmica para o Ensino Fundamental. Psicologia: Teoria e Pesquisa, 25(2), 271-282.

Blank, R., Barnett, A. L., Cairney, J., Green, D., Kirby, A., Polatajko, H., Rosenblum, S., Germany, R. B., & Vinc, S. (2019). International clinical practice recommendations on the definition, diagnosis, assessment, intervention, and psychosocial aspects of developmental coordination disorder Coordinators. Developmental Medicine & Child Neurology. doi.10.1111/dmcn.14132

Brown-Lum, M., & Zwicker, J. G. (2015). Brain Imaging Increases Our Understanding of Developmental Coordination Disorder: a Review of Literature and Future Directions. Current Developmental Disorders Reports, 2(2), 131–140.

Bronfenbrenner, U. (1992). Ecology Systems Theory. London: Jessica Knigsley Publisher.

Bronfenbrenner, U. (1979). The ecology of human development: Experiments by nature and design. Cambridge: Harvard University Press.

Bronfenbrenner, U. (1974). Development research, public policy, and the ecology of the childhood, Child Development, 45, 1-5.

Bruininks, R.H. & Bruininks, B.D. (2005). Bruininks-Oseretsky Test of Motor Proficiency Second. (Edition manual), Pearson Assessments, Minneapolis, MN.

Cairney, J., Rigoli, D., & Piek, J. (2013). Developmental coordination disorder and internalizing problems in children: The environmental stress hypothesis elaborated. Developmental Review, 33(3), 224–238. doi.10.1016/j.dr.2013.07.002

Campbell, W.N., Missiuna, C. & Vailalancourt, T. (2012). Peer victimization and depression in children with and without motor coordiantion dificulties. Pshycology in the schools, 49(4), 328-341. doi. epdf/10.1002/pits.21600

Chen, I., Tsai, P., Hsu, Y., Ma, H., & Lai, H. (2013). Research in Developmental Disabilities Everyday memory in children with developmental coordination disorder. Research in Developmental Disabilities, 34(1), 687–694. doi.10.1016/j.ridd.2012.09.012

Del Prette, Z. A. P., & Del Prette, A. (1999). Psicologia das habilidades sociais: terapia e educação. Petrópolis: Vozes.

Del Prette, Z. A. P., & Del Prette, A. (2001). Inventário de Habilidades Sociais (IHS-Del-Prette): Manual de aplicação, apuração e interpretação. São Paulo: Casa do Psicólogo.

Del Prette, Z. A. P., & Del Prette, A. (2003). Habilidades sociais e dificuldades de aprendizagem: teoria e pesquisa sob um enfoque multimodal. Em A. Del Prette & Z. A. P. Del Prette (Orgs.), Habilidades sociais, desenvolvimento e aprendizagem: questões conceituais, avaliação e intervenção. Campinas: Alínea.

Del Prette, Z. A. P., & Del Prette, A. (2005). Psicologia das habilidades sociais na infância: teoria e prática. Petrópolis: Vozes.

Diamond, A. (2013). Executive functions. The Annual Review of Psychology, 64, 135–168.

Dias, T.P., Freitas, L.C., Del Prette, Z.A.P., & Del Prette, A. (2011). Validação da Escala de Comportamentos Sociais de Pré-escolares para o Brasil. Psicologia em Estudo,16(3), 447-457. doi.10.1590/S1413-73722011000300012.

Fonseca, R. P., de Salles, J. F., & Parente, M. de M. P. (2008). Development and content validity of the Brazilian brief neuropsychological assessment battery Neupsilin. Psychology & Neuroscience, 1(1), 55–62. doi.org/10.3922/j.psns.2008.1.009

Gresham, F., & Elliott, S. (1990). Social skills rating system: Manual. USA: American Guidance Service.

Henderson, S. E., Sugden, D. A., & Barnett, A. L. (2007). Movement ABC-2 - Bateria de Avaliazção de Moviemnto para Criancas-2. Second Edition (Movement ABC-2): Examiner's manual. London: Harcourt Assessment.

Henderson, S. E., Sugden, D. A., & Barnett, A. L. (2019). Movement Assessment Battery for Children-2. Segunda Edição: Manual do Examinador. São Paulo: Pearson Clinical Brasil

Henry, L. (2001). How does the severity of a learning disability affect working memory performance? Memory, 9(4–6), 233–247. doi. org/10.1080/09658210042000085

Gomez, A., Piazza, M., & Jobert, A. (2015). Mathematical difficulties in developmental coordination disorder: Symbolic and nonsymbolic number processing. Research in Developmental Disabilities, 43-44, 167-178. doi.10.1016/j.ridd.2015.06.011

Leonard, H. C., Bernardi, M., Hill, E. L., & Henry, L. A. (2015). Executive Functioning, Motor Difficulties, and Developmental Coordination Disorder. Developmental Neuropsychology, 40(4), 201–215. doi.10.1080/87565641.2014.997933

Michel, E., Molitor, S., & Schneider, W. (2016). Differential changes in the development of motor coordination and executive functions in children with motor coordination impairments. Child Neuropsychology, 7049, 1–26. doi.10.1080/09297049.2016.1223282

Merrell. K. W. (2002). Preschool and Kindergarten Behavior Scales. 2 nd Ed. Austin, TX: PRO-ED

Missiuna, C. A., Pollock, N. A., Levac, D. E., Campbell, W. N., Whalen, S. D. S., Bennett, S. M., Hecimovich, C. A., Gaines, B. R., Cairney, J., & Russell, D. J. (2012). Partnering for Change: An innovative school-based occupational therapy service delivery model for children with developmental coordination disorder. Canadian Journal of Occupational Therapy, 79(1), 41–50. doi.org/10.2182/cjot.2012.79.1.6

Missiuna, C., Rivard, L., & Bartlett, D. (2006). Exploring assessment tools and the target of intervention for children with developmental coordination disorder. Physical and Occupational Therapy in Pediatrics, 26(1–2), 71–89. doi.org/10.1300/J006v26n01_06

Miyake, A., & Friedman, N. P. (2012). The Nature and Organization of Individual Differences in Executive Functions: Four General Conclusions. Current Directions in Psychological Science, 21(1), 8–14. doi.org/10.1177/0963721411429458

Miyake, A., Friedman, N. P., Emerson, M. J., Witzki, H., Howerter, A., & Wager, T. D. (2000). The unity and diversity of executive functions and their contributions to complex "Frontal Lobe" tasks: a latent variable analysis. Cognitive Psychology, 41(1), 49–100.

Miyahara, M., Hillier, S. L., Pridham, L., & Nakagawa, S. (2017). Task-oriented interventions for children with developmental co-ordination disorder. Cochrane database systematic reviews, 7, CD010914. doi.org/10.1002/14651858.CD010914.pub2.

Montiel, J. M., & Seabra, A. G. (2012). Teste de Trilhas - Parte A e B. Em A. G. Seabra, & M. N. Dias (Orgs.), Avaliação neuropsicológica cognitiva: atenção e funções executivas. São Paulo: Memnon.

Murray, G. K., Veijola, J., Moilanen, K., Miettunen, J., Glahn, D. C., Cannon, T. D., Jones, P. B., & Isohanni, M. (2006). Infant motor development is associated with adult cognitive categorisation in a longitudinal birth cohort study. Journal of Child Psychology and Psychiatry and Allied Disciplines, 47(1), 25–29.

Paiva, G. C. de C., Fialho, M. B., Costa, D. de S. & Paula, J. J. (2016). Validade ecológica do teste dos cinco dígitos e do oral trails test. Arquivos de Neuro-Psiquiatria,74(1), 29-34.

Piek, J. P., Barret, N.C., Jones, A., & Loiuise, M. (2005). The relationship between bulling and self-wprth in children with movement coordination problems. British Journal of Educational Psychology, 75(3), 453–463. doi. epdf/10.1348/000709904X24573

Prunty, M. M., Barnett, A. L., Wilmut, K., & Plumb, M. S. (2016). The impact of handwriting difficulties on compositional quality in children with developmental coordination disorder. 1–7. doi.org/10.1177/0308022616650903

Querne, L., Berquin, P., Vernier-Hauvette, M. P., Fall, S., Deltour, L., Meyer, M. E., & de Marco, G. (2008). Dysfunction of the attentional brain network in children with Developmental Coordination Disorder: A fMRI study. Brain Research, 1244, 89–102.

Rahimi-Golkhandan, S., Steenbergen, B., Piek, J., & Wilson, P. H. (2015). Déficits of hot executive function in developmental coordination disorder: Sensitivity to positive social cues. Human Movement Science, 42, 352–367. doi.org/10.1016/j.humov.2015.06.004

Ramalho, M. H., Valentini, N. C., Muraro, C. F., Gadens, R., & Nobre, G. C. (2013). Validação para língua portuguesa: Lista de Checagem da Movement Assessment Battery for Children. Motriz, 19(2), 423-431.

Sartori, R.F., Valentini, N.C. & Fonseca, R. (2020). Transtorno de Desenvolvimento da Coordenação: modelo, avaliação e intervenção motora ecológica. In Neuropsicologia Escolar, Eds. Fonseca, R. P., Seabra, A. G., Miranda, M. C. São Paulo: Pearson.

Sartori, R.F., Valentini, N.C., & Fonseca, R. P. (2019). Executive function in children with and without developmental coordination disorder: A comparative study. Child: Care, health and development, 46(3), 294-302. doi.org/10.1111/cch.12734

Sartori, R. F., Valentini, N. C., Nobre, G. C., & Fonseca, R. P. (2020). Motor and verbal inhibitory control: development and validity of the go/No-Go app test for children with development coordination disorder. Applied Neuropsychology: Child, 2, 1-10.

Siqueira, L.S., Gonçalves, H.A., Hubmer, L.C., & Fonseca, R.P., (2016). Desenvolvimento da versão brasileira do Teste Hayling Infantil Trends Psychiatry Psychotherapy, 38(3), 164-174. doi.org/10.1590/2237-6089-2016-0019

Smits-Engelsman, B., Vinçon, S., Blank, R., Quadrado, V.H., Polatajko, H., & Wilson, P.H. (2018). Evaluating the evidence for motor-based interventions in developmental coordination disorder: A systematic review and meta-analysis. Research Developmental Disabilities, 74, 72-102. doi: 10.1016/j.ridd.2018.01.002.

Summers, J., Larkin, D., & Dewey, D. (2008). Activities of daily living in children with developmental coordination disorder: Dressing, personal hygiene, and eating skills. Human Movement Science, 27(2), 215–229. doi.org/10.1016/j.humov.2008.02.002

Sumner, E., Pratt, M. L., & Hill, E. L. (2016). Research in Developmental Disabilities Examining the cognitive profile of children with Developmental Coordination Disorder. Research in Developmental Disabilities, 56, 10–17. doi.org/10.1016/j.ridd.2016.05.012

Vaivre-Douret, L. (2014). Developmental coordination disorders: State of art. Neurophysiologie Clinique, 44(1), 13–23. doi.org/10.1016/j.neucli.2013.10.133

Valentini, N. C., Oliveira, M. A., Pangelinan, M. M., Whitall, J., & Clark, J. E. (2017). Can the MABC discriminate and predict motor impairment? A comparison of Brazilian and American children. International Journal of Therapy and Rehabilitation, 24, 105-113.

Valentini, N.C., Ramalho, M.H., & Oliveira, M.A. (2014). Movement Assessment Battery for Children-2: translation, reliability, and validity for Brazilian children. Research in Developmental Disabilities, 35(3); 733–740. doi.10.1016/j.ridd.2013.10.028

Valentini, N. C., Clark, J., & Whitall, J. (2014). Developmental co-ordination disorder in socially disadvantaged Brazilian children. Child: Care, Health and Development, 41(6), 970–979. doi.org/10.1111/cch.12219

Valentini, N. C., Coutinho, M. C., Pansera, S. M., Santos, V. A. P. dos., Vieira, J. L. L., Ramalho, M. H., & Oliveira, M. A. (2012). Prevalence of motor deficits and developmental coordination disorders in children from South Brazil. Revista Paulista de Pediatria, 30(3), 377–384. doi.org/10.1590/s0103-05822012000300011

WHO (2007). International classification of functioning, disability and health: children and youth version: ICF-CY. Geneva: WHO.

Wilson, B.N., Kaplan, B.J., Crawford, S.G., Campbell, A., Dewey, D. (2005). Reliability and validity of a parent questionnaire on childhood motor skills. American Journal of Occupational Therapy, 54(5):484-93.

Yu, J. J., Burnett, A. F., & Sit, C. H. (2018). Motor Skill Interventions in Children With Developmental Coordination Disorder: A Systematic Review and Meta-Analysis. Archives of Physical Medicine and Rehabilitation, 99(10), 2076-2099.

Zwicker, J. G., Suto, M., Harris, S. R., Vlasakova, N., & Missiuna, C. (2018). Developmental coordination disorder is more than a motor problem: Children describe the impact of daily struggles on their quality of life. British Journal of Occupational Therapy, 81(2), 65–73.

ORIENTAÇÃO COGNITIVA PARA O DESEMPENHO OCUPACIONAL DIÁRIO NA ESCOLA: ESTRATÉGIAS E CONTRIBUIÇÕES DA TERAPIA OCUPACIONAL

Ana Amélia Cardoso Rodrigues[10]
Clarice Ribeiro Soares Araújo[11]
Olivia Souza Agostini[12]

INTRODUÇÃO

Na sua convivência ou prática profissional, você já deve ter encontrado pessoas com diferentes habilidades e potencialidades, que apresentam algumas dificuldades para realização de atividades no dia a dia, interferindo na sua participação. É comum que essas pessoas chamem mais atenção por não conseguirem abotoar as roupas ou manejar fechos/zíper, derrubarem objetos ao fazer algo, não terem uma escrita legível, por evitarem atividades da Educação Física, terem boas ideias, ou mesmo por repetirem uma forma de realizar as ações sem sucesso.

Algumas vezes, isso pode não afetar de forma significativa a realização de atividades que a pessoa precisa ou quer realizar, em outras, todavia, trata-se de um caso de Transtorno do Desenvolvimento da Coordenação – TDC que, segundo o DSM 5 (American Psychiatric Association [APA], 2014), considera quatro critérios para identificação. O primeiro e o segundo deles citam a aquisição e a execução de habilidades

10 Professora adjunta do Departamento de Terapia Ocupacional da Universidade Federal de Minas Gerais, UFMG

11 Docente do Departamento de Terapia Ocupacional da Universidade Federal da Paraíba, UFPB

12 Professora do Departamento de Terapia Ocupacional da Universidade Federal do Rio de Janeiro, UFRJ

motoras abaixo do que é esperado, considerando a idade cronológica e a oportunidade de aprendizado, ocasionando dificuldades significativas e persistentes no cotidiano das pessoas, com repercussão na escola, no brincar ou no trabalho. Os sinais precisam aparecer desde o início do processo de desenvolvimento e não há uma condição de saúde (ex.: quadro neurológico) que justifique a dificuldade motora, de acordo com os dois outros critérios.

O TDC tem potencial para impactar o envolvimento e a participação dos indivíduos nas atividades cotidianas, e esses desafios persistem além da infância (Blank et al., 2019). Esses autores propõem recomendações e defendem que o planejamento de intervenção para crianças com TDC deve começar com uma análise dos pontos fortes e das dificuldades do indivíduo em seu contexto de vida.

Destaca-se que a realização das atividades escolares exige habilidades motoras, e essas podem ser mais difíceis de serem realizadas pelas crianças com TDC, sendo comum que elas sejam taxadas como preguiçosas e/ou desinteressadas, o que gera sofrimento (Medeiros et al., 2019). Estudos estimam que cerca de 50% de crianças com TDC apresentam dificuldades na aprendizagem e TDAH (Goulardins et al., 2015; Oliveira et al., 2018).

Medeiros et al. (2019) realizaram pesquisa que investigou a percepção de crianças e suas mães sobre os possíveis impactos do TDC, no dia a dia da família. As autoras identificaram que "o assunto que mais se sobressaiu nas entrevistas das mães foi a dificuldade dos filhos na execução das tarefas escolares, despertando o olhar delas e apontando para algum tipo de problema" (Medeiros et al., p. 801). Em relação às disciplinas, Gomez et al. (2015), em seu estudo com crianças de 7 a 10 anos com e sem TDC, encontraram dificuldades relacionadas à Matemática, devido ao processamento simbólico e não simbólico dos números, prejudicado pelo transtorno. A escrita também é um problema comum apresentado e que leva a encaminhamento para terapia (Blank et al., 2019).

As "crianças e jovens descrevem a influência de fatores pessoais (como autopercepção, motivação e idade) e fatores ambientais (como o contexto familiar e escolar e o apoio) sobre sua capacidade de navegar e realizar atividades cotidianas" (O'Dea et al., 2021, p. 7), sob a perspectiva da pessoa com TDC. Em seu estudo, essas autoras encontraram que o ambiente escolar influencia as oportunidades de inclusão social e o envolvimento em atividades, além de influência significativa dos professores e pares na participação, nas autopercepções positivas ou negativas e nas experiências escolares de crianças e jovens com TDC. Também o esporte escolar e a educação física foram percebidos como experiências desafiadoras, o que levou a incidentes de ridicularização, autoexclusão, marginalização e relutância em participar.

Além de problemas motores e dificuldades na escola, pode haver coocorrência do TDC com problemas psicossociais (Crane et al., 2017). A importância de incluir os professores no processo de identificação é porque eles veem as crianças diariamente no ambiente escolar e, assim, têm a oportunidade de comparar os comportamentos (Van den Heuvel et al., 2016). Esses estudiosos também destacam a existência de um risco maior de problemas emocionais e comportamentais em crianças com TDC, em comparação com crianças sem TDC. Sendo assim, os professores podem contribuir de forma valiosa para a identificação de problemas emocionais e comportamentais em crianças com TDC, na comunidade.

Um estudo australiano, que investigou o conhecimento sobre TDC entre cuidadores primários, professores e profissionais de saúde, citou que, para 89% desses profissionais, seria fundamental um diagnóstico preciso para que eles soubessem como auxiliar as crianças com a condição, e 65% deles acreditavam que a falta de conhecimento impedia o apoio adequado (Hunt et al., 2020). Convém alertar que alguns dos sinais do TDC costumam aparecer em casa ou na escola e os professores podem ser parceiros nesse processo de identificação da criança para a melhor conduta e encaminhamento, visando minimizar consequências no desempenho e na participação da criança, garantindo resultados melhores com a intervenção necessária.

O'Dea et al. (2021) apontam para a necessidade de considerar e abordar os ambientes sociais em que crianças e jovens participam e vivem, especialmente o ambiente escolar, desenvolvendo intervenções que apoiem o conhecimento de professores, a conscientização e a compreensão do TDC. Nesse estudo, são citados exemplos, como reconhecer os desafios associados à fadiga, medo de lesões ou o baixo desempenho diante dos colegas, durante as aulas de educação física, que podem ajudar a apoiar o envolvimento das pessoas com TDC.

Nesse sentido, este capítulo considera informações relevantes, para professores, que envolvem o desempenho e a participação de crianças na escola, de forma a apoiá-las e encorajá-las a participarem das atividades rotineiras no ambiente escolar. Além disso, o capítulo discorre sobre a terapia ocupacional e como esse profissional pode contribuir na atenção a essas crianças, em parceria com os professores.

TERAPIA OCUPACIONAL NO CONTEXTO ESCOLAR

A Associação Americana de Terapia Ocupacional (AOTA. 2020) define a terapia ocupacional, como, "o uso terapêutico de ocupações da vida cotidiana com pessoas, grupos ou populações (ou seja, o cliente) com a finalidade de aumentar ou permitir a participação" (p. 1, tradução livre). É interessante comentar que os serviços de terapia ocupacional têm como foco: habilitação, reabilitação e promoção da saúde e do bem-estar de clientes com necessidades relacionadas ou não a deficiências. O terapeuta ocupacional é um profissional apto a atender indivíduos em todas as fases da vida. Entretanto, quando se trata da atuação na infância, geralmente, as crianças são encaminhadas à terapia ocupacional apenas quando profissionais da saúde, educação ou familiares percebem que elas não estão desempenhando adequadamente suas atividades diárias (Pfeifer, 2020).

Seja no ambiente clínico seja no contexto escolar, Cardoso e Araújo (2020) apontam que a intervenção terapêutica ocupacional não é focada no diagnóstico clínico da criança, mas, sim, nas dificuldades que essa criança apresenta em seu desempenho ocupacional. O desafio, para terapeutas que trabalham com crianças com dificuldades motoras, segundo Allen e Casey (2017), deve ser "como eu posso dar suporte à maior participação dessa criança?" e não "como eu posso mudar habilidades motoras?". Nessa perspectiva, o foco da intervenção de atuação da terapia ocupacional não é apenas remediar as dificuldades de coordenação motora, mas aumentar e/ou facilitar o desempenho ocupacional das crianças (Cardoso; Araújo, 2020).

A atuação do terapeuta ocupacional, no contexto escolar, foi regulamentada, no Brasil, pelo Conselho Federal de Fisioterapia e Terapia Ocupacional, por meio da Resolução 500/2018 (Conselho Federal de Fisioterapia e Terapia Ocupacional [COFFITO], 2018). De acordo com tal resolução, "o terapeuta ocupacional é o profissional competente para avaliar e intervir no desempenho ocupacional do estudante no contexto escolar". Além disso, ainda segundo esse Conselho, o terapeuta ocupacional está apto a identificar as demandas e intervir para que o jovem seja capaz de realizar suas atividades ou ocupações, bem como prover as habilidades e padrões de desempenho dos estudantes, que favoreçam o seu envolvimento e participação efetiva em ocupações ou atividades, no âmbito do contexto escolar.

Em outros países, todavia, a atuação do terapeuta ocupacional está mais consolidada e se caracteriza, principalmente, por uma relação de parceria com a equipe escolar. Para que essa parceria seja bem-sucedida, é necessário que os professores compreendam o papel do terapeuta ocupacional e, por sua vez, que o terapeuta ocupacional entenda os sistemas educacionais e políticas escolares, para garantir que a terapia seja relevante e focada no contexto escolar (Rens & Joosten, 2014).

Em estudo realizado na Austrália, Rens e Joosten (2014) investigaram as experiências de professores e terapeutas ocupacionais trabalhando juntos em um programa de terapia ocupacional, no contexto escolar. Elas observaram que a prática colaborativa entre professores e terapeutas ocupacionais pode ser aumentada quando o terapeuta ocupacional passa mais tempo na escola explicando o seu papel, construindo relacionamentos e formando uma relação de igualdade, o que resulta no aumento da capacidade de resposta dos professores às suas recomendações (Rens & Joosten, 2014).

Além disso, a presença do terapeuta ocupacional na escola também encorajou colaboração, na medida em que lhes forneceu informações-chave sobre as demandas e rotinas da sala de aula, o que, por sua vez, possibilitou que ele fizesse sugestões e orientações mais realistas ao contexto (Rens & Joosten, 2014).

No Canadá, existe um modelo de intervenção chamado Parceria para a Mudança (*Partnering for Change*, P4C, tradução livre), que enfatiza a parceria do terapeuta ocupacional com educadores e pais para mudar a vida e o ambiente diário da criança. Nesse modelo, embora a criança com TDC seja o foco principal, a prestação do serviço ocorre indiretamente, visto que a parceria se concentra na construção de capacidade por meio de colaboração e treinamento no contexto (Missiuna et al., 2012).

No P4C, os estudantes recebem intervenção de intensidade variável, dependendo de suas necessidades. A escola, como um todo, é vista como o cliente da terapia ocupacional, e o papel desse profissional é trabalhar proativamente com os educadores para projetar, de maneira colaborativa, ambientes físicos, sociais e de aprendizagem que facilitem a participação bem-sucedida de todos os estudantes (Missiuna et al., 2017).

O modelo P4C inclui três passos (Wilson & Harris, 2017; Missiuna et al., 2012): no primeiro passo, terapeutas ocupacionais aplicam estratégias de desenho universal para auxiliar os professores a entenderem o desenvolvimento motor e planejar tarefas motoras acessíveis para todos os estudantes. No segundo passo, os terapeutas ajudam os professores a adaptar as atividades para as crianças que continuam demonstrando dificuldade, com tarefas motoras; as adaptações podem ser feitas nas atividades, no produto solicitado ou nos métodos de avaliação. Finalmente, no terceiro passo, os terapeutas ocupacionais promovem recomendações individualizadas para auxiliar a aprendizagem motora dos estudantes, observando-os, enquanto eles realizam as tarefas, e aplicando uma análise dinâmica do desempenho para determinar onde os problemas de desempenho ocorrem.

Os resultados do P4C, no Canadá, têm sido bastante positivos, tanto para as crianças quanto para os professores e terapeutas ocupacionais envolvidos (Campbell et al, 2016; Missiuna et al, 2017; Wilson & Harris, 2017) e esse modelo pode ser uma estratégia promissora para adaptação ao contexto brasileiro. É importante ressaltar que com o uso de um modelo padronizado como o P4C ou sem padronização, a parceria entre terapeutas ocupacionais e professores é essencial para promover uma intervenção de qualidade em crianças com TDC, com foco no desempenho ocupacional e participação no contexto escolar. Entre as diferentes abordagens, que podem ser utilizadas na parceria entre professores e terapeutas ocupacionais, está o uso de estratégias cognitivas.

ESTRATÉGIAS COGNITIVAS: FACILITANDO A APRENDIZAGEM E A PARTICIPAÇÃO

As crianças com TDC têm dificuldades para planejar ações, processo esse que exige elementos metacognitivos, como, memória de trabalho, inibição e atenção executiva (Wilson et al., 2013). Assim, se a criança com TDC tem dificuldades nessa área, pode ter problemas para executar tarefas novas que requerem mudanças nas ações que ela já automatizou; dificuldades no planejamento de ações e na resolução de problemas no desempenho de atividades em contextos variados.

A Orientação Cognitiva para o Desempenho Ocupacional – CO-OP (do inglês Cognitive *Orientation to daily Occupational Performance Approach* (CO-OP Approach™) constitui uma abordagem de terapia ocupacional centrada na criança, baseada na ocupação e na resolução de problemas de desempenho de tarefas do cotidiano infantil (Polatajko & Mandich, 2004). A CO-OP foi desenvolvida no Canadá e, no Brasil, demonstrou bons resultados, promovendo melhoras significativas no desempenho de atividades de crianças com TDC (Araújo, Magalhães & Cardoso, 2017; Araújo et al., 2021).

Na CO-OP, a aquisição de habilidades motoras baseia-se num paradigma da aprendizagem e, como estratégias cognitivas são essenciais para a resolução de problemas, teorias que dizem respeito ao ensino e ao uso de estratégias são fundamentais (Polatajko, & Mandich, 2004). Assim, a ideia é que a criança consiga resolver problemas para aprender atividades de interesse, usando estratégias cognitivas por meio da descoberta mediada pelo terapeuta, familiares, professores ou outra pessoa que tenha significado e participação na vida da criança. Nesse sentido, a escola é um ambiente ideal para o uso de estratégias de facilitação da aprendizagem com crianças e adolescentes com TDC.

As bases teóricas da CO-OP, advindas da neuropsicologia cognitiva, fundamentam-se, principalmente, nos trabalhos de Vygotsky, Luria e Meichenbaum, visto que o desenvolvimento cognitivo ocorre pela internalização gradual de conceitos e relações aprendidas mediante interação com outros cognitivamente mais competentes. A criança é capaz de aprender a regular seu comportamento instruindo a si mesmam para identificar uma meta (descoberta do problema), desenvolver um plano (investigação do problema, seleção de soluções), na tentativa de solucionar o problema, e avaliar seu sucesso (comparação dos resultados da solução) (Bastos & Alves, 2013; Meichenbaum, 1977; Polatajko & Mandich, 2004; Vygotsky et al., 2006).

Na intervenção com a abordagem CO-OP, a criança aprende uma estrutura de resolução de problemas com quatro palavras ou **estratégias globais**: META-PLANO-FAZ-CHECA, e, para garantir que seu uso seja generalizado, é importante usar atividades do dia a dia, utilizando essas estratégias em outros contextos da vida real, individualizar os planos com um adulto significativo para dar retorno à criança (Polatajko & Mandich, 2004). Estratégias de memória (fantoches, pulseiras, placas, figuras) também podem ser pensadas para que a criança se recorde das estratégias globais, pois é essa estrutura que vai ajudá-la no processo de pensamento sobre a **meta** - o que quero fazer; **plano** - como vou fazer; **faz** - executo os planos; **checa/confere** - verifico se o plano funcionou. É importante que a escolha da meta seja feita pela criança em colaboração com a família e a escola, dando prioridade para a criança, durante o processo, para aumentar a motivação e o nível de engajamento dela na atividade.

Os planos para resolver os problemas de desempenho conformam as **estratégias específicas**, cuja descoberta será guiada pela terapeuta, no contexto clínico, pela professora, na sala de aula e nas aulas de educação física, pela família, em casa e na comunidade. Essas estratégias específicas estão relacionadas a diferentes maneiras que a criança pode experimentar para obter sucesso no desempenho da tarefa: posicionamento do corpo, especificação e/ou modificação da tarefa, noção de movimentos do corpo, requeridos para executar ações, conhecimento suplementar sobre a tarefa, atenção ao fazer, mnemônicas motoras e roteiros verbais representando ações necessárias para execução das atividades e das tarefas. Algumas das técnicas interativas de mediação verbal que podem ser usadas pelo adulto são: questionar o processo, evitar dar respostas prontas para a criança, criar conexões com outras atividades em que a criança possa usar as mesmas habilidades e estratégias, comparar, descrever, dar dicas, adaptar e graduar atividades, desafiar, promover formas de experimentar e dar *feedback* (Polatajko & Mandich, 2004).

Na escola, os professores podem oferecer suporte para a criança dar continuidade no uso das **estratégias globais e específicas**, e até mesmo fazer uso delas com toda a turma, numa perspectiva mais inclusiva e global, pois, possivelmente, isso facilitará o processo de ensino-aprendizagem de atividades que requerem componentes motores mais refinados e a organização de todas as crianças. Por sua vez, as crianças podem melhorar o desempenho em tarefas, como, escrita cursiva, desenho e colorido, organização e planejamento – como, organização de números e palavras na página do caderno, seleção de materiais e ferramentas para uso (lápis com ponta mais fina ou mais grossa, tesouras diferentes, apontadores diversificados) e organização no espaço que a criança tem (organizar carteira e mochila), contribuindo para maior engajamento da criança com TDC nas tarefas que precisa e quer fazer, junto com seus pares.

Para pensar possibilidades da aplicação de estratégias cognitivas na sala de aula, vamos conhecer o caso do Miguel. Ele é uma criança de 10 anos, bom em agarrar bola – fazia escolinha de futebol, tem boas relações com os colegas, mas queria melhorar o desempenho na escrita. A carteira estava sempre muito desorganizada, cheia de materiais (lápis, borracha, tesoura, régua) junto com caderno e livros, e a mochila ficava no pé da carteira, frequentemente tropeçava e as pessoas riam, mas todos o achavam engraçado, desastrado, grandão. Entretanto, ele não se sentia confortável com esses apelidos. Esse cenário impactava no desempenho acadêmico – já que sempre era difícil ler o que ele escrevia, perdia o que a professora estava ditando ou escrevendo no quadro, porque ficava apagando as palavras para ver se melhorava a letra. Perdia tarefas de casa e, muitas vezes, não conseguia entender a própria letra, levando a tarefa de casa incompleta.

Quadro 1. Exemplos de estratégias cognitivas utilizadas por Miguel na escola

Atividade	Desempenho sem estratégias	Desempenho com estratégias desenvolvidas em conjunto
Escrita	Escrita não é legível e com velocidade lenta. Perdia o que a professora estava ditando ou escrevendo no quadro. Uso excessivo de força para escrever. Reclama de cansaço nas mãos.	**Modificação da tarefa** → Reduzir a quantidade de escrita (fornecer atividade impressa, por exemplo.) **Conhecimento suplementar da tarefa** → guiar a criança a escolher pontos principais para a cópia do quadro. Pergunte a si mesma: É preciso escrever tudo para entender o tópico de aula? **Atenção ao fazer** → enviar anotações/resumos de aula com antecedência, para organização prévia. Pergunta: Como posso ficar mais atento ao que está escrito no quadro para não perder a matéria? **Especificação e conhecimento suplementar da tarefa** → usar lápis com espessuras e tamanhos diferentes, usar adaptador. Pergunta: Vamos fazer experiências! Que tal escrever com todos os tipos de lápis que você tem? Giz de cera, lápis de cor, caneta, lápis fino, lápis grosso? **Sentir o movimento** → calibrar força para manusear o lápis. Perguntar: Qual a minha intenção quando seguro o lápis? Quero furar o papel? Quero fazer uma marca na carteira? Como quero a minha força para escrever: "força média"? "Força forte"? "Força fraca"?
Colorir	Inconsistência no colorido (forte em algumas partes e fraco em outras partes do desenho). Colorido fica fraco mais perto da borda. Vários traçados fora da borda do desenho.	**Especificação e conhecimento suplementar da tarefa** → usar diferentes ferramentas: conhecer tipos de papel, de lápis, moldes de desenho, desenho livre, técnicas de desenho. Pergunta: Como será que uma pessoa boa de desenho faz? Você acha que podemos perguntar a alguém? Ou como podemos saber os truques que eles têm? Como fazer para não sair do contorno do desenho? **Sentir o movimento** → calibrar força para manusear o lápis. Perguntar: qual melhor tipo de lápis para colorir? Lápis de cor? Giz de cera?
Organização de materiais	Carteira desorganizada. Carteira cheia de materiais (lápis, borracha, tesoura, régua junto com caderno e livros) Mochila colocada no pé da carteira, frequentemente tropeçava e as pessoas riam	**Especificação da tarefa** → Abordar a organização da carteira com uso de *checklist* e o que é necessário ter na carteira ao longo das aulas. **Atenção ao fazer** → Pensar, junto com a criança, dicas visuais com cores ou adesivos para uso eficaz do espaço. **Modificação da tarefa** → Oferecer tempo para organizar os materiais entre uma atividade e outra; oferecer espaço extra para guardar a mochila; remover o que for desnecessário do chão.

CONSIDERAÇÕES FINAIS

Crianças com TDC podem se beneficiar de diferentes intervenções e a combinação de saberes do professor com o terapeuta ocupacional pode ser valiosa na escola. A parceria entre esses profissionais, considerando as diferentes habilidades e capacitações de cada um, tem apresentado bons resultados em outros países, merecendo mais oportunidade no Brasil. O uso de estratégias cognitivas, no ambiente escolar, pode levar a adaptações que promovam melhor desempenho da criança com TDC, desde que bem orientado e baseado em demandas individualizadas.

REFERÊNCIAS BIBLIOGRÁFICAS

Allen, S., & Casey, J. (2017). Developmental coordination disorders and sensory processing and integration: Incidence, associations, and co-morbidities. *British Journal of Occupational Therapy*, *80*(9), 549–557. https://doi.org/10.1177/0308022617709183

American Occupational Therapy Association. (2020). Occupational therapy practice framework: Domain and process (4th ed.). *American Journal of Occupational Therapy*, 74(Suppl. 2), 7412410010. https://doi.org/10.5014/ajot.2020.74S2001

American Psychiatric Association (2014). *Manual diagnóstico e Estatístico de doenças mentais*. 5. Ed. Artmed.

Araújo, C. R. S., Cardoso, A. A., & Magalhães, L. D. C. (2019). Efficacy of the cognitive orientation to daily occupational performance with Brazilian children with developmental coordination disorder. *Scandinavian Journal of Occupational Therapy*, 26(1), 46-54. https://doi.org/10.1080/11038128.2017.1417476

Araujo, C. R. S., Cardoso, A. A., Polatajko, H. J., & de Castro Magalhães, L. (2021). Efficacy of the Cognitive Orientation to daily Occupational Performance (CO-OP) approach with and without parental coaching on activity and participation for children with developmental coordination disorder: A randomized clinical trial. Research in Developmental Disabilities, 110, 103862. https://doi.org/10.1016/j.ridd.2021.103862

Blank, R., Barnett, A.L., Cairney, J., Green, D., Kirby, A., Polatajko, H., Rosemblum, S., Smits-Engelsman, B., Sugden, D., Wilson, P., & Vinçon, S. (2019) International clinical practice recommendations on the definition, diagnosis, assessment, intervention, and psychosocial aspects of developmental coordination disorder. *Developmental Medicine & Child Neurology*, *61*(3), 242–85.

Campbell, W., Camden, C., Missiuna, C. (2016) Reflections on using a community-based and multisystem approach to transforming school-based intervention for children with developmental motor disorders. *Current Developmental Disorder Reports*, 3, 129-137.

Cardoso, A.A., & Araújo, C.R.S. (2020) Perspectivas de intervenção motora da Terapia Ocupacional nos transtornos do desenvolvimento. In G.M. Lage, & S.R. O.

Ribeiro. (Org.) *Comportamento motor nos transtornos do desenvolvimento* (pp. 135-157). Editora Ampla.

Crane, L., Sumner, E., & Hill, E. (2017). Emotional and behavioural problems in children with developmental coordination disorder: Exploring parent and teacher reports. *Research in Developmental Disabilities*, 70, 67-74. https://doi.org/10.1016/j.ridd.2017.08.001

Conselho Federal de Fisioterapia e Terapia Ocupacional (2018). Resolução Nº 500, de 26 de dezembro de 2018. https://www.coffito.gov.br/nsite/?p=10488

Gomez, A., Piazza, M., Jobert, A., Dehaene-Lambertz, G., Dehaene, S., & Huron, C. (2015) Mathematical difficulties in developmental coordination disorder: symbolic and nonsymbolic number processing. *Res. Dev. Disabil.*, 43(44), 167-178, https://doi.org/10.1016/j.ridd.2015.06.011

Goulardins, J.B., Rigoli, D., Licari, M., Piek, J.P., Hasue, R.H., Oosterlaan, J., & Oliveira, J.A. (2015). Attention deficit hyperactivity disorder and developmental coordination disorder: Two separate disorders or do they share a common etiology. *Behavioural brain research*, Amsterdam, 292, 484- 492.

Hunt, J., Zwicker, J.G., Godecke, E. & Raynor, A. (2021). Awareness and knowledge of developmental coordination disorder: A survey of caregivers, teachers, allied health professionals and medical professionals in Australia. *Child Care Health Dev.*, 47, 174–183. https://doi.org/10.1111/cch.12824

Medeiros, C. C. M., Buffone, F. R. R. C., Schochat, E. & Araújo, C. R.S. (2019). Transcendendo o problema: percepções de mães e crianças sobre o impacto do transtorno do desenvolvimento da coordenação no dia a dia. *Cadernos Brasileiros de Terapia Ocupacional*, 27(4), 792-805. Epub November 25, 2019. https://dx.doi.org/10.4322/2526-8910.ctoao1818

Meichenbaum, D. (1997). *Cognitive-behavior modification: an integrative approach*. Plenum Press.

Missiuna, C. A., Pollock, N. A., Levac, D.E., Campbell, W. N., Walen, S.D.S., Bennett, S.M., Hecimovich, C. A., Gaines, B.R., Cairney, J., & Russell, D.J. (2012). Partnering for Change: An innovative school-based occupational therapy service delivery model for children with developmental coordination disorder. *Canadian Journal of Occupational Therapy, 79*(1), 41-50.doi: 10.2182/cjot.2012.79.1.6.

Missiuna, C. A., Pollock, N. A., Campbell, W., DeCola, C., Hecimovich, C., Whalen, S.S., Siemon, J., Song, K., Gaines, R., Bennett, S., McCauley, D., Stewart, D., Cairney, J., Dix, L., & Camden, C. (2017). Using an innovative model of service delivery to identify children who are struggling in school. *British Journal of Occupational Therapy. 80*(3), 145-154. https://doi.org/10.1177/0308022616679852.

O'Dea, Á., Stanley, M., Coote, S., & Robinson, K. (2021) Children and young people's experiences of living with developmental coordination disorder/dyspraxia: A systematic review and meta-ethnography of qualitative research. PLOS ONE *16*(3): e0245738. https://doi.org/10.1371/journal.pone.0245738

Oliveira, C. C., Neto, J. L. C.; & Palhares, M. S. (2018) Características motoras de escolares com Transtorno de Déficit de Atenção com Hiperatividade. *Cadernos de Terapia Ocupacional da UFSCar*, São Carlos, 26(3), 590 600.

Pfeifer, L.I. (2020) Raciocínio clínico da terapia ocupacional na intervenção junto à criança. In L. I. Pfeifer, & M. M. M. Sant'Anna. *Terapia Ocupacional na Infância: procedimentos na prática clínica* (pp. 10-24). Memnon.

Polatajko, H. J., & Mandich, A. (2004). *Enabling occupation in children: The cognitive orientation to daily occupational performance (CO-OP) approach*. Canadian Association of Occupational Therapists.

Rens, L., & Joosten, A. (2014) Investigating the experiences in a school-based occupational therapy program to inform community-based paediatric occupational therapy practice. *Australian Occupational Therapy Journal*, 61, 148-158. doi: 10.1111/1440-1630.12093.

Van den Heuvel, M., Jansen, D.E.M.C., Reijneveld, S.A., Flapper, B.C.T., & Smits-Engelsman, B.C.M. (2016) Identification of emotional and behavioural problems by teachers in children with developmental coordination disorder in the school Community. *Research in Developmental Disabilities*, 51, 40-48. https://doi.org/10.1016/j.ridd.2016.01.008

Vygotsky, L.S., Luria A.R., & Leontiev A.N. (Org.) (2006) *O Desenvolvimento da Escrita na Criança*. Editora Ícone.

Wilson, A.L., & Harris, S.R (2017). Collaborative Occupational Therapy: Teachers' impressions of the Partnering for Change (P4C) Model. *Physical & Occupational Therapy in Pediatrics*, 38(2), 130-142. doi: 10.1080/01942638.2017.1297988

PARTICIPAÇÃO DE CRIANÇAS COM TRANSTORNO DO DESENVOLVIMENTO DA COORDENAÇÃO, NO CONTEXTO ESCOLAR: IMPLICAÇÕES E DIRECIONAMENTOS

Meyene Duque Weber[13]
Tatiane Targino Gomes Draghi[14]
Jorge Lopes Cavalcante Neto[15]
Eloisa Tudella[16]

INTRODUÇÃO

O ambiente escolar, desde a educação infantil, é fundamental para o desenvolvimento e aperfeiçoamento das habilidades sociais, intelectuais e motoras finas e globais. Nesse cenário, há a inserção de diversas crianças com distintas características motoras, desde muito desenvolvidas até àquelas que apresentam alguns déficits. Um exemplo são as crianças com Transtorno do Desenvolvimento da Coordenação (TDC), as quais têm a execução das habilidades motoras abaixo do esperado para a faixa etária, o que, muitas vezes, torna essa inserção no ambiente escolar bastante desafiadora, impactando na participação dessas crianças nesse contexto (American Psychiatric Association [APA], 2013).

13 Dra. do Programa de Pós-Graduação em Fisioterapia da Universidade Federal de São Carlos, UFSCar

14 Dra. do Programa de Pós-Graduação em Fisioterapia da Universidade Federal de São Carlos, UFSCar

15 Professor Assistente da Universidade do Estado da Bahia (UNEB), atuando como Professor Permanente do Mestrado Profissional em Saúde Coletiva (MEPISCO).

16 Professora titular, orientadora do curso de Pós-Graduação em Fisioterapia (mestrado e doutorado), da Universidade Federal de São Carlos, UFSCar. Bolsista de Produtividade em Pesquisa do CNPq - Nível 2.

A implicação negativa, na participação social e nas atividades e tarefas, pode ser uma consequência do déficit na estrutura e na função corporal que as crianças com TDC apresentam (Organização Mundial da Saúde, 2001). Tais déficits parecem interferir no processamento da informação para a realização do movimento, pois o cérebro da criança com TDC apresenta padrão funcional inferior ao de uma com desenvolvimento típico. Apesar de serem comprometimentos menores, há redução da substância branca e alterada conectividade cerebral (Wilson et al., 2017). Assim, crianças com TDC tendem a ser mais lentas ou falharem na execução das mais diversas ações motoras, o que, diante das demandas do contexto escolar, restringem significativamente os níveis de participação social delas.

Considerando que esses déficits podem ser minimizados, a condição motora pode ser aprimorada e facilitada, e que isso poderá proporcionar mais oportunidades de socialização e participação a essas crianças, torna-se crucial que a equipe pedagógica, que as acompanha desde os ciclos iniciais de escolarização, possa contribuir com os encaminhamentos para a identificação do TDC e intervenções, de acordo com a necessidade de cada uma delas.

Essas intervenções abrangem adaptações de materiais dentro de sala de aula, nas aulas de Educação Física e durante a utilização de salas de recursos multifuncionais, que podem ser estruturados e embasados de acordo com a particularidade de cada criança, a fim de contribuir positivamente no decorrer da vida.

Diante disso, este capítulo é relevante para a equipe pedagógica ter acesso à informação sobre TDC, desde o reconhecimento das características motoras, o impacto disso na funcionalidade no ambiente escolar e o norteamento para os possíveis encaminhamentos e direcionamentos quanto às estratégias que podem ser desenvolvidas nesse cenário, a fim de promover uma melhor participação das crianças com TDC.

IMPLICAÇÕES DA PARTICIPAÇÃO SOCIAL DE CRIANÇAS COM TRANSTORNO DO DESENVOLVIMENTO DA COORDENAÇÃO NO CONTEXTO ESCOLAR

A infância é um período determinante para o desenvolvimento motor, pois é nele que ocorre a aquisição e o aprimoramento das habilidades motoras fundamentais, como: pular, correr, pedalar, arremessar e pegar, o que possibilita a execução aprimorada das habilidades motoras mais complexas relacionados ao esporte, jogos e lazer (Magill, 2011). Esse desempenho satisfatório, todavia, torna-se um problema para crianças com TDC, considerando-se que esse transtorno é caracterizado pela dificuldade significativa na execução de habilidades motoras, e relaciona-se com alterações de coordenação, equilíbrio e caligrafia, com comprometimentos durante toda a vida (American Psychiatric Association, 2013).

Seu diagnóstico ocorre a partir de quatro critérios: (A) desempenho motor abaixo do nível esperado para a idade cronológica; (B) as habilidades motoras deficitárias interferem nas atividades de vida diária da criança no lar e na escola; (C) o déficit nas habilidades motoras está presente desde o início da infância da criança; (D) os comprometimentos não são advindos de condições neurológicas, deficiência intelectual ou visual (American Psychiatric Association, 2013). Esse diagnóstico não deve ser feito antes dos cinco anos de idade, uma vez que as crianças ainda podem não ter vivenciado experiências sensório motoras suficientes (Blank et al., 2012; Smits-Engelsman et al., 2015).

Entretanto, indicativos de déficits motores devem ser sempre observados de forma precoce, por pais e professores, para que atenção adequada seja proporcionada a essas crianças, antes mesmo que haja a identificação de TDC. Por exemplo, durante o recreio ou nas aulas de Educação Física, observar se a criança participa ativamente das atividades, como correr, pular, saltar ou interagir em brincadeiras coletivas como seus pares de mesma idade e sexo. O desempenho nessas habilidades é resultado de sua funcionalidade e, consequentemente, de sua eficiente participação social.

A funcionalidade reflete os aspectos positivos da interação dinâmica entre um indivíduo e sua condição de saúde, e os fatores ambientais e pessoais desse indivíduo (Organização Mundial da Saúde, 2013; Classificação Internacional de Funcionalidade, Incapacidade e Saúde, 2003). Portanto, no contexto da saúde, a funcionalidade é um termo abrangente para as estruturas e funções do corpo, atividades e participação (Classificação Internacional de Funcionalidade, Incapacidade e Saúde, 2003). Isso significa que o desempenho da criança, na execução de habilidades motoras, é resultado da interação desses domínios, que irão refletir o quão funcional essa criança é em sua rotina diária.

Considerando a criança com TDC, uma das alterações que são esperadas ocorre nas estruturas e funções do corpo presentes desde o nascimento. Essas irão desencadear o desenvolvimento motor inferior a seus pares, interferindo diretamente nas atividades funcionais, como, subir e descer degraus, amarrar o cadarço, sentar-se adequadamente na carteira, escrever, colocar e tirar a mochila das costas, entre outras.

Estudos identificaram que o cérebro de crianças com TDC pode ter alterações em sua estrutura, como, diminuição de massa; e alterações em seu funcionamento, e falhas na conexão entre os dois hemisférios cerebrais (Wilson et al., 2017; Lust et al., 2019). Essas alterações cerebrais podem prejudicar a capacidade de a criança realizar ajustes antecipatórios e de equilíbrio, como a dificuldade de pegar, arremessar ou chutar uma bola no tempo certo, se desequilibrar realizando atividades de pular ou correr, desviar de obstáculos, podendo, constantemente, esbarrar na carteira, objetos e portas e apresentar lentidão e erros na escrita e em habilidades manuais, como recorte e pintura, especialmente se essa exige rapidez.

Devido ao déficit nos ajustes antecipatórios e consequentemente respostas mais lentas, as crianças com TDC precisam adotar diferentes estratégias nas tarefas que demandam equilíbrio, sendo que uma delas é a ativação maior dos músculos ao redor da articulação do tornozelo (Raynor, 2001). Essa estratégia pode levar ao cansaço muscular e a fadiga mais rapidamente do que em crianças sem TDC (Fong, Shamay & Yu, 2013).

É possível que o cérebro da criança com TDC também tenha dificuldade ao processar informações sensoriais e passar essas informações para as articulações e os músculos (Dunn, 2014). Ainda em decorrência das alterações na estrutura, o TDC pode apresentar a execução imprecisa da motricidade fina, associada, muitas vezes, à coordenação óculo-manual e esquema corporal deficitário, refletindo em dificuldade nas atividades manuais dentro e fora da sala de aula e no seu cotidiano (Missiuna et al. 2007). Convém salientar que as crianças com TDC são um grupo heterogêneo, ou seja, cada uma pode apresentar diferentes características e dificuldades variadas, como alterações em diferentes habilidades e atividades, sem haver um padrão de comportamento para todas elas (Missiuna, Rivard & Pollock, 2011).

As alterações estruturais e funcionais documentadas, em crianças com TDC, interferem decisivamente nos elementos psicomotores (coordenação motora global, coordenação motora fina, lateralidade, organização espaço-temporal e esquema corporal), que são de suma importância para os processos de aprendizagem curriculares e extracurriculares e podem prejudicar a execução das atividades e a participação nas aulas de educação física, lazer, esporte, cotidiano e vida escolar.

Ademais, essas alterações nas estruturas e funções do corpo da criança com TDC acarretam uma série de limitações em suas atividades, interferindo na capacidade da criança de aprender novas tarefas motoras e de executar habilidades motoras grossas e finas com precisão. Isso influencia diretamente no desempenho de atividades, como andar de bicicleta, pular corda, chutar ou agarrar uma bola, pintar, escrever, amarrar o cadarço do sapato, abotoar a roupa, recortar com tesoura, cortar alimentos com garfo e faca, entre outras (Wilson et al., 2017; Missiuna, Rivard & Pollock, 2011).

Também como resultado dessas alterações, para suprir a limitação de não ser capaz de executar as demandas motoras corretamente, ela pode adquirir alguns comportamentos como buscar o movimento constante para se sentir bem; apenas observar e necessitar de um incentivo para desempenhar uma atividade; ser aversiva a determinados toques ou movimentos; e ser sensível ao excesso de informações, mas não conseguir desempenhar uma atividade sem incentivo (Dunn, 2014).

A participação consiste no desempenho das atividades em situações de vida real[17]. Dessa forma, caso haja limitação nessas atividades, a participação estará restrita, como, por exemplo, durante as aulas de Educação Física, nas atividades em sala de aula e nos intervalos. Quando comparadas a seus pares de mesmo idade e sexo sem TDC, as crianças com TDC têm diminuição do grau de participação social, principalmente no aprendizado escolar e na comunicação (Sylvestre et al., 2013).

Dessa forma, todas as atividades cujo desempenho é pobre e ineficiente em ambiente domiciliar também serão quando treinadas na escola – seja na sala seja na quadra, especialmente quando aplicadas em grupos ou em esportes e jogos (Missiuna, Rivard & Pollock, 2011). Em decorrência do desempenho motor prejudicado e da maior possibilidade de frustração em não conseguirem executar de maneira eficiente tais atividades e tarefas, as crianças com TDC podem ter a autoestima fragilizada e uma tendência a se isolarem (Skinner e Piek, 2001).

Diante do acometimento motor e das suas implicações, as crianças com TDC podem apresentar alterações emocionais, como maior possibilidade de desenvolver sintomas de ansiedade e depressão (Draghi et al., 2019; Cairney et al., 2010) e comportamentais, como dar preferência a atividades individuais e evitar socializar com colegas. Em razão dos inúmeros possíveis aspectos afetados na vida da criança com TDC, essas estao em risco para a baixa qualidade de vida (Zwicker, Harris & Klassen, 2012).

---

17 De acordo com a Classificação Internacional de Funcionalidade, Incapacidade e Saúde (CIF), a participação é o desempenho de uma atividade no contexto de vida real. Por exemplo: a atividade é o correr. A participação dessa atividade é o correr na escola, durante o recreio.

As restrições na participação podem se potencializar como consequência de um ciclo vicioso entre a atividade física e a autoestima, quando o fracasso no desempenho motor causa prejuízo na autoestima, bem como essa leva a dificuldades na execução de habilidades motoras (Straker et al., 2011). A autoestima é um ponto importante, principalmente na faixa etária aqui abordada, pois é justamente nessa idade que a criança é capaz de perceber suas habilidades motoras, bem como identificar seus fracassos e, portanto, ser mais afetada pelas limitações em sua funcionalidade. A participação trata-se de um conceito multidimensional, no qual diversos componentes colaboram para que haja participação ativa, oferecendo a oportunidade de enfocar na interação complexa entre os domínios e o contexto que as atividades serão desempenhadas (Figura 1) (Holloway & Long, 2019).

Figura 1. Componentes envolvidos na participação

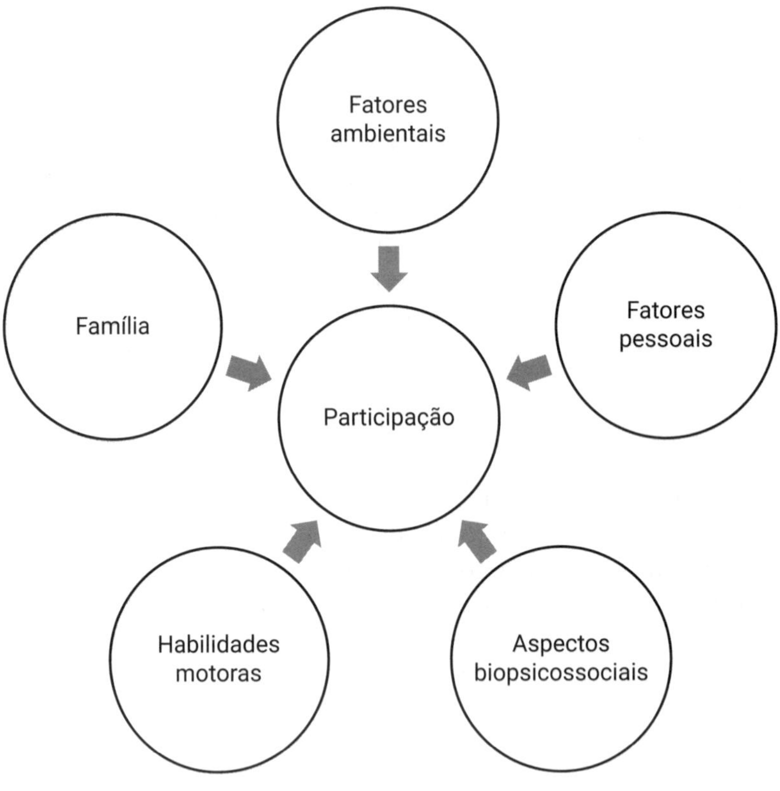

Fonte: Adaptado de Holloway & Long (2019, p. 4).

Os fatores pessoais são as características de cada criança, ou seja, abrangem o seu histórico e estilo de vida, suas preferências e sua personalidade (Organização Mundial da Saúde, 2013). Adicionalmente, os fatores ambientais se referem ao ambiente físico e social no qual a criança está inserida, podendo facilitar a funcionalidade ou agir como uma barreira para esse indivíduo (Classificação Internacional de Funcionalidade, Incapacidade e Saúde, 2003). A escola é, por vezes, o primeiro local de inserção infantil, o que possibilita o papel facilitador da saúde, como já previsto pelo trabalho intersetorial do Sistema Único de Saúde (Silva & Bodstein, 2016; Lourenço et al., 2019). A família também exerce um papel fundamental na funcionalidade da criança, uma vez que pode atuar como facilitadora ou barreiras. Em relação ao desempenho escolar, o acompanhamento dos pais/responsáveis deve ir para além das notas, e abranger os aspectos biopsicossociais, que serão refletidos na participação dessa criança.

A execução das atividades e a sua atuação têm relação direta com as interações sociais e ambientais que as crianças executam, formando uma relação de interdependência, na qual crianças com desempenho motor abaixo do esperado também interagem menos com seus pares de mesma idade e sexo. Dessa forma, as habilidades motoras se comportam como a base para formação de relações sociais, melhorando a participação (Holloway & Long, 2019). Uma vez que esses componentes são interdependentes, é necessário que ambos sejam considerados na avaliação e na intervenção de crianças com TDC.

DIRECIONAMENTOS PARA EQUIPE PEDAGÓGICA

É fato que as crianças permanecem na escola uma grande porcentagem do tempo de suas vidas e, nesse ambiente, realizam muitas atividades. Izadi-Najafabadi et al. (2019) pontuam que crianças com TDC consideram que a escola apresenta menos recursos facilitadores e mais barreiras ambientais, o que pode tornar a sua participação menos efetiva Assim, é de extrema importância que a equipe pedagógica esteja atenta às possíveis dificuldades da criança ao executar as atividades dentro e fora da sala de aula, para que o encaminhamento precoce para a identificação do TDC possa ser realizado.

Na sequência, serão descritas algumas dificuldades apontadas por Missiuna, Rivard e Pollock (2011), às quais os educadores devem estar atentos, pois podem ser uma possível característica das crianças com TDC:

- Podem ser desajeitadas em seus movimentos, e assim esbarrar com facilidade nas coisas.
- Podem ter dificuldade com habilidades motoras grossas, habilidades motoras finas ou ambos.
- Podem ter dificuldade em aprender novas habilidades motoras.
- Podem ter mais dificuldade com atividades que exigem mudanças constantes em sua posição corporal, por exemplo, em esportes.
- Podem ter dificuldade com atividades que requeiram o uso coordenado de ambos os lados do corpo, por exemplo, cortar com tesouras.
- Podem apresentar baixo controle postural e pouco equilíbrio, como, por exemplo, subir escadas e ficar em um pé só.
- Podem ter dificuldade em escrever à mão.
- Podem ter dificuldade em equilibrar a necessidade de velocidade com a necessidade de precisão, por exemplo, o tamanho, a velocidade e a clareza da caligrafia.

Por meio dessas observações, é permitido ao educador realizar encaminhamentos de forma precoce para locais que possam fazer essa identificação. Dentre os locais de referência, são recomendados: Universidades, centro de atendimentos e clínicas públicas e particulares que tenham profissionais, como fisioterapeutas e terapeutas ocupacionais que podem realizar a avaliação dessa criança e, posteriormente, atendimento e orientações, que também cabem aos educadores realizar.

Uma vez dado o diagnóstico de TDC, o profissional (fisioterapeutas, terapeutas ocupacionais, médicos, entre outros) iniciará a intervenção em conjunto com o professor, e incluirá orientações em relação à atividade em sala de aula e para atividades ao ar livre. Algumas sugestões de modificações em sala de aula, que tenham chances de resultados positivos e facilitadores, estão disponíveis, como, oferecer tempo extra para a finalização de atividades motoras finas e adaptativas de destreza manual (escrita, atividades que envolvem tesoura, entre outras) e atividades que exijam raciocínio rápido (contas de matemática, trabalhos de educação artística ou ciências); considere métodos alternativos de demonstração de conhecimento, como, por exemplo, desenhos e ilustrações, apresentações orais ou tarefas e trabalhos redigidos no computador; e nas atividades que exigirem muita escrita, e que considere o objetivo principal da atividade e não dê tantas punições em decorrência de escrita bagunçada e mal espaçada (Missiuna, Rivard & Pollock, 2011).

Para atividades ao ar livre, especialmente aquelas realizadas com o professor de Educação Física, dê preferência a tarefas motoras que possam ser divididas em pequenas partes, para que a criança consiga executá-las; encoraje a participação da criança, ao invés da competição e forneça atividades previsíveis nas quais a mesma terá sucesso; realize atividades individuais com a criança antes de transferir essa mesma atividade para o grupo; forneça papéis de liderança para que a criança se sinta participativa no grupo; para além da demonstração visual, descreva o passo-a-passo de cada atividade em voz alta; e dê atenção individualizada à criança para que ela entenda o movimento que deve fazer e, então, consiga planejá-lo (Missiuna, Rivard & Pollock, 2011).

Além disso, o uso dos recursos disponíveis nas salas de recursos multifuncionais é essencial para encorajar a participação das crianças com TDC. Equipamentos de informática, materiais pedagógicos e de acessibilidade, e mobiliários podem ser estratégias eficazes no ensino dessas crianças, como a diminuição da frustração diante da execução de habilidades motoras grossas e finas, proporcionando melhora da autoestima e incentivando a prática motora. A equipe intersetorial pode, também, realizar adaptações para facilitar o desempenho motor das crianças com TDC, como lápis, caneta e tesoura adaptados para facilitar a destreza manual.

Juntamente com as estratégias citadas e com o trabalho colaborativo entre saúde e educação, o uso de instrumentos de avaliação padronizados e validados pode ser um forte aliado no acompanhamento da participação das crianças com TDC, de maneira quantitativa e passível de prova. Dessa forma, a equipe pedagógica poderá acompanhar a evolução da criança, bem como aprender mais sobre quais estratégias são mais adequadas para determinada criança em sua individualidade.

Dentre os instrumentos disponíveis, apresentamos dois (Tabela 1), que se destacam e podem ser aplicados por educadores/professores, aos responsáveis/cuidadores.

Tabela 1. Instrumentos padronizados na avaliação da participação de crianças

Instrumento	Faixa etária	Componentes avaliados
Medida Canadense de Desempenho Ocupacional (COPM) (Law et al., 2009)	Todas as idades	1- Autocuidado (3 itens) 2- Produtividade (3 itens) 3- Lazer (3 itens)
Medida da Participação e do Ambiente – Crianças e Jovens (PEM-CY) (CanChild, 2010; Galvão et al., 2018)	5 a 17 anos	**Seção Participação** 1- Casa (10 itens) 2- Escola (5 itens) 3- Comunidade (10 itens) **Seção Ambiente** 1- Casa (12 itens) 2- Escola (17 itens) 3- Comunidade (16 itens)

O trabalho intersetorial entre a saúde e a educação beneficiará a criança significativamente, tornando-a participativa na sociedade, que é o objetivo final de um processo de reabilitação (Law, 2002; Sylvestre, 2013). Para que esse objetivo seja alcançado com sucesso, é necessário considerar a interação de todos os domínios introduzidos neste capítulo (estrutura e função corporal, atividades, participação, fatores pessoais e fatores ambientais), articular o trabalho da saúde e da escola, e entender a escola como um fator ambiental facilitador, que irá potencializar a saúde da criança, promovendo funcionalidade e qualidade de vida.

CONCLUSÃO

O contexto escolar é um ambiente no qual as crianças estão a todo momento realizando atividades motoras grossas e finas, o que pode tornar um ambiente chave para o rastreamento e a identificação precoce das crianças com TDC, por meio do olhar atento da equipe pedagógica.

A partir dessa identificação, é possível proporcionar estratégias e adaptações no ambiente educacional, como algumas modificações no contexto escolar que serão facilitadores da execução motora e protetores do desenvolvimento infantil. Assim, devido à contribuição da equipe pedagógica e concomitantemente à intervenção de profissionais da saúde, as crianças com TDC podem aprimorar suas habilidades motoras e, assim, participarem de forma ativa, sendo incluídas não somente no contexto escolar, mas em todos os domínios da vida.

REFERÊNCIAS BIBLIOGRÁFICAS

American Psychiatry Association. (2013). *Diagnostic and Statistical Manual of Mental disorders - DSM-5*. 5th.ed. Washington: American Psychiatric Association.

Blank, R., Smits-Engelsman, B., Polatajko, H., & Wilson, P. (2012). European academy for childhood disability. European Academy for Childhood Disability (EACD): recommendations on the definition, diagnosis and intervention of developmental coordination disorder (long version). *Developmental Medicine & Child Neurology*, 54, 54–93.

Cairney, J., Veldhuizen, S., & Szatmari, P. (2010). Motor coordination and emotional-behavioral problems in children. *Current Opinion in Psychiatry*, 23, 324–329.

Canchild Webinar. (2012): *The Participation and Environment Measure for Children and Youth* (PEM-CY) – An innovative measure for home, school, and Community.

Dunn W. (2014). *Sensory Profile* 2: User's Manual. USA: Pearson.

Fong, Shirley S. M., Ng, Shamay S.M., & Yiu, Beverley P.H.L. (2013). Slowed muscle force production and sensory organization deficits contribute to altered postural control strategies in children with developmental coordination disorder. *Research in Developmental Disabilities*, 34(9), 3040–3048.

Galvão, E. R. V. P. (2019). *Adaptação transcultural e validação para o uso no Brasil da Medida da Participação e do Ambiente* - Crianças e Jovens (PEM-CY). 75f. Dissertação (Mestrado em Ciências da Reabilitação) - Faculdade de Ciências da Saúde do Trairi, Universidade Federal do Rio Grande do Norte, Natal.

Holloway, J. M., & Long, T. M. (2019). The Interdependence of Motor and Social Skill Development: Influence on Participation. *Physical Theraphy*, 99(6), 761-770.

Izadi-Najafabadi, S., Ryan, N., Ghafooripoor, G., Gill, K., & Zwicker, J. G. (2019). Participation of children with developmental coordination disorder. *Research in Developmental Disabilities*, 84, 75-84.

Law, M., Baptiste, S., Carswell, A., Mccoll, M. A., Polatajko, H. L., & Pollock, N. (2009). *Medida Canadense de Desempenho Ocupacional* (COPM). Belo Horizonte: UFMG.

Lourenço, A. E. P., Vieira, J. L., Rocha, C. M. M., & Lima, F. F. (2019). Influência da ambiência escolar no estado nutricional de pré-escolares de Macaé, Rio de Janeiro, Brasil. *Ciência & Saúde Coletiva*, 24(7), 2399–2410.

Lust, J. M., Van Schie, H. T., Wilson, P. H., Van Der Helden, J., Pelzer, B., & Steenbergen, B. (2019). Activation of Mirror Neuron Regions Is Altered in Developmental Coordination Disorder (DCD)–Neurophysiological Evidence Using an Action Observation Paradigm. *Frontiers in Human Neuroscience*, 13, 232.

Magill, R.A. (2011). *Motor Learning and Control*: Concepts and Applications. 9 ed. New York: Mc Graw-Hill.

Missiuna, C., Moll, S., King, S., King, G., & Law, M. (2007). A Trajectory of Troubles Parents' Impressions of the Impact of Developmental Coordination Disorder. *Physical and Occupational Therapy in Pediatrics*, 27 (1), 81–101.

Missiuna, C., Rivard, L., & Pollock, N. (2011). Children with developmental coordination disorder: at home and in the classroom. *Canchild centre for chilhood desability reserch*, 1-12.

Organização Mundial de Saúde. (2003). CIF: Classificação Internacional de Funcionalidade, Incapacidade e Saúde. São Paulo: EDUSP.

Organização Mundial Da Saúde. (2013). Como usar a CIF: Um manual prático para o uso da Classificação Internacional de Funcionalidade, *Incapacidade e Saúde* (CIF). Versão preliminar para discussão. Genebra: OMS.

Raynor, A. J. (2001). Strength, power, and coactivation in children with developmental coordination disorder. *Developmental Medicine & Child Neurology*, 43, 676.

Silva, C. S., & Bodstein, R. C. A. (2016). Referencial teórico sobre práticas intersetoriais em Promoção da Saúde na Escola. *Ciência e Saude Coletiva*, 21, 1777-1788.

Sylvestre A., Nadeau L., Charron, L., Larose N., & Lepage C. (2013). Social participation by children with developmental coordination disorder compared to their peers. *Disability and Rehabilitation*, 35(21), 1814-1820.

Skinner, R. A., & Piek, J. P. (2001). Psychosocial implications of poor motor coordination in children and adolescents. *Human Movement Science* 20, 73–94.

Smits-Engelsman, B., Schoemaker, M., Delabastita, T., Hoskens, J., & Geuze, R. (2015). Diagnostic criteria for DCD: Past and future. *Human Movement Science*, 42, 293–306.

Straker, L. M., Campbell, A. C., Jensen, L. M., Metcalf, D. R., Smith, A. J., Abbott, R., et al. (2011). Rationale, Design and Methods for a Randomised and Controlled Trial of the Impact of Virtual Reality Games on Motor Competence, Physical Activity, and Mental Health in Children with Developmental Coordination Disorder. *BMC Public Health*, 11, 654.

Wilson, P. H., Smits-Engelsman, B., Caeyenberghs, K., Steenbergen, B., Sugden, D., Clark, J. et al. (2017). Cognitive and neuroimaging findings in developmental coordination disorder: new insights from a systematic review of recent research. *Developmental Medicine & Child Neurology*, 59, 1117-1129.

World Health Organization (2001). *International classification of functioning, disability and health* (ICF).

Zwicker, J. G., Harris, S. R., & Klassen, A. F. (2012). Quality of life domains affected in children with developmental coordination disorder: a systematic review. *Child: Care, Health and Development*, 39, 562-80.

O USO DE VÍDEO GAMES ATIVOS PARA CRIANÇAS COM TDC NA ESCOLA: UMA FERRAMENTA PROMISSORA

Jorge Lopes Cavalcante Neto[18]
Tatiane Targino Gomes Draghi[19]

INTRODUÇÃO

Vídeo games ativos (VGA) são recursos de tecnologia que permitem a interação do ser humano a inúmeras possibilidades de configurações arquitetônicas em ambiente virtual, simulando em partes ou totalmente o mundo real (Schultheis & Rizzo, 2001). Além do termo VGA, na literatura é comum o uso sinônimo dos termos "Realidade virtual" (RV) e "Exergames". Portanto, neste capítulo adotaremos o termo VGA como padrão, mas o termo RV também será mencionado para melhor entendimento da tecnologia proposta nestes recursos.

Apesar de terem sido criados originalmente para o entretenimento, os videogames ativos se tornaram recursos terapêuticos e pedagógicos de crucial importância para diversas populações e contextos (Deutsch et al., 2008; Holden, 2005; Schultheis & Rizzo, 2001). Dentre essas populações, destaca-se o Transtorno do Desenvolvimento da Coordenação (TDC), condição esta que se caracteriza como sendo uma alteração significativa na aquisição e aperfeiçoamento das habilidades motoras, com interferências nas atividades funcionais esperadas para idade e oportunidades no contexto diário, acadêmico e esportivo (American Psychiatric

18 Professor Assistente da Universidade do Estado da Bahia (UNEB), atuando como Professor Permanente do Mestrado Profissional em Saúde Coletiva (MEPISCO).

19 Dra. do Programa de Pós-Graduação em Fisioterapia da Universidade Federal de São Carlos, UFSCar

Association, 2013). Cerca de 5% das crianças em idade escolar são identificadas com TDC (American Psychiatric Association, 2013; Blank et al., 2019), entretanto, muitos sinais e características dos déficits motores dessas crianças passam despercebidos por muitos pais e professores (Caçola & Lage, 2019). Isso pode ser devido ao fato do TDC ainda não ser de amplo conhecimento da população em geral, inclusive de muitos profissionais de saúde e professores (Caçola & Lage, 2019).

Comumente, profissionais que atuam com o movimento corporal humano tendem a ser mais assertivos na identificação dos déficits motores em crianças, mesmo sem ter a noção formal do diagnóstico de TDC. Enquanto na escola, provavelmente será o professor ou a professora de Educação Física quem ocupará primariamente este papel. Crianças com TDC são mais lentas que seus pares com desenvolvimento típico e falham em maior frequência ao executarem uma tarefa que envolve movimento corporal, seja de exigência de coordenação motora fina, como escrever ou desenhar, ou coordenação motora global, como correr, saltar ou andar de bicicleta (Missiuna et al., 2011; Zwicker et al., 2012). Devido ao fato de, motoramente, crianças com TDC serem inferiores a seus pares com desenvolvimento típico, pode haver maior possibilidade dessas crianças restringirem a participação nas aulas de Educação Física e/ou das brincadeiras e jogos comumente realizados em grupos nos intervalos das aulas (Izadi-Najafabadi et al., 2019; Sylvestre et al., 2013). Essas crianças, então se sentirão menos motivadas a permanecerem em situações práticas, nas quais as exigências de movimentos coordenados sejam maiores. Por este motivo, intervenções com o uso de VGA são encorajadoras e promissoras para essas crianças, pois permitem que elas se encontrem na atividade e que vejam o sentido e o significado que o movimento corporal pode representar em suas vidas. Por proporcionarem *feedback* imediato e aumentado (Wang & Reid, 2011), os jogos presentes nesses recursos permitem que crianças com TDC identifiquem a maneira adequada de executarem o movimento corporal, de pontuarem no jogo e de obterem sucesso através do movimento. Isso é extremamente encorajador e tem sido foco de importantes estudos na área de conhecimento. Assim, o objetivo do presente capítulo é discutir o uso da RV ou VGA para crianças com TDC no contexto escolar. Para tanto, este texto foi dividido em duas categorias: 1 – Realidade Virtual; 2 – Videogames ativos e TDC: Um caminho possível no contexto escolar.

1. REALIDADE VIRTUAL

Realidade Virtual (RV) é a interação do ser humano com o ambiente simulado, utilizando a tecnologia computacional que permite ao usuário a experiência de interagir neste ambiente virtual (Barker, 1993). O primeiro jogo eletrônico em 3D surgiu da necessidade de treinar os condutores de tanques bélicos e aeronaves. Após isso o recurso teve ampla aplicabilidade tanto para área de lazer e diversão e atualmente esta ferramenta tem oportunizado grandes avanços na área de reabilitação e escolar.

O envolvimento do usuário com a RV é dependente de três características, a imersão, interação e envolvimento (Tori & Kirner, 2006). A imersão é possibilitada pelos dispositivos sensoriais de entrada e saída que torna mais real este envolvimento, permitindo que o usuário se sinta no ambiente virtual. Interação está relacionada como o usuário irá controlar o jogo. Isto é possibilitado graças a capacidade do computador em detectar por meio dos dispositivos de entrada o usuário e então transferir tais ações para o jogo, de tal modo que o usuário tem total comando do avatar. E por fim, o envolvimento que pode ser passivo ou ativo. Isto deve a capacidade em que o usuário desperta para interagir com o ambiente virtual, desenvolvendo a satisfação, motivação e engajamento para aquela atividade, podendo simplesmente apertar um botão ou comandar o jogo por meio de seus movimentos.

Para que haja a interação homem-máquina, várias possibilidades de imersão podem acontecer de acordo com o nível em que o usuário se envolve com o ambiente virtual. Segundo Tori e Kirner (2006) os ambientes virtuais podem ser classificados como Imersivo, Semi-imersivo e Não imersivo. A RV imersiva proporciona ao usuário realmente experimentar a imersão no ambiente virtual, por meio de dispositivos de entrada e saída, *hardwares* e *softwares*. Os dispositivos de entrada permitem que o usuário interaja com o mundo virtual por meio de *joysticks*[20], controle, luvas, sensores de movimento e plataformas de movimento, já os dispositivos de saída criam e proporcionam a sensação de estar no ambiente de RV por meio de telas visuais, auditivas ou táteis, fones de ouvido e alto-falantes. A RV semi-imersiva necessita de dispositivos mais simples, visto que o usuário não se encontra totalmente imerso no ambiente virtual, e por isso consegue ter algum contato com o mundo real, não se isolando das influências externas que ocorrem ao seu redor. Exemplos de dispositivos de RV semi-imersiva são os óculos polarizados

---

20 Alavanca contendo um ou mais botões que ao serem movimentados e pressionados são capazes de comandar certas ações do jogo.

que assistimos filme em 3D, as plataformas, como, por exemplo, *balancem board,* na qual o usuário permanece em cima quando está jogando, e este dispositivo é capaz de identificar seus movimentos por meio do deslocamento de peso. Outro exemplo é o Kinect que assim como a plataforma também é um dispositivo de entrada que detecta os movimentos e os transfere em tempo real para o jogo. Enquanto na RV não imersiva o usuário não é colocado em nenhum tipo de imersão em um mundo virtual. O usuário permanece no controle do ambiente físico que o circunda, embora esteja consciente do canal sensorial de visão e som. Isto pode ocorrer quando o usuário joga por meio de um computador, tablet, smartphone ou televisão e interage apenas por meio de controles, mouses ou joystcks, outro exemplo é quando o indivíduo pode visualizar uma estrutura 3D em uma ferramenta CAD no computador, sem nenhum dispositivo específico para isso.

Como vimos anteriormente, há três formas de RV, estas podem ser empregadas em diversas áreas. No entanto, na realidade do Brasil o que se nota é que a RV imersiva parece ainda ser uma ferramenta distante da nossa realidade, visto que não é um recurso acessível em termos financeiros, o que torna mais distante sua utilização. Por sua vez, a RV não-imersiva (como os VGA) é uma ferramenta mais acessível, tanto em termos financeiros como na sua forma de aplicação não necessitando de grandes e complexas estruturas, o que torna uma possibilidade aplicável no ambiente escolar com o objetivo de aprimorar as habilidades motoras, de concentração, entendimento a regras, interação social (parceiros de jogos), motivação entre outros quesitos que podem beneficiar as crianças e adolescentes desta escola.

1.1. FERRAMENTAS DE REALIDADE VIRTUAL SEMI-IMERSIVAS

Atualmente, existem no mercado algumas ferramentas que podem ser empregadas para proporcionar a interação do ser humano com o ambiente simulado, de forma não totalmente imersiva. Discutiremos neste capítulo os VGA *Nintendo® Wii Fit e Xbox® Kinect 360* que são ferramentas semi-imersivas que vêm se destacando por meio das pesquisas quanto a aplicabilidade nos ambientes escolares. Os VGA podem, por meio de *feedback* imediato e aumentado, proporcionar ao usuário interagir com o meio virtual por meio dos seus movimentos que são detectados e transmitidos ao jogo.

Nintendo® Wii Fit é composto por um console *Wii, Wii Balance Board* e controle remoto *Wii,* que permite a interação, imersão e envolvimento do usuário com o meio virtual. Por meio do *Wii balance board* o usuário pode se manter em pé em cima e conforme se desloca, esta plataforma por meio de sensores detectam o deslocamento de peso do usuário e em tempo real transfere essa informação ao avatar, que o representa no jogo. Da mesma forma, o controle remoto *Wii*, que é posicionado na mão do usuário, também possui sensor que é capaz de capturar os movimentos e enviá-los ao jogo, resultando em movimentos idênticos aos do avatar que o representa (Nintendo Inc., 2018; Tsekleves et al., 2014). Há jogos que necessitam que o usuário utilize a plataforma e o controle juntos, transferindo assim os movimentos das partes superiores e inferiores do corpo ao avatar, mas também há jogos que a ênfase é na parte inferior do corpo, necessitando apenas da plataforma que transmite essas informações de deslocamentos, e ainda, há jogos que necessitam apenas do controle, pois o jogo é focado nos movimentos dos membros inferiores. A ferramenta do *Nintendo® Wii Fit* possibilita a interação de um jogador ou mais podendo interagir até quatro jogadores ao mesmo tempo, sendo que cada um possui seus respectivos acessórios, plataforma e controle. Isto proporciona uma interação, não somente do ser humano com o ambiente simulado, mas também pode viabilizar a interação entre os usuários e beneficiar os aspectos de socialização. O controle do *Wii* e a plataforma permitem acoplar outros acessórios que possibilitam ainda mais a percepção de interação, imersão e envolvimento, são alguns exemplos: o skate, que ao ser acoplado na plataforma permite os deslocamentos anteroposterior e latero-lateral, proporcionando uma experiência mais realista com o meio virtual. Outros acessórios como volante, raquete, taco de golfe e bastão de baseball são acessórios que simulam de forma mais real os jogos esportivos e possibilitam um *feedback* ainda maior, pois durante a realização dos movimentos há interação por meio dos sons e vibrações destes acessórios. Com estes recursos o professor pode proporcionar ao aluno um maior envolvimento e assim conseguir de forma mais eficiente os objetivos por ele estipulados.

Xbox® Kinect 360 é composto por um console e um sensor acoplado a uma câmera infravermelha, que capta os movimentos em três dimensões. Diferente dos jogos Wii, o usuário não está restrito a uma plataforma ou controle remoto, mas pode usar movimentos corporais ativos e livres do corpo todo que são capturados pelo sensor e transferidos em tempo real ao jogo, orientando o avatar que o representa (Chang et al., 2011; Luna-Oliva et al., 2013). Assim como o Wii, o Xbox também possui acessórios que imergem, interagem e envolvem ainda mais o usuário, como o volante, a guitarra e a bateria, que podem ser utilizados pelos professores com diversos propósitos. Por exemplo, coordenação motora, ritmo, regras e interação social entre os alunos, visto que o Xbox, para a maioria dos jogos, também permite o acoplamento de apenas um ou mais usuários. Cabe ressaltar, que o Xbox tem grande diversidade de jogos, por exemplo, o *Xbox Aventure* e *Xbox Sports*, que não necessitam destes acessórios e que o professor pode utilizá-los em suas aulas de forma prática e igualmente eficaz.

2. VIDEOGAMES ATIVOS E TDC: UM CAMINHO POSSÍVEL NO CONTEXTO ESCOLAR

Foi possível compreender na contextualização anterior que os VGA (do tipo RV semi-imersiva) são ferramentas de crucial importância para o desenvolvimento de habilidades motoras de crianças e adolescentes, podendo compor um recurso pedagógico dentro da escola. Nesta perspectiva, crianças com TDC podem ser beneficiadas com esses recursos, pois é documentado na literatura que elas se sentem engajadas ao participarem dos jogos presentes nesses AVG, aumentando a motivação para prática e transferência de habilidades para o contexto de vida real (Jelsma et al., 2014; Smits-Engelsman et al., 2015). É crescente o número de estudos realizados com crianças com TDC em idade escolar, com o propósito majoritário de se verificar os efeitos de intervenções com AVG em componentes motores nessa população (Ashkenazi et al., 2013; Tal Ashkenazi et al., 2013; Bonney, Jelsma, et al., 2017a, 2017b; J.L. Cavalcante Neto et al., 2020; Jorge Lopes Cavalcante Neto et al., 2020; EbrahimiSani et al., 2020; Ferguson et al., 2013; Gonsalves et al., 2015; Hammond et al., 2014; Jelsma et al., 2014; Jelsma et al., 2016; Smits-Engelsman et al., 2015, 2017; Straker et al., 2015).

Entretanto, estudos conduzidos no Brasil ainda são escassos e as evidências existentes sobre os efeitos desse tipo de intervenção ainda não são claras. As intervenções com VGA realizadas nos estudos brasileiros não foram conduzidas no ambiente escolar, apesar das crianças com TDC terem sido recrutadas diretamente de escolas públicas e privadas do país (J.L. Cavalcante Neto et al., 2020; Jorge Lopes Cavalcante Neto et al., 2020). Portanto, para melhor discussão das implicações dos VGA no contexto escolar para crianças com TDC, selecionamos estudos conduzidos em outros países, que realizarem as intervenções dentro da escola das crianças (Bonney, Jelsma, et al., 2017a, 2017b; Ferguson et al., 2013; Smits-Engelsman et al., 2015, 2017). Essas intervenções foram incluídas dentro da grade de horário regular das aulas das crianças e foi negociado com a coordenação da escola e professores a melhor forma e horário das intervenções serem realizadas. No geral, essas intervenções foram conduzidas entre duas e três vezes por semana, com sessões de 20 a 30 minutos, e efeitos positivos dessas intervenções foram observados no desempenho motor e aptidão física das crianças com TDC.

Apesar dos efeitos positivos observados nesses estudos, os maiores efeitos clínicos tem sido observados em práticas realizadas em ambiente real. Comparando-se intervenções motoras realizadas em ambientes reais *versus* virtuais, àquelas realizadas no contexto real são superiores às virtuais em ganhos motores para esse perfil de crianças (Smits-Engelsman et al., 2018).

Com base nas evidências atuais levantadas em revisões sistemáticas da área, intervenções com RV ou VGA são consideradas promissoras e é preciso que mais estudos robustos sejam realizados, aumentando assim a força dessa evidência. Dois estudos recentes de revisão sistemática trazem importantes informações sobre as evidências dos efeitos da RV em componentes motores de crianças com TDC (Cavalcante Neto et al., 2019; Mentiplay et al., 2019). A primeira delas (Cavalcante Neto et al., 2019) revisou 12 ensaios clínicos que aplicaram entre uma a cinco sessões semanais, que tiveram a duração de quatro a 60 minutos cada sessão, totalizando entre cinco a 16 sessões de intervenções. De maneira geral, 66% dos estudos observaram efeitos positivos das intervenções no desempenho motor das crianças com TDC. Apesar dos resultados promissores, a qualidade da evidência levantada por esta revisão foi baixa, devido às lacunas metodológicas e heterogeneidades observadas entre os estudos. A segunda revisão sistemática (Mentiplay et al., 2019) avaliou os efeitos de intervenções com RV nos componentes motores de crianças com TDC em 15 estudos incluídos, considerando os elementos da Classificação Internacional de Funcionalidade, Incapacidade e Saúde – CIF (World Health Organization (WHO), 2001). Similar à primeira revisão sistemática (Cavalcante Neto et al., 2019), esta também encontrou limitações metodológicas importantes entre os estudos (Mentiplay et al., 2019), dificultando uma interpretação clara sobre a evidência da efetividade das intervenções com RV ou VGA nos elementos de funcionalidade da CIF, em crianças com TDC.

Mesmo frente à limitada evidência, os autores concluíram que este tipo de intervenção é promissora, e traz benefícios nos elementos estrutura e função corporais (coordenação motora, equilíbrio, aptidão física) e limitações das atividades da CIF. Entretanto, com relação ao elemento participação, não foi possível estabelecer interpretações claras porque apenas um estudo avaliou este componente, mas sem efeito significado da intervenção.

Considerando as evidências geradas por essas revisões sistemáticas, intervenções com recursos de RV ou VGA funcionam e são capazes de melhorar componentes motores de crianças com TDC, como o equilíbrio. É valido ainda ressaltar que ambas as revisões sistemáticas (Cavalcante Neto et al., 2019; Mentiplay et al., 2019) indicam que é possível combinar esses recursos com recursos comumente usados em intervenções reais.

No contexto escolar, por exemplo, é possível utilizar VGA nas aulas de Educação Física, combinando atividades reais com virtuais. Nos VGA *Nintendo Wii® e Xbox® Kinect*, por exemplo, uma criança com TDC que ainda não consegue jogar tênis de mesa real com a mesma precisão e habilidade que seus pares com desenvolvimento típico poderá vivenciar o tênis de mesa virtual nesses VGA. Sob a supervisão do professor de Educação Física, essa criança poderá praticar a habilidade, perceber como posicionar adequadamente a mão no manuseio da raquete, recepção e lançamento da bola, além do equilíbrio postural, ritmo, agilidade e coordenação motora.

Mesmo que a tarefa virtual não seja exatamente igual a real, padrões de movimento similares estarão presentes e ajudarão essa criança a se sentir mais confiante frente a um desafio de movimento corporal. Isso poderá preparar a criança com TDC para transferências de sucesso na situação de prática real, como um jogo de tênis de mesa nas aulas regulares de Educação Física. No VGA *Xbox® Kinect*, os jogos do *Xbox® Sports* possuem inúmeras simulações de práticas esportivas, como as tarefas do atletismo, o voleibol, o tênis, e o futebol. A criança terá a possibilidade de simular corridas, arremessos, saltos e lançamentos do atletismo; saques, cortadas e bloqueios no voleibol; sacar e rebater no tênis; e dribles, chutes e cabeceios no futebol. Para àquelas crianças que possuem aversão às atividades esportivas, principalmente coletivas, comumente praticadas nas aulas de Educação Física, esta pode ser uma estratégia de sucesso a ser adotada pelos professores.

É importante ressaltar que além de diversão e entretenimento, os jogos desses VGA proporcionam oportunidades de aprendizagem das habilidades motoras, são considerados de baixo custo, ocupam pouco espaço e ambiente de maior controle (Jack et al., 2001; Wang & Reid, 2011), tanto da criança quando do professor. Ao passo que essas crianças com TDC se sentirem mais confiantes, poderão jogar em duplas com seus pares, tanto àqueles com ou sem TDC e certamente poderão participar mais ativamente das aulas regulares de Educação Física.

Os VGA poderão ainda ser combinados com as correspondentes atividades e jogos reais da Educação Física, em um modelo de aula de circuitos motores, alternando entre atividades virtuais e atividades reais. Conteúdos usuais da Educação Física, tais quais esportes, jogos, lutas e dança, poderão ser praticados com os VGA. Assim como nas aulas de Educação Física, cada jogo ou atividade presente nos VGA possuem metas específicas, sequência de movimentos esperados, detecção e correção dos erros para o sucesso no jogo ou atividade. Similar à vida real, com a prática é possível alcançar mais facilmente as metas esperadas no jogo ou atividade.

Muitas vezes é difícil para crianças com TDC compreenderem a execução correta do movimento em situações reais, por apresentarem déficits na construção do modelo interno do movimento (Adams et al., 2014), ou seja, àquela informação que já foi armazenada em nosso cérebro, quando observamos ou realizamos determinado movimento. Somente explicar ou demonstrar para uma criança com TDC como se executa o movimento, é por vezes, demasiadamente abstrato para ela reproduzir corretamente em seguida. É por isso, que crianças com TDC precisarão de mais tempo de prática para poderem minimamente executarem a ação requerida pelo professor. Uma das grandes vantagens da RV ou VGA é a possibilidade de encurtar esse tempo devido ao *feedback* aumentado (Wang & Reid, 2011), ou seja, a criança será capaz de detectar mais rapidamente as falhas e ajustar seu padrão de movimento para sucesso na execução do jogo ou atividade.

Assim, aos poucos, crianças com TDC ampliarão suas experiências de movimento e estarão mais engajadas nas aulas de Educação Física e poderão ainda melhorar o rendimento escolar como um todo, porque a RV também ajudará na concentração e atenção de crianças (Cho et al., 2002). Para além das possibilidades de movimento e experiências motoras, crianças com TDC poderão estimular elementos cognitivos e os professores de sala de aula, em conjunto com os professores de Educação Física, poderão combinar atividades de dupla tarefa (motora + cognitiva) envolvendo os jogos dos VGA. É possível incluir cálculos matemáticos ou perguntas sobre gramática, história, biologia ou geografia, desafiando essa criança a se tornar uma criança mais habilidosa a cada experiência com os recursos dos VGA. É documentado na literatura (Cherng et al., 2009), que duplas tarefas são complexas e interferem comumente no desempenho motor de crianças com TDC. Entretanto, sendo um desafio a mais a essas crianças, é possível que os professores avaliem a complexidade das tarefas propostas, tanto considerando a faixa etária quanto as oportunidades vivenciadas por elas anteriormente, antes de propor duplas tarefas com o auxílio dos VGA.

Como destacamos ao longo deste capítulo, a escola poderá viabilizar VGA para compor estratégias de ensino dos professores, ajudando-os a diversificarem suas aulas e facilitar a ampla participação de crianças com TDC nas aulas de Educação Física e demais componentes curriculares. Contudo, ambos *Nintendo® Wii e Xbox® Kinect* não são mais comercializados por seus fabricantes, e somente será possível adquirir equipamentos usados, atualmente. Esta é uma possibilidade, mas não sabemos sobre o futuro desses VGA comerciais, pois este mercado consumidor é bastante dinâmico e esses produtos tendem a mudar constantemente. Outra possibilidade é a parceria empresa/escola e/ou centros de pesquisa e escola na construção de equipamentos específicos e de baixo custo que possam atender aos propósitos de movimento discutidos ao longo deste capítulo.

CONCLUSÃO

Os vídeo games ativos, como *Nintendo® Wii e Xbox® Kinect*, são ferramentas promissoras para serem utilizadas na escola. Os professores podem utilizar tais recursos isoladamente ou de forma combinada com atividades reais para aprimorar as habilidades motoras e cognitivas das crianças com TDC. Essas ferramentas semi-imersivas podem facilitar a integração, imersão e envolvimento do aluno nas atividades motoras, possibilitando o aprimoramento dos padrões de movimento, por meio do *feedback* imediato e aumentado desses dispositivos. Assim, a criança com TDC poderá ter mais confiança frente a um desafio de movimento corporal, o que poderá contribuir com a sua participação mais ativa nas aulas regulares de Educação Física e demais contextos de vida.

REFERÊNCIAS

Adams, I. L. J., Lust, J. M., Wilson, P. H., & Steenbergen, B. (2014). Compromised motor control in children with DCD: a deficit in the internal model?—A systematic review. *Neuroscience and Biobehavioral Reviews*, 47, 225–244. https://doi.org/10.1016/j.neubiorev.2014.08.011

American Psychiatric Association. (2013). *Diagnostic and Statistical Manual of Mental Disorders*. American Psychiatric Association. https://doi.org/10.1176/appi.books.9780890425596

Ashkenazi, T, Laufer, Y., Orian, D., & Weiss, P. (2013). *Effect of training children with Developmental Coordination Disorders in a virtual environment compared with a conventional environment*. 46–50.

Ashkenazi, Tal, Weiss, P. L., Orian, D., & Laufer, Y. (2013). Low-cost virtual reality intervention program for children with developmental coordination disorder: A pilot feasibility study. *Pediatric Physical Therapy*, *25*(4), 467–473. https://doi.org/10.1097/PEP.0b013e3182a74398

Barker, P. (1993). Virtual reality: Theoretical basis, practical applications. *ALT-J*, *1*(1), 15–25. https://doi.org/10.1080/0968776930010103

Blank, R., Barnett, A. L., Cairney, J., Green, D., Kirby, A., Polatajko, H., Rosenblum, S., Smits-Engelsman, B., Sugden, D., Wilson, P., & Vinçon, S. (2019). International clinical practice recommendations on the definition, diagnosis, assessment, intervention, and psychosocial aspects of developmental coordination disorder. *Developmental Medicine & Child Neurology*, *61*(3), 242–285. https://doi.org/10.1111/dmcn.14132

Bonney, E., Jelsma, D., Ferguson, G., & Smits-Engelsman, B. (2017a). Variable training does not lead to better motor learning compared to repetitive training in children with and without DCD when exposed to active video games. *Research in Developmental Disabilities*, *62*, 124–136. https://doi.org/10.1016/J.RIDD.2017.01.013

Bonney, E., Jelsma, L. D., Ferguson, G. D., & Smits-Engelsman, B. C. M. (2017b). Learning better by repetition or variation? Is transfer at odds with task specific training? *PLOS ONE*, *12*(3), e0174214. https://doi.org/10.1371/journal.pone.0174214

Caçola, P., & Lage, G. (2019). Developmental Coordination Disorder (DCD): An overview of the condition and research evidence. *Motriz*, *25*(2), 1–6.

Cavalcante Neto, J.L., Steenbergen, B., Wilson, P., Zamunér, A. R., & Tudella, E. (2020). Is Wii-based motor training better than task-specific matched training for children with developmental coordination disorder? A randomized controlled trial. *Disability and Rehabilitation*, *42*(18). https://doi.org/10.1080/09638288.2019.1572794

Cavalcante Neto, Jorge L, de Oliveira, C. C., Greco, A. L., Zamunér, A. R., Moreira, R. C., & Tudella, E. (2019). Is virtual reality effective in improving the motor performance of children with developmental coordination disorder? A systematic review. *European Journal of Physical and Rehabilitation Medicine*, *55*(2), 291–300. https://doi.org/10.23736/S1973-9087.18.05427-8

Cavalcante Neto, Jorge Lopes, Steenbergen, B., Zamunér, A. R., & Tudella, E. (2020). Wii training versus non-Wii task-specific training on motor learning in children with developmental coordination disorder: A randomized controlled trial. *Annals of Physical and Rehabilitation Medicine*. https://doi.org/10.1016/j.rehab.2020.03.013

Chang, Y.-J., Chen, S.-F., & Huang, J.-D. (2011). A Kinect-based system for physical rehabilitation: A pilot study for young adults with motor disabilities. *Research in Developmental Disabilities*, *32*(6), 2566–2570. https://doi.org/10.1016/J.RIDD.2011.07.002

Cherng, R. J., Liang, L. Y., Chen, Y. J., & Chen, J. Y. (2009). The effects of a motor and a cognitive concurrent task on walking in children with developmental coordination disorder. *Gait and Posture*, *29*(2), 204–207. https://doi.org/10.1016/j.gaitpost.2008.08.003

Cho, B.-H., Ku, J., Jang, D. P., Kim, S., Lee, Y. H., Kim, I. Y., Lee, J. H., & Kim, S. I. (2002). The effect of virtual reality cognitive training for attention enhancement. *Cyberpsychology & Behavior : The Impact of the Internet, Multimedia and Virtual Reality on Behavior and Society*, *5*(2), 129–137. https://doi.org/10.1089/109493102753770516

Deutsch, J. E., Borbely, M., Filler, J., Huhn, K., & Guarrera-Bowlby, P. (2008). Use of a Low-Cost, Commercially Available Gaming Console (Wii) for Rehabilitation of an Adolescent With Cerebral Palsy. *Physical Therapy*, *88*(10), 1196–1207. https://doi.org/10.2522/ptj.20080062

EbrahimiSani, S., Sohrabi, M., Taheri, H., Agdasi, M. T., & Amiri, S. (2020). Effects of virtual reality training intervention on predictive motor control of children with DCD – A randomized controlled trial. *Research in Developmental Disabilities*, *107*. https://doi.org/10.1016/j.ridd.2020.103768

Ferguson, G. D., Jelsma, D., Jelsma, J., & Smits-Engelsman, B. C. M. (2013). The efficacy of two task-orientated interventions for children with Developmental Coordination Disorder: Neuromotor Task Training and Nintendo Wii Fit training. *Research in Developmental Disabilities*, *34*(9), 2449–2461. https://doi.org/10.1016/j.ridd.2013.05.007

Gonsalves, L., Campbell, A., Jensen, L., & Straker, L. (2015). Children with developmental coordination disorder play active virtual reality games differently than children with typical development. *Physical Therapy*, *95*(3), 360–368. https://doi.org/10.2522/ptj.20140116

Hammond, J., Jones, V., Hill, E. L., Green, D., & Male, I. (2014). An investigation of the impact of regular use of the Wii Fit to improve motor and psychosocial outcomes in children with movement difficulties: a pilot study. *Child: Care, Health and Development*, *40*(2), 165–175. https://doi.org/10.1111/cch.12029

Holden, M. K. (2005). Virtual Environments for Motor Rehabilitation: Review. *CYBERPSYCHOLOGY & BEHAVIOR*, *8*(3).

Izadi-Najafabadi, S., Ryan, N., Ghafooripoor, G., Gill, K., & Zwicker, J. G. (2019). Participation of children with developmental coordination disorder. *Research in Developmental Disabilities*, *84*, 75–84. https://doi.org/10.1016/j.ridd.2018.05.011

Jack, D., Boian, R., Merians, A. S., Tremaine, M., Burdea, G. C., Adamovich, S. V., Recce, M., & Poizner, H. (2001). Virtual reality-enhanced stroke rehabilitation. *IEEE Transactions on Neural Systems and Rehabilitation Engineering*, *9*(3), 308–318. https://doi.org/10.1109/7333.948460

Jelsma, D., Geuze, R. H., Mombarg, R., & Smits-Engelsman, B. C. M. (2014). The impact of Wii Fit intervention on dynamic balance control in children with probable Developmental Coordination Disorder and balance problems. *Human Movement Science*, *33*(1), 404–418. https://doi.org/10.1016/j.humov.2013.12.007

Jelsma, L. D., Smits-Engelsman, B. C. M., Krijnen, W. P., & Geuze, R. H. (2016). Changes in dynamic balance control over time in children with and without

Developmental Coordination Disorder. *Human Movement Science*, *49*, 148–159. https://doi.org/10.1016/j.humov.2016.07.003

Luna-Oliva, L., Ortiz-Gutiérrez, R. M., Cano-de la Cuerda, R., Piédrola, R. M., Alguacil-Diego, I. M., Sánchez-Camarero, C., & Martínez Culebras, M. D. C. (2013). Kinect Xbox 360 as a therapeutic modality for children with cerebral palsy in a school environment: a preliminary study. *NeuroRehabilitation*, *33*(4), 513–521. https://doi.org/10.3233/NRE-131001

Mentiplay, B. F., Fitzgerald, T. L., Clark, R. A., Bower, K. J., Denehy, L., & Spittle, A. J. (2019). Do video game interventions improve motor outcomes in children with developmental coordination disorder? A systematic review using the ICF framework. In *BMC Pediatrics* (Vol. 19, Issue 1). BioMed Central Ltd. https://doi.org/10.1186/s12887-018-1381-7

Missiuna, C., Rivard, L., & Pollock, N. (2011). Children with developmental coordination disorder: at home and in the classroom. *Can Chikd Centre for Chidhood Research*, 1–10.

Nintendo Inc. (2018). *Nintendo Wii Sports Resort*. Nintendo Inc. http://www.nintendo.ca/cgibin/usersite/ display_info.cgi?pageNum=5&lang=en&id=5352161&from=wii.

Schultheis, M. T., & Rizzo, A. A. (2001). The application of virtual reality technology in rehabilitation. In *Rehabilitation Psychology* (Vol. 46, Issue 3, pp. 296–311). http://doi.org/10.1037/0090-5550.46.3.296

Smits-Engelsman, B. C. M., Jelsma, L. D., & Ferguson, G. D. (2017). The effect of exergames on functional strength, anaerobic fitness, balance and agility in children with and without motor coordination difficulties living in low-income communities. *Human Movement Science*, *55*, 327–337. https://doi.org/10.1016/j.humov.2016.07.006

Smits-Engelsman, B. C. M., Jelsma, L. D., Ferguson, G. D., & Geuze, R. H. (2015). Motor Learning: An Analysis of 100 Trials of a Ski Slalom Game in Children with and without Developmental Coordination Disorder. *PLOS ONE*, *10*(10), e0140470. https://doi.org/10.1371/journal.pone.0140470

Smits-Engelsman, B., Vinçon, S., Blank, R., Quadrado, V. H., Polatajko, H., & Wilson, P. H. (2018). Evaluating the evidence for motor-based interventions in developmental coordination disorder: A systematic review and meta-analysis. *Research in Developmental Disabilities*, *74*, 72–102. https://doi.org/10.1016/j.ridd.2018.01.002

Straker, L., Howie, E., Smith, A., Jensen, L., Piek, J., & Campbell, A. (2015). A crossover randomised and controlled trial of the impact of active video games on motor coordination and perceptions of physical ability in children at risk of Developmental Coordination Disorder. *Human Movement Science*, *42*, 146–160. https://doi.org/10.1016/j.humov.2015.04.011

Sylvestre, A., Nadeau, L., Charron, L., Larose, N., & Lepage, C. (2013). Social participation by children with developmental coordination disorder compared to their peers. *Disability and Rehabilitation*, *35*(21), 1814–1820. https://doi.org/10.3109/09638288.2012.756943

Tori, R., & Kirner, C. (2006). Fundamentos de realidade virtual. In R. Tori, C. Kirmer, & R. Siscouto (Eds.), *Fundamentos e tecnologia de realidade virtual e aumentada* (pp. 17–22). Sociedade Brasileira de Computação – SBC.

Tsekleves, E., Warland, A., Kilbride, C., Paraskevopoulos, I., & Skordoulis, D. (2014). The Use of the Nintendo Wii in Motor Rehabilitation for Virtual Reality Interventions: A LiteratureReview. In A. P. Ma M., Jain L. (Ed.), *Virtual, Augmented Reality and Serious Games for Healthcare 1*. Springer.

Wang, M., & Reid, D. (2011). Virtual reality in pediatric neurorehabilitation: Attention deficit hyperactivity disorder, autism and cerebral palsy. *Neuroepidemiology*, *36*(1), 2–18. https://doi.org/10.1159/000320847

World Health Organization (WHO). (2001). *International classification of functioning, disability and health (ICF)*. World Health Organization (WHO).

Zwicker, J. G., Missiuna, C., Harris, S. R., & Boyd, L. A. (2012). Developmental coordination disorder: A review and update. *European Journal of Paediatric Neurology*, *16*(6), 573–581. https://doi.org/10.1016/j.ejpn.2012.05.005

O TDC EM CRIANÇAS DAS ZONAS URBANA, RODOVIÁRIA E RIBEIRINHA DE MANAUS

Cleverton José Farias de Souza[21]
Lúcio Fernandes Ferreira[22]

INTRODUÇÃO

Esse texto retrata um dado histórico e faz parte de um dos dois primeiros estudos com o tema do fenômeno Transtorno no Desenvolvimento da Coordenação (TDC), na região norte do Brasil, no Amazonas. Sua referência é carregada com a literatura internacional visto que, na época de sua construção, não se conseguiu encontrar artigos, capítulos e livros com o tema. A sua construção mostra os desafios do contexto Amazônico na cidade de Manaus, nas zonas urbana e rural, com destaque para as peculiaridades das zonas rodoviária e ribeirinha. Esse conjunto diversificado de ambiente declarou que o fenômeno TDC está muito presente, sem se importar com o lugar e o tempo, principalmente no dia a dia das nossas crianças nas escolas.

A presença de psicólogos, terapeutas ocupacionais, fisioterapeutas, professores, profissionais da educação e psicopedagogos nos estudos, anunciam que estratégias devem ser buscadas para que o conhecimento básico do fenômeno, suas manifestações, sintomas, prejuízos e consequências chegue até às famílias, principalmente aquelas que mais precisam para que, embora com suas limitações, possam ajudar seus filhos na busca de ajuda para lidar com o fenômeno TDC. Os projetos de intervenção motora acompanhado do rigor pedagógico e o olhar holístico para as crianças, podem ser um forte aliado nessa caminhada

21 Professor Permanente do Programa de Pós-Graduação da Faculdade de Educação/ PPGE-FACED/Universidade Federal do Amazonas, UFAM

22 Professor Permanente do Programa de Pós-Graduação da Faculdade de Educação/ PPGE FACED/Universidade Federal do Amazonas, UFAM.

O ato de explorar o movimento no brincar e a imaginação das crianças é algo que se pode perceber no cotidiano do mundo infantil, visto que elas trazem consigo a facilidade de improvisar e experimentar as brincadeiras o que gera certa diversidade de movimentos no seu repertório motor.

Entretanto, não é raro observar crianças que apresentam certas dificuldades nos movimentos quando interagem com o meio ambiente onde vivem, por exemplo, na orientação espacial e temporal. De acordo com Wright e Sugden (1996), embora essas dificuldades não sejam identificadas, elas podem interferir nas relações sociais, emocionais, afetivas e principalmente no ambiente escolar. Um aspecto comum refere-se às crianças com dificuldades motoras que são rejeitadas por seus colegas nas brincadeiras e jogos, por não apresentarem competência motora suficiente nos movimentos.

Crianças com dificuldades de movimento têm sido foco de investigações há décadas. Muitos termos têm sido usados para identificar tais dificuldades e estão diretamente relacionados à origem dos grupos de pesquisadores. Segundo SUGDEN e WRIGHT (1998), os pesquisadores da área médica usam o termo desajeitado, enquanto aqueles da área de educação usam, além de desajeitado, o termo inábil. Há ainda outros termos como: problemas ou dificuldades na coordenação (O'beirne, Larkin & Cable, 1994), problemas ou dificuldades do movimento (Wright, Sugden, Ng & Tan, 1994) e desordem no desenvolvimento da coordenação (APA, 1987; Henderson & Sugden, 1992).

Na década de 1980, os termos oriundos das investigações: desajeitado, inábil, problemas ou dificuldades entre outros, foram reconhecidos pela Organização Mundial de Saúde (OMS) e pela Associação Americana de Psiquiatria (APA) e recebeu o nome de "Transtorno do Desenvolvimento da Coordenação" (TDC APA, 1995). Essa nomenclatura foi utilizada no presente estudo.

De acordo com MONTEIRO (2000), o TDC caracteriza-se por dificuldades na aquisição de habilidades básicas de movimento, as quais assumem um papel fundamental na interação da criança nos jogos, brincadeiras e, especialmente, nas atividades que são requisitadas pela escola. HOARE (1994) afirma que crianças com TDC não apresentam dificuldades em apenas um aspecto do movimento, por exemplo, no equilíbrio ou em tarefas manuais. Esse autor identificou cinco subgrupos de crianças com TDC: o primeiro deles mostrava dificuldades nas tarefas de correr e de acuidade cinestésica; o segundo apresentava desempenho acima da média da população TDC nas tarefas de percepção visual e viso-motoras; o terceiro apresentava maior dificuldade nas tarefas de percepção visual e viso-motoras, ou seja, o contrário do grupo dois; o quarto grupo tinha melhor desempenho nas tarefas de acuidade cinestésica e corrida; o quinto grupo tinha dificuldade nas tarefas de equilíbrio estático e corrida. Ainda com relação à caracterização do TDC, KALVERBOER, De VRIES e Van DELLEN (1990) relataram que crianças com TDC eram solitárias, submissas e autoconscientes. Eles afirmaram também que elas necessitavam de autoconfiança para lidar com as dificuldades que encontravam nas interações sociais. Esses autores afirmaram que essas crianças tinham a tendência de se isolar para que não se sentissem rejeitadas.

Nos últimos anos vários pesquisadores têm se preocupados com o diagnóstico do TDC. Mais especificamente, a Bateria de Avaliação do Movimento para Crianças (Henderson & Sugden, 1992), comumente conhecida como teste MABC, tem sido foco de muitas pesquisas nos últimos anos (Chow, Henderson & Barnett, 2001; Miyahara, Tsuji, Hanai, Jongmans, Barnett, Henderson, Hori, Nakanishi & Kageyama, 1998; Rosblad & Gard, 1998; Smits-Engelsman, Henderson & Michels, 1998; Wright et al. 1994). Pode-se afirmar que a principal preocupação nessas pesquisas tem sido a capacidade do teste de diagnosticar o TDC em crianças de diferentes contextos. No seu conjunto, os seus resultados têm sido inconclusivos. O presente estudo investigou a aplicabilidade do teste MABC - *Moviment Assessement Battery for Children* (Henderson & Sugden, 1992), especificamente a bateria de testes motores, em crianças das zonas urbana, rodoviária e ribeirinha de Manaus.

Participaram desse estudo 240 crianças voluntárias, de sete e oito anos de idade, de ambos os sexos (faixa etária II do teste MABC), regularmente matriculadas nas escolas da rede Municipal de Educação da cidade de Manaus-AM, Brasil. Destas, 195 eram da zona urbana, composta pelas subzonas norte, sul, leste, oeste, centro-sul e centro-oeste e 45 eram oriundas da zona rural, composta pelas subzonas rodoviária e ribeirinha.

Na seleção das duas turmas de cada escola foram considerados os seguintes critérios: as crianças deveriam ter autorização por escrito dos pais/responsáveis, as de sete anos de idade deveriam estar cursando a 1ª série e as de oito anos de idade deveriam estar cursando a 2ª série. Procurou-se sempre igualar o número de meninos ao de meninas. Essa pesquisa carrega o destaque da participação de crianças de Manaus, das zonas urbana e rural, em que estão presentes a zona rodoviária e zona ribeirinha com seu contexto carregado de peculiaridades da diversidade Amazônica.

CARACTERIZAÇÃO DOS AMBIENTES DO ESTUDO

O estudo foi realizado nas zonas urbana e rural da cidade de Manaus, consideradas como ambientes diferentes. A amostra foi constituída por 240 crianças, de sete e oito anos de idade, de ambos os sexos, faixa etária II do teste MABC, regularmente matriculadas nas escolas da Secretaria Municipal de Educação - SEMED - da cidade de Manaus. Dentre essas, 195 (81,%) eram da zona urbana, provenientes das seguintes escolas municipais: Dom Milton Corrêa (zona norte), Joaquim da Silva Pinto (zona sul), Antisthenes de Oliveira Pinto (zona leste), Francisca Gomes Mendes (zona oeste), Domingos Sávio (zona centro-oeste) e Amine Daou (zona centro-sul), e 45 (18%) eram oriundas da zona rural, que foi composta pelas áreas rodoviária e ribeirinha. A escola Abílio Alencar, da sub-zona rodoviária, fica localizada no km 35 da rodovia AM-010, que interliga o município de Manaus ao de Itacoatiara, enquanto que as escolas da sub-zona ribeirinha, São José I e Nestor José Soeiro do Nascimento, são localizadas às margens do Rio Tarumãzinho e o acesso a elas foi possível por meio de barco pequeno ou voadeira (canoa de alumínio com motor de popa) e a outras somente de rabeta (canoa de madeira com motor de popa), devido a baixa das águas do rio na época da coleta.

Como se sabe, a televisão, por ser um meio de comunicação de massa, geralmente oferece oportunidades para o indivíduo observar outras culturas diferentes da sua. Porém, ter um aparelho de televisão em casa não é comum na zona rodoviária e muito menos na ribeirinha, pois dependendo da distância do centro urbano, além de ter de adquirir o aparelho é necessário também o equipamento complementar para a captura da imagem, como a antena parabólica e receptor, o que aumenta consideravelmente o custo, tornando economicamente inviável ter um aparelho desse tipo em casa. Por um lado, a falta do aparelho de TV pode dificultar o conhecimento de coisas novas, como os desenhos que são muito apreciados pelas crianças, por outro, elas têm mais tempo de brincar e isso ajuda na diversificação do seu repertório motor.

O acesso a certos tipos de lazer pode propiciar ao indivíduo, principalmente às crianças, a possibilidade de experimentar novas brincadeiras e praticar movimentos variados. Isso é possível na zona urbana, pois além do espaço que a escola pode oferecer existe ainda a possibilidade de se deslocar por meio de transporte coletivo à procura de uma praça ou parque na zona urbana da cidade. Na zona rural - sub-zona rodoviária - isso não é possível, pois o meio de transporte coletivo não é frequente e o poder aquisitivo dessas famílias não lhes permite tais atividades. Na zona rural - sub-zona ribeirinha - é menos possível ainda, uma vez que o deslocamento se dá por meio de motor (barco) ou voadeira (canoa com motor de popa), e seu custo, na maioria das vezes, não é acessível às famílias, além de não ter horário regular, pois geralmente o motor ou a voadeira só iniciam a viagem quando estão com a lotação mínima e isso demanda tempo de espera.

A todo cidadão é garantido por lei o atendimento básico dos serviços de saúde embora não seja a realidade de muitos. Na zona urbana o atendimento desses serviços é distribuído em toda a cidade nas chamadas UBS e posto de saúde, envolvendo também a periferia, além disso, existem os centros específicos de atendimento à criança e o acesso pode ser feito por transporte público regular. Na sub-zona rodoviária não há facilidade para esse tipo de atendimento e não é comum ter UBS/posto de saúde próximos. Comumente, eles ficam a quilômetros de distância e não se conta com a regularidade do transporte público. Na sub-zona ribeirinha, quando há necessidade de atendimento médico geralmente as pessoas se deslocam para a cidade de barco ou voadeira.

No que diz respeito à educação, ela é adquirida de acordo com a classe social à qual o indivíduo pertence e, especificamente no caso das crianças, as instituições públicas tentam oferecer conteúdo e processos pedagógicos que sejam capazes de atender às suas necessidades de conhecimento; porém a eficiência do sistema escolar particular é superior no suprimento desses elementos que compõem os conteúdos e processos pedagógicos. Por outro lado, o ensino público é a única alternativa para as classes populares de baixa renda.

Há diferença na estrutura física e, consequentemente, na estrutura acadêmica entre as próprias escolas da rede oficial de ensino, notadamente no que diz respeito à sua localização. Nas escolas da zona urbana onde o estudo foi realizado, algumas dispõe de salas de aula com ar refrigerado, biblioteca, pátios, *playground*, quadra coberta, e ainda contam com aulas de educação física ministradas por profissionais e, dentre essas escolas, há aquelas que são equipadas com ludoteca e sala de informática. Esse conjunto de elementos pode oferecer experiências motoras novas e diversificadas, além das específicas que são aquelas que podem ser adquiridas e trabalhadas na aula de educação física.

As escolas da sub-zona rodoviária são localizadas à margem das estradas e fazem parte da zona rural. Em geral, elas têm na sua estrutura física as salas de aula, uma sala onde as crianças recebem o lanche e, às vezes, é oferecida aula de educação física. Raramente existe quadra esportiva, o que é regra para as demais escolas dessa área geográfica. Finalmente, há as escolas da sub-zona ribeirinha que estão localizadas às margens dos rios que ficam próximos da cidade de Manaus. O acesso a essas escolas é essencialmente feito por meio de motor ou voadeira. A estrutura física delas é, geralmente, composta apenas por salas de aula, uma ou outra sala administrativa e uma pequena cozinha onde se prepara a merendar escolar.

O calendário da escola ribeirinha é diferenciado devido a enchente e seca dos rios, época da subida e descida das águas. Quando as águas descem, isto é, baixa o volume do rio, ocorre um aumento considerável na distância entre a margem e a escola, dificultando o acesso das crianças. O rio, diferentemente dos demais locais, torna-se menos navegável e, mesmo assim, é o meio mais comum de interação das crianças, pois é nele que elas exploram o seu repertório motor com brincadeiras e o utilizam, embora não seja uma regra, diariamente para fazer a sua higiene pessoal; praticam a pesca (que é muito comum nessa região), além de ajudarem nos afazeres de casa (lavar louças, varrer a casa, capinar o quintal, cuidar dos irmãos, etc); há também as árvores onde elas sobem frequentemente para retirar frutas, brincar e assim por diante.

Há ainda outros fatores que diferenciam as zonas rural e urbana que merecem ser destacados: há crianças que estudam em escolas da zona urbana que têm sala de informática. Isso poderia implicar em desempenho diferente nas habilidades manuais em relação às crianças da zona rural, pois a exploração do teclado do computador e o manuseio do "mouse" requerem coordenação motora fina. Além disso, algumas escolas da zona urbana possuem ludoteca, o que possibilita a exploração de vários tipos de brinquedos (cubos e blocos, peças de quebra-cabeça, ferramentas, etc).

Em algumas escolas há aulas de educação física e as crianças têm a oportunidade de experimentar as diversas modalidades esportivas brincando, e isso lhes proporciona o manuseio de bolas, o que poderia favorecer nas tarefas de habilidades com esse tipo de implemento. Por outro lado, sendo o barco ou a voadeira o meio de transporte mais comum da região ribeirinha, as crianças pertencentes a essas escolas podem ter vantagem nas habilidades de equilíbrio, pois o rio é muito instável, e além disso, é frequentemente perturbado por banzeiro (ondas) de outras voadeiras ou barcos, e até mesmo pelo vento. No entanto, estudos mais específicos devem ser feitos nessa área a fim de investigar com maior profundidade, se esses fenômenos interferem ou não na execução das habilidades motoras, habilidades escolares ou do dia a dia.

RESULTADOS

Os resultados foram analisados, primeiramente, em relação aos fatores ambientes (zonas urbana e rural), gênero (menino e menina) e idade (7 e 8 anos). Num segundo momento, a análise dos resultados diferiu em termos do fator ambiente, visto que foram consideradas as oito subzonas da cidade de Manaus: ribeirinha, rodoviária, norte, sul, leste, oeste, centro-sul e centro-oeste.

As análises foram conduzidas em relação à porcentagem de crianças em cada categoria do teste MABC, ao escore total do teste (somatória dos escores dos testes de habilidades manuais, com bola e de equilíbrio) e aos escores dos testes específicos (teste de habilidades manuais, com bola e de equilíbrio).

RESULTADOS POR ZONAS

No que diz respeito à porcentagem de crianças de acordo com a categorização do teste verificou-se que 11,8% das crianças da zona urbana foram classificadas com dificuldades de movimento, 10,3% como grupo de risco e 77,9% sem dificuldades de movimento. Na zona rural, 4,4% das crianças foram classificadas com dificuldades de movimento, 11,1% como grupo de risco e 84,4% sem dificuldades de movimento.

Com relação ao escore total, os meninos de sete anos de idade da zona rural mostraram melhor desempenho do que os meninos da zona urbana da mesma faixa etária. Já as meninas de sete anos da zona urbana tiveram melhor desempenho do que as meninas da mesma faixa etária da zona rural.

Os meninos de oito anos da zona rural obtiveram desempenho superior em relação aos meninos da mesma faixa etária da zona urbana. Já as meninas de oito anos da zona rural demonstraram desempenho melhor do que as meninas da mesma faixa etária da zona urbana. Observa-se que os grupos de meninos de sete e oito anos de idade da zona rural foram também aqueles que obtiveram o melhor desempenho. Pode-se notar ainda que esses mesmos tiveram o desempenho mais consistente do que o desempenho de seus pares.

Embora o desempenho no teste possa ser observado por meio do escore total, é importante destacar que ele é o resultado da somatória dos escores obtidos no teste de habilidades manuais, com bola e de equilíbrio. Sendo assim, o desempenho das crianças das zonas rural e urbana poderia ser mais bem explorado analisando-se o desempenho obtido em cada um desses testes.

Com relação aos testes de habilidades manuais, meninos e meninas da zona rural foram melhores que seus pares de mesma faixa etária da zona urbana. É importante destacar que o grupo de meninos de sete anos de idade da zona rural foi aquele que obteve o desempenho mais consistente e também o melhor resultado.

Quanto ao teste de equilíbrio, pode-se notar que, com exceção do grupo de meninas de oito anos de idade da zona rural, os demais grupos obtiveram o escore mediano igual a zero, que é o melhor escore para esse teste. Pode-se observar também que, novamente, o grupo de meninos de sete anos da zona rural foi o que apresentou o desempenho mais consistente.

Com relação ao teste de habilidades com bola, todos os grupos obtiveram escore mediano abaixo de 2 pontos, sendo que os grupos de meninos de sete anos de idade da zona rural e da zona urbana e de oito anos da zona rural obtiveram desempenho mediano igual a zero. Contudo, contrariamente aos outros testes, o grupo cujo desempenho foi o mais consistente não foi aquele que apresentou o melhor desempenho.

Em síntese, os resultados mostraram apenas diferentes desempenhos de meninos e meninas de sete anos de idade, ambos da zona urbana no teste de habilidade com bola.

RESULTADOS POR SUBZONAS

Conforme descrito anteriormente, as zonas rural e urbana são organizadas em seis e duas subzonas, respectivamente: norte, sul, leste, oeste, centro-sul, centro-oeste, rodoviária e ribeirinha. Dessa forma, procurou-se repetir as análises anteriores, considerando essa organização.

No que diz respeito à classificação das crianças de acordo com o escore total, nenhuma criança foi classificada com dificuldades de movimento na subzona norte, 13,6% como grupo de risco e 86,4% sem dificuldades de movimento; na subzona sul, 24% foram classificadas com dificuldades de movimento, 12% como grupo de risco e 64% sem dificuldades de movimento; na subzona leste, 12,2% foram classificadas como dificuldades de movimento, 2% como grupo de risco e 85,7% sem dificuldades de movimento, na subzona oeste, 9,7% foram classificados como dificuldades de movimento, 9,7% como grupo de risco e 80,6% sem dificuldades de movimento; na subzona centro-sul, 7,7% foram classificados como dificuldades de movimento, 11,5% como grupo de risco e 80,8% sem dificuldades de movimento; na subzona centro-oeste, 14,3% foram classificados como dificuldades de movimento, 16,7% como grupo de risco e 69% sem dificuldades de movimento, na subzona rodoviária, 8% foram classificadas com dificuldades de movimento, 8% como grupo de risco e 84% sem dificuldades de movimento e finalmente na subzona ribeirinha, nenhuma criança foi classificada com dificuldades de movimento, 15% como grupo de risco e 85% sem dificuldades de movimento.

Na análise inferencial foram excluídos os grupos de meninos de sete anos da subzona centro-sul e de meninas de oito anos da subzona sul, pois a quantidade de crianças em cada um deles não caracterizava uma amostra.

No que concerne ao escore total, nota-se na FIGURA 1 que a sub-zona rodoviária foi aquela que obteve o escore mediano abaixo de 2,5 pontos, demonstrando com isso melhor desempenho do que as demais sub-zonas. Um aspecto interessante de se notar é que os meninos (8M) e as meninas (8F) de oito anos de idade da sub-zona sul foram os que apresentaram os maiores escores e, portanto, os piores desempenhos. É importante destacar também que todas as crianças da sub-zona rodoviária tiveram os seus escores medianos abaixo de 2,5 pontos, quando comparados com as crianças das demais sub-zonas, o que mostra que elas tiveram os melhores desempenhos.

FIGURA 1 – Mediana do escore total do teste ABC do movimento das crianças de sete (7) e oito (8) anos de idade, do sexo masculino (M) e feminino (F) das sub-zonas leste, centro-oeste, centro-sul, norte, oeste, sul, rodoviária e ribeirinha.

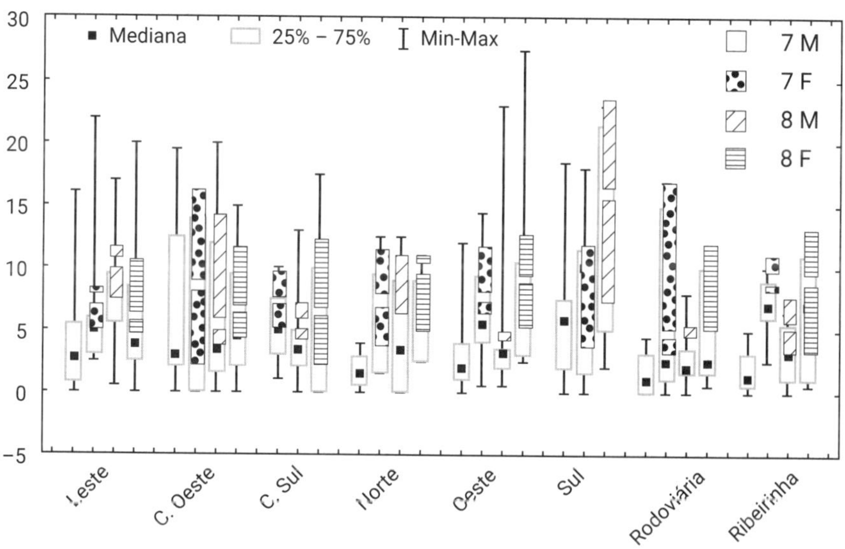

No que se refere ao teste de habilidades manuais, pode-se observar que o grupo de meninos de sete anos das subzonas rodoviária e ribeirinha obtiveram melhor desempenho do que os demais grupos da mesma faixa etária.

Todos os grupos de meninos de oito anos, exceto o da subzona sul, obtiveram o escore mediano abaixo de 3 pontos, o que implica dizer que eles tiveram os piores resultados em comparação com os demais grupos de meninos de oito anos de idade; todos os grupos de meninas de oito anos de idade obtiveram o escore mediano abaixo de 2 pontos, exceto aqueles das subzonas sul e ribeirinha, mostrando que esse último obteve os piores resultados; os grupos de crianças de sete anos da subzona rodoviária obtiveram escores medianos abaixo de 2 pontos, mostrando o melhor desempenho dessa subzona; as meninas de oito anos da zub-zona sul foram as que apresentaram os resultados mais heterogêneos.

Com relação ao teste de habilidade com bola, todos os meninos de sete anos obtiveram o escore mediano abaixo de 0,5 ponto. O grupo de crianças da subzona centro-sul obteve o escore mediano igual a 0,5, o que implica dizer que esse grupo obteve o melhor desempenho em comparação com os demais grupos. Por outro lado, o grupo de crianças das subzonas rodoviária e ribeirinha obtiveram o escore mediano abaixo de 1, o que mostra que eles apresentaram melhor desempenho do que os grupos de crianças das demais subzonas, com exceção da subzona centro-sul.

Finalmente, na análise do desempenho no teste de habilidades de equilíbrio por subzonas, observou-se que todos os grupos de crianças da subzona rodoviária obtiveram o escore mediano igual zero. Isso permite dizer que eles tiveram os melhores desempenhos, quando comparados com os demais grupos. Pode-se destacar que os grupos de crianças da subzona norte foram aqueles com desempenho mais consistente. Todos os grupos de meninas de sete anos de idade, exceto aqueles das subzonas norte e oeste, tiveram o escore mediano igual a zero, mostrando assim o melhor desempenho.

Em síntese, os resultados demonstraram que as crianças das subzonas norte, sul, leste, oeste, centro-sul, centro-oeste, rodoviária e ribeirinha, obtiveram semelhante desempenho no teste MABC, tanto em termos do escore total como dos escores dos testes específicos.

DISCUSSÃO

Recentemente o teste MABC (HENDERSON e SUGDEN, 1992) tem recebido destaque na literatura devido à sua capacidade de avaliar crianças utilizando três categorias de habilidades: manual, com bola e de equilíbrio estático e dinâmico. Dentre as pesquisas acerca do teste MABC, existem aquelas voltadas para a investigação da sua capacidade de diagnosticar crianças de ambientes diferentes com dificuldades de movimento (Chow et al. 2001; Miyahara et al. 1998; Rösblad, 1998; Smits-Engelsman et al. 1998).

No seu conjunto, os resultados dessas pesquisas têm suscitado interpretações no sentido de que o teste não é capaz de avaliar crianças de diferentes ambientes, sendo que alguns autores (3, 11) têm sugerido mudanças. No entanto, há diferenças metodológicas nessas pesquisas, as quais geram questionamentos em suas conclusões. A partir disso, o objetivo desse estudo foi investigar o teste MABC, especificamente a bateria de testes motores, em crianças de ambientes diferentes.

Com relação aos resultados, no que se refere aos escores de classificação, observou-se que 4,4% das crianças na zona rural e 11,8% na zona urbana foram identificadas com dificuldades de movimento. Resultados como esses têm possibilitado a conclusão de que o teste MABC não é abrangente o suficiente para ser utilizado em diferentes ambientes (Miyahara et al. 1998), visto que, conforme Henderson e Sugden, a incidência de crianças com dificuldades de movimento esperada em uma população é de 5%.

O estudo de Miyahara et al. (1998) revelou, no Japão, que 45% de crianças de 11 anos de idade apresentavam dificuldades de movimento. Esse resultado foi atribuído a possíveis interferências ambientais. Esses autores sugeriram que as tarefas do teste MABC deveriam ser mais adequadas ao ambiente cultural próprio das crianças japonesas e que os escores do teste deveriam ser revistos. No entanto, os autores do estudo não especificaram quais são os tipos de tarefa que deveriam ser adequadas, tampouco se a revisão deveria ocorrer no escore parcial ou total do teste.

Vale destacar que os resultados mostraram, também, diferentes percentis de crianças classificadas com dificuldades de movimento nas subzonas que envolviam as zonas rural e urbana, sendo que se pôde observar que em nenhuma das subzonas o percentual esteve de acordo com os 5% sugerido por Henderson e Sugden (1992).

Contudo, entende-se que apenas a utilização de porcentagens de indivíduos em uma ou outra categoria não é o bastante para concluir que o teste MABC não é abrangente o suficiente para avaliar crianças de diferentes ambientes, ou seja, com diferentes experiências. Isso porque o desempenho no teste é inferido por meio do escore total. Portanto, a influência de ambientes diferentes no desempenho de crianças no teste MABC poderá ser investigada comparando-se o desempenho das crianças de zonas diferentes por meio dos escores.

Em relação a isso, Rösblad e Gard (1998) demonstraram que as crianças suecas obtiveram desempenho melhor do que as crianças americanas na tarefa de rolar a bola na direção de duas hastes verticais paralelas. Chow et al. (2001) sugeriram que, o fato de as crianças de Hong Kong aprenderem a manusear o *hashi* aos dois anos de idade poderia ter beneficiado no desempenho das tarefas de habilidades manuais, visto que o manuseio desse implemento, segundo os autores, requer muita habilidade. Vale ressaltar que esse tipo de comparação somente é possível pela utilização do escore obtido pelas crianças num teste específico.

No entanto, quando se comparou o desempenho das crianças das zonas rural e urbana por meio do escore total não foram encontradas diferenças entre os mesmos. Esperava-se que, se experiências diferentes influenciassem o desempenho no teste diferentemente, isso poderia ser observado nessa análise.

Uma vez que não foram observadas diferenças no desempenho do teste entre a zona rural e urbana, e essas duas compreendem diferentes subzonas, procurou-se comparar o referido desempenho entre as subzonas norte, sul, leste, oeste, centro-sul, centro-oeste, ribeirinha e rodoviária. Porém, semelhantemente à comparação anterior, não foram encontradas diferenças. Portanto, esses resultados apontam para desempenhos semelhantes de crianças de diferentes ambientes no teste MABC.

Contudo, embora o escore total seja a somatória dos escores obtidos nos testes específicos, ele pode não refletir diferentes desempenhos relativos às especificidades dos ambientes. Conforme mostraram Rösblad e Gard (1998) e Chow et al. (2001), os diferentes desempenhos referiram-se aos testes específicos, respectivamente, testes de habilidades com bola e de equilíbrio e teste de habilidades manuais. Dessa forma, efetuou-se comparações dos escores obtidos em cada um dos testes específicos.

Com relação às comparações dos escores das zonas rural e urbana, esperava-se que, se diferentes experiências implicassem diferentes desempenhos, isso poderia ser identificado na presente comparação. Por exemplo, conforme exposto anteriormente, as crianças da zona rural têm menos oportunidades de manusear bolas do que as crianças da zona urbana; o meio de transporte mais comum na zona rural é a canoa, utilizada também para ir e voltar da escola, favorecendo a melhora do equilíbrio. Apesar disso, não se verificou diferença em nenhum dos testes. O mesmo resultado foi observado quando se comparou os escores obtidos pelas crianças das subzonas norte, sul, leste, oeste, centro-sul, centro-oeste, rodoviária e ribeirinha. Portanto, esses resultados também indicaram desempenhos semelhantes das crianças de ambientes diferentes no teste MABC.

Os resultados desse estudo não dão suporte às sugestões de que o teste MABC precisaria ser modificado para se adequar às crianças de ambientes diferentes Chow et al. (2001); Miyahara et al. (1998); Rösblad e Gard, (1998); Smits-Engelsman et al. (1998); Wright et al. (1994). Pelo contrário, os resultados do presente estudo fortalecem as proposições de que as tarefas contidas no teste são comuns ao ambiente infantil. Henderson e Sugden (1992) ressaltam que grande parte do aprendizado das crianças acontece por meio da exploração das mãos e que o equilíbrio está presente em quase todos os testes e tarefas motoras. Na mesma linha, Sugden e Wright (1998) destacam que as habilidades com bola contemplam um aspecto cultural importante por fazer parte da maioria dos jogos e brincadeiras das crianças.

Em síntese, embora tenham sido verificadas porcentagens diferentes de indivíduos nas três categorias do teste, os resultados permitem concluir que as crianças de ambientes diferentes obtiveram desempenhos semelhantes no teste MABC. Para futuras pesquisas, vislumbra-se a investigação de crianças de ambientes diferentes considerando-se as demais faixas etárias do teste MABC.

REFERÊNCIAS

American Psychiatric Association (1987). Diagnostic and statistical manual of mental disorders. 3rd ed. Washington: APA.

Associação Psiquiátrica Americana (1995). Critérios de diagnósticos do DSM-IV. Referência Rápida. Porto Alegre; Artes Médicas.

Chow SMK, Henderson SE, Barnett AL (2001). The movement assessment battery for children: a comparison of 4-year-old to 6-year-old children from Hong Kong and de United States. The American Journal of Occupational Therapy, 55: 55-61.

Ferreira ABH (1988). Dicionário Aurélio escolar da língua portuguesa. 1ª Ed. Rio de Janeiro.

Gren SB, Saldind NJ, Ankey TM (2000). Using SPSS for windows: analyzing and understand datas's. 2ª ed. New Jersey: Prentice Hall.

Hair Jr., JF, Anderson, RE, Tathan, RL, Black, WCA (1998). Multivariate data analysis. 5ª ed. New Jersey: Prentice Hall.

Henderson, SE, Sugden, DA (1992). Movement assessment battery for children: London: Psychological Corporation.

Hoare, D (1994). Subtypes of developmental coordination disorder. Adapted Physical Activity Quarterly, 11: 158-169.

Kalverboer, AF, De Vries, H, Van Dellen, T (1990). Social behaviour in clumsy children as rated by parents e teachers. In: Kalverboer, AF (ed.). Developmental biopsychology: experimental and observational studies in children at risk. Ann Arbor: University of Michigan Press, 257-270.

Levin, J. (1987). Estatística aplicada a ciências humanas. 2ª ed. São Paulo: Harbra.

Miyahara, M, Tsuji, M, Hanai, T, Jongmans, M, Barnett, A, Henderson, SE, Hori, M, Nakanishi, K, Kageyama, H (1998). The Movement assessment battery for children: a preliminary investigation of its usefulness in Japan. Human Movement Science, 17: 679-697.

Monteiro, MVL (2000). Eye-hand co-ordination in children with movement problems. Unpublished Doctoral Dissertation. Department of Psychology, University of Reading, London.

Neter, J, Kutner, MH, Nachtshein, CJ, Wasserman, W (1996). Applied linear statistical models. 4ª ed. Chicago: Irwin.

O'Beirne, EC, Larkin, D, Cable, T (1994). Coordination problems and anaerobic performance in children. Adapted Physical Activity Quarterly, 11: 141-149.

Rösblad, B, Gard, L (1998). The assessment of child with developmental coordination disorders in Sweden: a preliminary investigation of the suitability of the Movement ABC. Human Movement Science, 17: 711-719.

Smits-Engelsman, BCM, Henderson, SE, Michels, CGJ (1998). The assessment of children with developmental coordination disorders in the Netherlands: the relationship between the movement assessment battery for children and the korperkoordinations test fur kinder. Human Movement Science, 17: 699-709.

Sugden, DA, Wright, HC (1998). Motor coordination disorders in children. London: Sage.

Wright, H, Sugden, DA, Ng, R, Tan, J (1994). Identification of children with movement problems in singapore: usefulness of the movement ABC checklist. Adapted Physical Activity Quarterly, 11: 150-157.

Wright, HC, Sudgen, DA (1996). The nature of developmental coordination disorder: inter and intra-group differences. Adapted Physical Activity Quartely, 13: 357-371.

LIDANDO COM O TDC: ESTRATÉGIAS PRÁTICAS PARA PAIS E PROFESSORES

Lívia C. Magalhães[23]
Bárbara L. C. Moraes[24]

Pense nas coisas ou atividades que você faz ao longo do dia, boa parte delas requer algum tipo de movimento. Pense nas coisas que você faz ao se levantar pela manhã, sair da cama, pentear os cabelos, lavar o rosto, escovar os dentes, trocar de roupa... seu corpo e, especialmente, suas mãos, vão movimentando numa sincronia perfeita de ações, nas quais você não presta muita atenção, e, ao final, o cabelo está bem escovado, a pasta de dentes foi depositada certinho sobre a escova, os botões foram abotoados, o tênis amarrado, já imaginou se suas mãos não funcionassem tão bem e você tivesse que pensar para fazer cada uma dessas ações?

Habilidades motoras consistem na capacidade do indivíduo de realizar diferentes atos motores de maneira adequada (Ferreira et al., 2020), conforme as demandas do ambiente, da tarefa e expectativas pessoais. Para a maioria das crianças, essas habilidades são desenvolvidas nos primeiros anos de vida, por meio da interação com pessoas e objetos, em diferentes contextos socioculturais, numa série de experiências que desafiam as habilidades da criança, enriquecem o repertório motor e promovem a organização sensoriomotor necessária para a coordenação dos movimentos. Sabe-se que a exposição a ambientes inseguros e pouco estimulantes na primeira infância, bem como a privação alimentar, podem levar a atraso no desenvolvimento, com impacto nas habilidades motoras (Correia et al., 2019), mas não é sobre isso que estamos falando. Aqui nos referimos a pessoas que, apesar de terem tido oportunidades adequadas para desenvolver e fazer atividades motoras, têm dificuldades para realizar atividades cotidianas, como correr, andar de bicicleta, agarrar uma bola e escrever, que requerem habilidades motoras. Essas

23 Universidade Federal de Minas Gerais, UFMG

24 Universidade Federal de Minas Gerais, UFMG

dificuldades começam cedo na infância e podem persistir ao longo da vida, caracterizando o Transtorno do Desenvolvimento da Coordenação (TDC) (Engel-Yeger, 2020).

O TDC é um dos transtornos do desenvolvimento mais comuns da infância. Estima-se que 5% a 6% das crianças em idade escolar apresentem essa condição (American Psychiatric Association, 2013). Estudos brasileiros revelam taxas de prevalência que variam de 4,3% a 19,9% das crianças entre 4 e 12 anos com TDC (Beltrame, Capistrano, Alexandre, Lisboa, & Andrade, 2017; Cardoso, Magalhães, & Rezende, 2014; Teixeira, Gimenez, Oliveira, & Dantas, 2010; Valentini et al., 2012). Devido à alta prevalência do TDC, possivelmente, toda professora já lidou com crianças com esse tipo de característica – meio desajeitada, desorganizada, por vezes muito falante, inquieta e pouco produtiva, às vezes muito tímida, como que querendo ser invisível na sala de aula, para não revelar os cadernos malcuidados, a letra ilegível e os exercícios inacabados. Os pais também notam diferenças de desempenho, a lentidão nas atividades de vida diária (AVD), a pouca agilidade ou desinteresse por brincadeiras motoras e, especialmente, se preocupam com o desempenho na escola, seja devido ao que descrevem como "falta de interesse" e "preguiça" da criança em relação a escola, ou ao fato de presenciarem cotidianamente o sofrimento da criança para fazer as tarefas da escola e estabelecer relações de amizade com os colegas (Galvão, Bueno, Rezende, & Magalhães, 2014; Medeiros, Buffone, Schochat, & Araújo, 2019).

Embora pais e professores notem o problema, muitas vezes o TDC é minimizado, considerado como transtorno passageiro ou confundido com questões de comportamento, cognição e aprendizagem (Galvão et al., 2014; Hamilton, 2002), que muitas vezes ocorrem concomitantemente ao déficit motor. Aqui chamamos atenção para as questões práticas do manejo do TDC que, como já descrito em outros capítulos, não é um transtorno passageiro da infância, uma vez que problemas motores e psicossociais persistem na adolescência e na vida adulta (Tal-saban, Ornoy, & Parush, 2018), com consequências importantes para a saúde, devido ao risco aumentado de sedentarismo e obesidade, e qualidade de vida da criança e sua família (Gagnon-Roy, Jasmin, & Camden, 2016), que não devem ser negligenciadas. Embora diagnóstico formal não seja recomendado antes dos cinco anos de idade, sinais do TDC podem ser observado antes dessa idade (Blank et al., 2019) fazendo-se necessária a identificação de dificuldades motoras o mais cedo possível. A identificação do déficit motor o mais precocemente possível, permite dar apoio à criança e orientar a família e escola, no sentido de implementar estratégias e rotinas que podem promover a participação e minimizar as consequências previstas do TDC ao longo da vida (Moraes, Magalhães, & Cardoso, 2020).

Não é fácil saber o que cada criança precisa, mas estudo feito no Canadá, com pais, professores e pessoas com TDC identifica como prioritário, além da identificação e diagnóstico de crianças com déficit motor, criar estratégias para promover o sucesso na escola, disponibilizar recursos para os profissionais que atuam nas escolas, apoiar os professores e prevenir as consequências secundárias do TDC (Camden et al., 2019). Apresentamos assim, algumas sugestões para abordar essas prioridades.

COMO PAIS E PROFESSORES PODEM IDENTIFICAR O TDC?

Como o TDC já foi definido em outros capítulos, aqui apresentamos alguns sinais de alerta que pais e professores podem observar em casa ou durante o desempenho das atividades na escola. Fique atento e observe mais a criança, em diferentes atividades motoras, se ela apresentar um ou mais dos sinais apresentados no Quadro 1 (C. Missiuna, Gaines, & Soucie, 2006).

Quadro 1. Sinais de alerta para identificação do Transtorno do Desenvolvimento da Coordenação (TDC)

Tem dificuldade para realizar as AVD (ex.: se vestir independentemente, especialmente, abotoar, amarrar sapato, manejar fechos/zíper e fivelas, pentear os cabelos, comer sem derrubar, cortar carne, passar manteiga no pão e colocar água do jarro no copo sem derrubar);
É desajeitada, estabanada, tromba, tropeça ou derruba coisas com mais frequência do que outras crianças da mesma idade;
É lenta, tem dificuldade e/ou pouco interesse por atividades físicas (ex.: andar de bicicleta, jogos com bola, pular corda e brincadeiras motoras no recreio), costuma ser a última a ser chamada para entrar em times e jogos motores;
É lenta na realização de atividades que envolvem escrita, com queda de qualidade quando se exige maior rapidez;
Tem dificuldade para escrever, para manter tamanho consistente de letra e compreender as regras implícitas da escrita;
Caderno com muitas marcas de uso da borracha;
Tem dificuldade para aprender tarefas motoras novas – pense se a criança demorou mais do que você esperava para aprender alguma atividade nova, como por exemplo, quanto tempo demorou em relação aos colegas para aprender a andar de bicicleta?

Esses são apenas sinais de alerta para TDC, mas que podem estar presentes por motivos variados, desde a falta de estímulo em casa, a questões nutricionais, emocionais ou quadros neurológicos, sendo importante informar ao pediatra da criança, que vai fazer o seguimento adequado. O diagnóstico do TDC só pode ser feito pelo médico, mas pais e professores ao identificar sinais sugestivos de déficit motor devem conversar com o pediatra ou mesmo solicitar encaminhamento para avaliação motora, que deve ser feita por profissionais capacitados, geralmente terapeutas ocupacionais e/ou fisioterapeutas. Informações dos pais e professores combinadas à avaliação do desenvolvimento motor e exame médico minucioso, que inclua a história e contexto de vida criança, para descartar outras condições de saúdes, são essenciais para o diagnóstico correto.

O QUE FAZER PARA DAR APOIO A CRIANÇA COM TDC?

Embora o diagnóstico seja importante para que a criança tenha acesso a serviços de apoio, ele não é estritamente necessário para se pensar em estratégias para estimular o desenvolvimento motor e o engajamento em atividades físicas. Devido a tendência ao sedentarismo, que vem sendo associado ao baixo condicionamento cardiorrespiratório e ganho de peso em crianças e adolescentes com TDC (Hendrix, Prins, & Dekkers, 2014; Joshi et al., 2015), cada vez mais vem se considerando uma perspectiva da saúde ao longo da vida no manejo do TDC, sendo importante estimular desde cedo o gosto por atividades físicas. A própria Organização Mundial de Saúde (OMS, 2020) enfatiza a importância da atividade física, recomendando:

- Crianças de 3-4 anos: 180 minutos de atividade física por dia, das quais, 60 minutos de atividade vigorosa.
- Crianças e adolescentes (5-17 anos): pelo menos 60 minutos por dia de atividade física moderada a vigorosa, o que deve incluir, pelo menos três vezes por semana, atividades aeróbicas reforçadas para fortalecimento de músculos e ossos.

Essas recomendações são importantes para todas as crianças e adolescentes, mas especialmente para aquelas com sinais de déficit motor, sendo recomendado que desde os primeiros anos de vida os pais estruturem rotinas que desincentivem o uso de telas e incentivem atividades motoras (Guan et al., 2020). Cabe lembrar que os pais são exemplos para as crianças, assim, se a família não cultiva o hábito de fazer atividades físicas regularmente, torna-se mais difícil engajar a criança nesse tipo de atividade.

Considerando que a criança com TDC tende a evitar atividades motoras, é importante identificar atividades que tenham mais chance de sucesso. O interesse e a motivação da criança devem ser respeitados, mas atividades físicas que envolvem repetição de movimentos, como por exemplo, caminhar, correr, nadar, andar de bicicleta ou mesmo a capoeira e artes marciais, geralmente são recomendadas, pois, os movimentos, uma vez aprendidos, podem ser repetidos, o que facilita o desempenho. Por outro lado, esportes competitivos e com muita imprevisibilidade, como o futebol, podem ser muito frustrantes para crianças com déficit motor (Zwicker & Lee, 2021). Tanto em casa como na escola, explore as diferentes opções de atividades físicas, que incluem desde a frequência a parquinhos e praças, passeios e caminhadas ao ar livre com os pais, até brincadeiras e jogos motores grupais não competitivos, nos quais o importante é participar e se divertir, independente da qualidade do desempenho motor.

Essa ideia de inserir atividades preventivas no dia a dia da criança é consistente com tendências atuais na área de identificação precoce e intervenção para escolares com dificuldades de comportamento e aprendizagem. Modelos de resposta à intervenção (*Response to Intervention* – RTI) (Batista & Pestun, 2019) vem sendo utilizados na área de educação como estratégia para identificar precocemente crianças que necessitam de apoio e oferecer suporte imediato, dentro de um ambiente inclusivo, de acordo com demandas individuais. Existem diferentes modelos, conforme o país e sistema escolar, mas geralmente são organizados em três níveis, com intensidade crescente de intervenção (Missiuna et al., 2012; Missiuna et al., 2017):

- Nível 1: instrução de alta qualidade em sala de aula, com identificação de crianças com dificuldades e intervenções preventivas que potencialmente podem beneficiar a classe como um todo, sendo que as demandas de crianças especificas são inseridas no planejamento das atividades gerais no contexto da turma. Esse nível abrange grande número de crianças e muitos programas vem adotando estratégias baseadas no Desenho Universal para Aprendizagem (DUA) (Kennedy et al., 2017; Sebastián-Heredero, 2020) que, partindo do princípio de que as pessoas têm diferentes formas de aprender, incentiva múltiplas formas tanto de apresentação do conteúdo pelo professor como de expressão do conhecimento pelas crianças, com flexibilidade nos níveis de engajamento, conforme a motivação da criança;

- Nível 2: intervenções direcionadas a pequenos grupos, cujas dificuldades foram identificadas e é necessário trabalhar aspectos mais específicos, seja aumentando o conteúdo ou o tempo de instrução. O número de crianças nesse nível é menor, exige um pouco mais de apoio e instrução mais individualizada, mas ainda no contexto da sala de aula;
- Nível 3: intervenção direta, individual e mais prolongada, com base em avaliação diagnóstica abrangente. Espera-se que, se os níveis 1 e 2 foram bem trabalhados, muitas das questões das crianças terão sido resolvidas, restando um grupo menor de crianças, com condições de saúde especificas, que necessitam de intervenção individual, dentro ou fora da sala de aula

As respostas da criança são monitoradas continuamente, sendo que, se o apoio oferecido no nível 1 não é suficiente, ela passa ao nível 2, com trabalho em pequenos grupos, ou ao nível 3, quando é feita avaliação diagnóstica e intervenção, geralmente individual, com profissional especializado (ex.: fisioterapia, fonoaudiologia, psicologia e terapia ocupacional). Os profissionais especializados atuam em todos os níveis, colaborando com as professoras com informações, estratégias e ideias que contribuam para o bom desempenho de todas as crianças na turma, podendo também ser consultados ou direcionarem atividades mais dirigidas a pequenos grupos (nível 2), sempre apoiando o trabalho da professora dentro da sala de aula. Terapia individual está prevista apenas no nível 3, quando os outros recursos foram esgotados. A Figura 1 representa o modelo de intervenção em três níveis, indicando que, se os níveis 1 e 2 são bem trabalhados, restam menos crianças no nível 3, que exige mais recursos, financeiros e de pessoal especializado, para intervenção individual.

Figura 1. Modelo em três níveis para identificação e tratamento do TDC

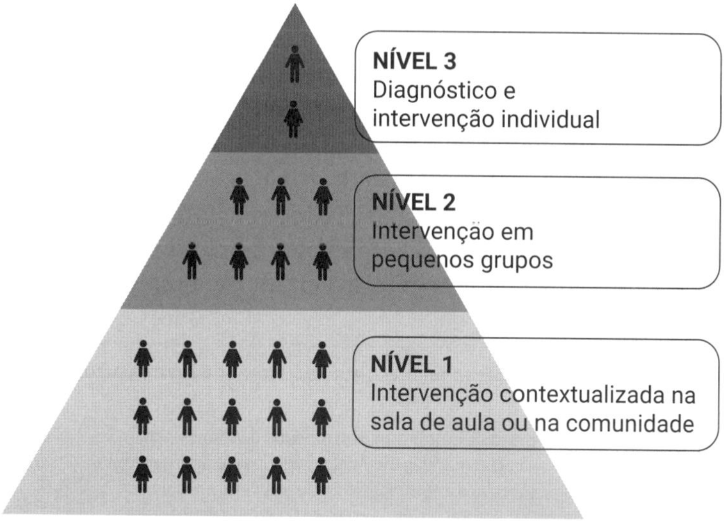

Modelos de RTI são baseados em parceria entre profissionais da saúde e educação, com muita informação e educação continuada, o que aos poucos vai capacitando o professor a solucionar problemas com menos apoio dos profissionais especializados. Os profissionais, por sua vez, no contato direto com os professores, compreendem mais a dinâmica da sala de aula e as necessidades dos alunos, podendo dar contribuições mais efetivas (Batista & Pestun, 2019). No caso do TDC, esse tipo de modelo ajuda a estruturar intervenções custo efetivas, conforme as necessidades da criança em casa e na escola.

No **nível 1**, uma vez observado algum sinal de dificuldade motora, recomenda-se que pais e professores incentivem a criança a engajar em atividades motoras de seu interesse e de fácil acesso no entorno da casa ou da escola. São recomendadas atividades preventivas, boas para qualquer criança, como brincar ao ar livre, fazer brincadeiras motoras com os pais, irmãos ou colegas, seguindo as orientações da OMS (2020) para prática de atividades físicas. Partindo do princípio de que alguma atividade física é melhor do que nenhuma atividade, deve-se explorar recursos da comunidade, como parques e equipamentos públicos de fácil acesso para a criança e suas famílias, além de atividades oferecidas na comunidade por escolas, igrejas ou organizações não governamentais. Aulas de natação, dança, como *street dance* e jazz ou a capoeira, aulas de arte, como desenho e pintura, ou atividades de circo podem ser divertidas e incentivar a movimentação, desde que sejam do interesse da criança e oferecidas em ambiente lúdico, enfatizando mais a participação do que a perfeição no desempenho.

A forma e o ambiente de instrução são muito importantes, pois muitas vezes a criança vem de repetidas experiências de fracasso e necessita de ambiente acolhedor, para ter coragem para se arriscar em atividades motoras. Tanto em casa como na escola pode ser necessário adaptar as atividades para promover o sucesso de crianças com dificuldades motoras. A estratégia ADAPTE (Missiuna, Rivard, & Pollock, 2004) (Quadro 2) é útil para nortear ajustes nas atividades e nas atitudes de pais e professores em relação ao desempenho da criança em diferentes contextos, especialmente na sala de aula.

Quadro 2. Estratégia ADAPTE[25] para promover o bom desempenho e a participação na sala de aula

Adapte a tarefa, pense no que está dificultando o desempenho da criança, será que simplificar ou eliminar as partes motoras melhora a participação da criança na atividade? Por exemplo, se o objetivo é interpretação de texto, por que não deixar a criança contar ou desenhar a estória ao invés de escrever? O importante é que a criança sinta que pode ter sucesso e se esforçar para participar da atividade.
Dê oportunidade para que a criança demonstre o que aprendeu de diferentes maneiras e experimente alternativas para desempenhar a tarefa. Valorize os pontos fortes, pergunte a criança se ela tem uma forma alternativa para fazer a tarefa, as crianças têm boas ideias!
Altere expectativas, pense qual é realmente o objetivo dessa tarefa? Experimente dar mais tempo para terminar as tarefas ou modifique a forma de completar o trabalho, por exemplo, considere a possibilidade de uso do tablete ou outros dispositivos eletrônicos para fazer a tarefa ao invés da criança ter que escrever no caderno.
Promova compreensão do que é o TDC. Se a criança perceber que é compreendida, ela terá mais motivação para tentar e persistir, mesmo em tarefas mais difíceis. Ajude a criança nas tarefas que ela não consegue fazer e reforce positivamente o esforço, mas de maneira discreta, para que ela não se sinta diferente dos outros.
Transforme o ambiente em aliado. Observe se há alguma condição ou situação na qual a criança tem melhor desempenho, será que alguma coisa no ambiente pode ajudar? Atenção individual da professora? Um colega tranquilo, que mostre como fazer? O tamanho ou a posição da carteira na sala? Pistas visuais? Maior claridade? Recursos eletrônicos?
Ensine estratégias para a criança lembrar o que deve fazer. Se a criança esquece o formato das letras, um impresso com as letras do alfabeto colado na carteira ajuda a lembrar. Cantigas ritmadas podem ser usadas para memorizar as etapas da tarefa, marcação discreta no tênis ou na camiseta ajuda a identificar o lado certo para calçar ou vestir.

Partindo dessa ideia de adaptar o ambiente, a tarefa e as atitudes, apresentamos algumas ideias simples que podem ser colocadas em práticas para promover a participação na sala de aula de crianças com déficit motor. Consistente com a proposta do Nível 1, são estratégias que podem beneficiar a turma como um todo (Quadro 3).

25 Traduzido e adaptado de MATCH, Missiuna, Rivard Pollock, 2004

Quadro 3. Sugestão de estratégias Nível 1 para intervenção com crianças com TDC.

Tornando o ambiente de sala de aula mais amigável
• A sala ideal tem espaço amplo, quieto, sem distrações desnecessárias e sem obstáculos para circulação; • Mesas e cadeiras de tamanho adequado para cada criança são essenciais para o bom desempenho de qualquer criança na escola, assim como apoio para os pés; pequenos caixotes, antigos catálogos de telefone ou pilhas de papel para reciclagem embalados, podem servir para apoiar os pés, se a criança é pequena ou a cadeira alta demais; • Mantenha opções de materiais mais acessíveis a todos, como tesouras adaptadas, lápis, giz de cera e canetas de diferentes tamanhos e formatos, caderno com linhas reforçadas ou faça linhas no quadro para facilitar a visualização do conteúdo. Quando possível, permita o uso de tecnologia para melhorar o desempenho nas atividades escolares; • Muitas vezes a criança precisa variar de posição, deixe que fique de pé para trabalhar na escrita. Cantinhos com assentos flexíveis, como almofadas ou bolas de ginástica (suíça), de acordo com a necessidade da criança, podem contribuir para manter atenção e melhorar o desempenho.
Alterando expectativas para incluir alunos com TDC na sala de aula
• Crianças são diversas, utilize métodos de aprendizado diferenciados; • Forme duplas ou pequenos grupos para dar suporte ao aprendizado, estimule que as crianças ajudem umas às outras; • Foque nos pontos fortes das crianças com TDC e crie atividades com base nisso; • Use linguagem baseada em pontos fortes, enfatizando as habilidades das crianças e não as dificuldades; • Solicite suporte pedagógico sempre que necessário, para apoiar o aprendizado das crianças com TDC; • Ajude quando algo der errado, mostrando a importância de tentar novamente; • Estimule a criança a pensar em diferentes formas de fazer uma tarefa na qual ela tenha dificuldade – pergunte (E agora?), dê pistas (Será que...), ajude a criança a pensar em como solucionar a questão ao invés de logo ensinar e dar a resposta.
Promovendo o sucesso e a organização do comportamento
• Mantenha rotinas estruturadas e previsíveis, preferencialmente combinadas com participação das crianças - use recursos visuais ou quadro com horários, para ajudar a criança a compreender a organização do dia; • Divida as tarefas em etapas, explique passo a passo; • Cada criança tem um canal preferencial para aprender, utilize pistas visuais juntamente com instruções verbais; • Promova oportunidades de sucesso convidando a criança a fazer tarefas que ela consiga realizar; • Estabeleça regras e atividades claras, verifique se a criança entendeu o que está sendo solicitado.
Adaptando as tarefas para facilitar a escrita
• Dê comandos simples e claros em relação à escrita; • Utilize recursos visuais e táteis para facilitar o aprendizado; • Providencie cópia impressa do conteúdo escrito no quadro para que a criança utilize para copiar para o caderno; • Aumente o tempo para realização das atividades propostas; • Reduza a demanda por escrita quando o objetivo não for especificamente treinar a escrita, por exemplo utilize dispositivos eletrônicos para digitação e deixe as crianças trabalharem em duplas, na qual apenas uma criança tem que escrever.

Compreendendo e promovendo a participação na educação física

- Proporcione atividades que estimulem a participação de todos, algumas atividades permitem diferentes papeis e todas as crianças podem participar conforme suas habilidades;
- Descubra os pontos fortes da criança e proporcione oportunidades para desenvolver essas habilidades; se necessário, modifique a atividade para permitir o engajamento;
- Ofereça feedback positivo e suporte individual sempre que possível;
- Use comandos simples e claros ou demonstre enfatizando/exagerando os movimentos para reduzir o nível de instruções nas atividades;
- Atividades em pequenos grupos podem aumentar o tempo de participação, reduzir o tempo de espera e minimizar comparações;
- Evite situações de fracasso e não force a criança quando ela se recusa a fazer uma atividade.

No **Nível 2** são adicionados programas de atividades dirigidos a questões motoras específicas, como por exemplo, atividades de coordenação fina e escrita em pequenos grupos e instrução mais individualizada, passo a passo, nas aulas de educação física. Estudos publicados internacionalmente descrevem programas estruturados de atividades motoras não competitivas para pré-escolares, que podem servir de inspiração para implementar atividades motoras dirigidas (Zwicker & Lee, 2021). A imitação dos movimentos de animais (*Animal Fun* - https://animalfun.com.au/), experiências multissensoriais para aprendizado sobre o corpo e socialização (*Motor Magic* - https://www.childdevelopment.nl/motor-magic), o modelo ecológico para crianças com dificuldades motoras (Henderson & Sugden, 2007) e o treino de escrita (https://www.lwtears.com/hwt), dentre outros, são alguns programas estruturados para desenvolvimento das habilidades motoras para pré-escolares e escolares. Escolinhas de esporte bem como programas de artes, que incluam atividades de coordenação motora fina, com aulas em pequenos grupos e instrutor bem informado e sensível às dificuldades motoras das crianças, podem constituir ótimo apoio para melhorar o engajamento em atividades mais desafiantes ou mesmo treinar habilidades especificas, como a escrita. Seja qual for o tipo de atividade, é essencial considerar a motivação da criança e dar oportunidade para praticar o que foi aprendido, nesse sentido, pais e irmãos podem contribuir, dedicando pequenos blocos de tempo, se possível diariamente, para brincar e/ou praticar as habilidades aprendidas com a criança.

No **Nível 3** entram as terapias especializadas, com evidência de eficácia para melhorar o desempenho de atividades motoras e a participação em crianças com TDC. Geralmente são terapias individuais ou em pequenos grupos de duas a três crianças, feitos por profissionais especializados, como fisioterapeutas e terapeutas ocupacionais. Existem vários tipos programas de intervenção específicos para melhorar o desenvolvimento motor, que vão desde o fortalecimento muscular e treino de equilíbrio, com foco na estrutura e função do corpo, ao treino de atividades funcionais de interesse da criança ou necessárias para o bom desempenho na escola ou outros contextos de interesse (Smits-Engelsman et al., 2018). O treino motor virtual com jogos eletrônicos também vem sendo utilizado, com resultados limitados, mas é uma atividade de interesse das crianças, que pode ter benefícios se bem supervisionada e combinada ao desempenho real (Smits-Engelsman et al., 2018). As evidências atuais sugerem melhor resultado de abordagens centradas no desempenho funcional, com definição de objetivos em parceria com a criança, família e professores, para atingir objetivos relevantes e sustentáveis no contexto de vida da criança (Blank et al., 2019).

Em todos os níveis deve-se considerar estratégias para prevenir as consequências secundárias do TDC. Um aspecto importante da prevenção é a informação. Pais, professores e a comunidade em geral devem ter acesso a materiais informativos de boa qualidade sobre o TDC e suas consequências. Recomendamos dois sites nos quais é possível obter informações baseadas em evidências.

- **CanChild** - https://www.canchild.ca/en/diagnoses/developmental-coordination-disorder: é um dos melhores sites para acesso a informações atualizadas sobre o TDC. Por ser um site canadense, a maioria dos materiais é divulgado em língua inglesa e francesa, mas há algumas traduções para o português.
- **IDEIA/UFMG** - http://www.eeffto.ufmg.br/ideia/o-que-e-o-transtorno-do-desenvolvimento-da-coordenacao-ou-tdc/: nesse site você encontra tradução de cartilha excelente da CanChild sobre o TDC para pais e professores, além de videoclipe informativo produzido no Brasil, questionários de triagem e relatos de pesquisa na área.

Como o TDC muitas vezes está associado a outras condições, como o transtorno do déficit de atenção, transtorno de aprendizagem e linguagem, além das consequências secundárias, como a depressão e ansiedade, é importante reconhecer a presença desses transtornos para lidar com a criança de maneira adequada. Modificar expectativas, usar abordagens compensatórias (ex.: ADAPTE) e atividades que casem com as habilidades da criança contribui para evitar situações de frustração e aumentar as possibilidades de sucesso, promovendo auto percepção mais positiva, o que é muito importante para indivíduos com TDC ao longo da vida (Gagnon-Roy et al., 2016). Embora o desempenho de atividades seja o foco dos principais modelos de intervenção, oportunidades para socialização e fortalecimento do senso e auto-eficácia, são igualmente relevantes, considerando a trajetória de vida de indivíduos com TDC (Payne & Ward, 2019)

Indivíduos com TDC apresentam dificuldades que podem afetar diversas áreas do desenvolvimento, por ser um transtorno ainda pouco reconhecido no nosso meio, é importante disponibilizar informações de qualidade para pais e professores, capacitando-os reconhecer a dificuldade motora e apoiar as crianças no dia a dia. A abordagem em três níveis foi criada como alternativa menos onerosa e mais inclusiva, que pode ser muito eficiente para minimizar os efeitos do TDC e promover maior integração entre a escola, os profissionais de saúde e a família.

REFERÊNCIAS

American Psychiatric Association. (2013). *Manual Diagnósticos e Estatístico de Transtorno Mentais - DSM-5®* (5th ed.). São Paulo: ARTMED.

Batista, M., & Pestun, M. S. V. (2019). O Modelo RTI como estratégia de prevenção aos transtornos de aprendizagem. *Psicologia Escolar e Educacional*, *23*. https://doi.org/10.1590/2175-35392019015929

Beltrame, T. S., Capistrano, R., Alexandre, J. M., Lisboa, T., & Andrade, R. D. (2017). Prevalência do Transtorno do Desenvolvimento da Coordenação em uma amostra de crianças. *Cad. Ter. Ocup. UFSCar*, *25*(1), 105–113. https://doi.org/http://dx.doi.org/10.4322/0104-4931.ctoAO0777

Blank, R., Barnett, A. L., Cairney, J., Green, D., Kirby, A., Polatajko, H., … Vinçon, S. (2019). International clinical practice recommendations on the definition, diagnosis, assessment, intervention, and psychosocial aspects of developmental coordination disorder. *Developmental Medicine & Child Neurology*. https://doi.org/10.1111/dmcn.14132

Camden, C., Meziane, S., Maltais, D., Cantin, N., Brossard-Racine, M., Berbari, J., & Couture, M. (2019). Research and knowledge transfer priorities in developmental coordination disorder: Results from consultations with multiple stakeholders. *Health Expectations*, 22(5), 1156–1164. https://doi.org/10.1111/hex.12947

Cardoso, A. A., Magalhães, L. de C., & Rezende, M. B. (2014). Motor Skills in Brazilian Children with Developmental Coordination Disorder (DCD) versus Children with Typical Development. *Occupational Therapy International Journal*, *21*, 176–185.

Correia, L. L., Rocha, H. A. L., Sudfeld, C. R., Rocha, S. G. M. O., Leite, Á. J. M., Campos, J. S., & Silva, A. C. e. (2019). Prevalence and socioeconomic determinants of development delay among children in Ceará, Brazil: A population-based study. *PLoS ONE*, *14*(11), 1–13. https://doi.org/10.1101/597252

Engel-Yeger, B. (2020). The role of poor motor coordination in predicting adults' health related quality of life. *Research in Developmental Disabilities*, *103*(May), 103686. https://doi.org/10.1016/j.ridd.2020.103686

Ferreira, L., Vieira, J. L. L., Rocha, F. F. da, Silva, P. N. da, Cheuczuk, F., Caçola, P., & Chaves, R. N. de. (2020). Percentile curves for Brazilian children evaluated with the Bruininks-Oseretsky Test of Motor Proficiency, 2nd edition. *Rev Bras Cineantropom Hum.*

Gagnon-Roy, M., Jasmin, E., & Camden, C. (2016). Social participation of teenagers and young adults with developmental co-ordination disorder and strategies that could help them: results from a scoping review. *Child: Care, Health and Development*, *42*(6), 840–851. https://doi.org/10.1111/cch.12389

Galvão, B. A. P., Bueno, K. M. P., Rezende, M. B., & Magalhães, L. C. (2014). Percepção materna do desempenho de crianças com transtorno do desenvolvimento da coordenação. *Psicologia Em Estudo*, *19*(3), 527–538. https://doi.org/10.1590/1413-73722039315

Guan, H., Okely, A. D., Aguilar-Farias, N., Cruz, B. del P., Draper, C. E., Hamdouchi, A. El, … Veldman, S. L. C. (2020). Promoting healthy movement behaviours among children during the COVID-19 pandemic. *The Lancet Child & Adolescent Health*, *4*(June), 416–418. https://doi.org/10.1016/S2352-4642(20)30131-0

Hamilton, S. S. (2002). Evaluation of clumsiness in children. *American Family Physician*, *66*(8), 1435–1440.

Henderson, S., & Sugden, D. A. (2007). *Ecological intervention for children with movement difficulties (manual)*. London, UK.: Pearson Assessments.

Hendrix, C. G., Prins, M. R., & Dekkers, H. (2014). Developmental coordination disorder and overweight and obesity in children: A systematic review. *Obesity Reviews*, *15*(5), 408–423. https://doi.org/10.1111/obr.12137

Joshi, D., Missiuna, C., Hanna, S., Hay, J., Faught, B. E., & Cairney, J. (2015). Relationship between BMI, waist circumference, physical activity and probable developmental coordination disorder over time. *Human Movement Science*, *40*, 237–247. https://doi.org/10.1016/j.humov.2014.12.011

Kennedy, J., Missiuna, C., Pollock, N., Wu, S., Yost, J., & Campbell, W. (2017). A scoping review to explore how universal design for learning is described and implemented by rehabilitation health professionals in school settings. *Child: Care, Health and Development*, *44*(5), 670–688. https://doi.org/10.1111/cch.12576

Medeiros, C. C. M. de, Buffone, F. R. R. C., Schochat, E., & Araújo, C. R. S. (2019). Transcendendo o problema: percepções de mães e crianças sobre o impacto do transtorno do desenvolvimento da coordenação no dia a dia. *Cadernos Brasileiros de Terapia Ocupacional*, *27*(4), 792–805. https://doi.org/10.4322/2526-8910.ctoao1818

Missiuna, C. A., Pollock, N. A., Levac, D. E., Campbell, W. N., Whalen, S. D. S., Bennett, S. M., … Russell, D. J. (2012). Partnering for Change: An innovative school-based occupational therapy service delivery model for children with developmental coordination disorder. *Canadian Journal of Occupational Therapy*, *79*(1), 41–50. https://doi.org/10.2182/cjot.2012.79.1.6

Missiuna, C., Gaines, R., & Soucie, H. (2006). Why every office needs a tennis ball: A new approach to assessing the clumsy child. *Cmaj*, *175*(5), 471–473. https://doi.org/10.1503/cmaj.051202

Missiuna, C., Pollock, N., Campbell, W., Decola, C., Hecimovich, C., Sahagian Whalen, S., … Camden, C. (2017). Using an innovative model of service delivery to identify children who are struggling in school. *British Journal of Occupational Therapy*, *80*(3), 145–154. https://doi.org/10.1177/0308022616679852

Missiuna, C., Rivard, L., & Pollock, N. (2004). They're bright but can't write: Developmental coordination disorder in school aged children. *TEACHING Exceptional Children Plus*, *1*(1), s/p. Retrieved from http://journals.cec.sped.org/tecplus/vol1/iss1/art3/

Moraes, B. L. C. de, Magalhães, L. de C., & Cardoso, A. A. (2020). *Análise da confiabilidade e validade da versão brasileira do Little Developmental Coordination Disorder Questionnaire (LDCDQ-BR) para crianças de 3 e 4 anos de idade*. Universidade Federal de Minas Gerais.

Payne, S., & Ward, G. (2019). Conceptual framework of developmental coordination disorder in adolescence: Findings from a qualitative study. *British Journal of Occupational Therapy*, *83*(4), 246–255. https://doi.org/10.1177/0308022619867620

Sebastián-Heredero, E. (2020). Diretrizes para o Desenho Universal para a Aprendizagem (DUA). *Revista Brasileira de Educação Especial* (Vol. 26). https://doi.org/10.1590/1980-54702020v26e0155

Smits-Engelsman, B., Vinçon, S., Blank, R., Quadrado, V. H., Polatajko, H., & Wilson, P. H. (2018). Evaluating the evidence for motor-based interventions in developmental coordination disorder : A systematic review and meta-analysis. *Research in Developmental Disabilities*, *74*(May 2017), 72–102. https://doi.org/10.1016/j.ridd.2018.01.002

Tal-saban, M., Ornoy, A., & Parush, S. (2018). Coordination Disorder Using Structural Equation Modeling, 1–8.

Teixeira, R., Gimenez, R., Oliveira, D. L. de, & Dantas, L. E. P. B. T. (2010). Dificuldades motoras na infância: prevalência e relações com as condições sociais e econômicas. *Science in Health*, *1*(1), 25–34.

Valentini, N. C., Coutinho, M. T. C., Pansera, S. M., Santos, V. A. P., Vieira, J. L. L., Ramalho, M. H., & Oliveira, M. A. (2012). Prevalência de déficits motores e desordem coordenativa desenvolvimental em crianças da região Sul do Brasil. *Revista Paulista de Pediatria*, *30*(3), 377–384. https://doi.org/http://dx.doi.org/10.1590/S0103-05822012000300011

Zwicker, J. G., & Lee, E. J. (2021). Early intervention for children with/at risk of developmental coordination disorder: a scoping review. *Developmental Medicine and Child Neurology*, 1–9. https://doi.org/10.1111/dmcn.14804

PREVALÊNCIA DO TRANSTORNO DE DESENVOLVIMENTO DA COORDENAÇÃO EM ESCOLARES COM E SEM DIFICULDADES DE APRENDIZAGEM NUMA PERSPECTIVA NEUROPSICOPEDAGÓGICA

Fabrício Bruno Cardoso[26]
Lucianara Braga [27]
Vitor da Silva Loureiro[28]
João Vitor Galo Esteves[29]
Aliny dos Santos Carvalho[30]
Alfred Sholl Franco[31]

1. INTRODUÇÃO

A capacidade de realizar movimentos é uma das características mais intrigantes do ser humano e que desperta inquietações sobre como esses mecanismos são processados por nós. Sendo assim, capacidade motora

26 Coordenador do Curso de Educação Física e Líder do Laboratório de Inovações Educacionais e Estudos Neuropsicopedagógicos -LIEENP da Faculdade CENSUPEG.

27 Diretora artística e pedagógica da Escola de Ballet CriDança.

28 Professor convidado dos cursos de especialização da Faculdade CENSUPEG.

29 Médico. Doutorando em Biofísica/Neurobiologia no Instituto de Biofísica Carlos Chagas Filho (IBCCF/UFRJ), pelo programa MD-PhD.

30 Dra. em Biofísica/Neurobiologia no Instituto de Biofísica Carlos Chagas Filho (IBCCF/UFRJ), pelo programa MD-PhD.

31 Professor Associado I (UFRJ, IBCCF, Programa de Neurobiologia). Pesquisador Associado ao Laboratório de Neurogênese (IBCCF, UFRJ).

pode ser definida como todo atributo ou qualidade treinável de um organismo, ou seja, passível de adaptações (Adolph & Hoch, 2019).

A infância é uma fase da vida em que o desenvolvimento motor ocorre de forma intensa. A aquisição da Coordenação Motora é definida como um conjunto de processos associados com a prática e repetição de ações relativamente invariantes, que levam a mudanças permanentes na capacidade dos indivíduos se movimentarem (Stein et al., 2017). Esses processos envolvem a formação e consolidação de novas memórias, por meio de modificações nos padrões de ativação de redes neurais, decorrentes de alterações sinápticas, num primeiro momento transitórias que, pela repetição, se tornam permanentes (Toto & Limone, 2021). Os primeiros anos no ensino fundamental escola coincidem com conquistas importantes no desenvolvimento neurológico das crianças, como a mielinização gradual das áreas de associação; lateralização da percepção espacial, melhoria das funções da formação reticular e o funcionamento do hipocampo, e início da fase final de maturação do córtex pré-frontal (Cameron et al., 2016; Hestbaek et al., 2017).

Diversos estudos revelaram associações positivas entre funções cognitivas e atividade física (Becker et al., 2014; Campbell et al., 2002), bem como níveis de competência motora com bom desenvolvimento cognitivo (Davis et al., 2011; Livesey et al., 2006). O que fica corroborado pelos resultados obtidos por Burns (2004), Bushnell e Bondreau (1993), Murray (2006) e Piek (2008) que em seus estudos mostram que escolares que apresentavam suas habilidades motoras fundamentais desenvolvidas conforme sua idade cronológica, apresentaram um melhor desempenho em tarefas cognitivas.

Na perspectiva neuropsicopedagógica, várias são as explicações para a coocorrência do desempenho motor e cognitivo. Em primeiro lugar, as funções motoras e cognitivas são acopladas usando as mesmas estruturas cerebrais (Diamond, 2000). Para exemplo, o cerebelo está envolvido nas funções motoras e cognitivas e o córtex pré-frontal desempenha um papel importante no funcionamento cognitivo, bem como no desempenho motor através das fortes conexões neurais entre essas duas áreas encefálicas. Em segundo lugar, tanto o desenvolvimento cognitivo e motor, apresentam em sua curva de aquisição de habilidades, o período entre 03 e 08 anos como primordial para uma série de habilidades preditoras (Anderson, 2002; Carl P. Gabbard, 2008; Jutta Ahnert et al., 2003). Um último fator que pode ser responsável pela coocorrência do desenvolvimento motor e cognitivo é que ambos apresentam uma série de processos subjacentes comuns, por exemplo, sequências (Hartman et al., 2010), monitoramento e planejamento (Roebers & Kauer, 2009; Sergeant, 2000).

Portanto torna-se necessário identificar de maneira precoce possíveis déficits no desenvolvimento infantil como um caráter preventivo de possíveis dificuldades, pois uma vez reconhecido, intervenções podem minimizar atrasos e, portanto, reduzir os impactos que um possível transtorno do desenvolvimento da coordenação (TDC). O TDC parece ser um transtorno comum da infância e é geralmente identificado em crianças entre 6 e 12 anos de idade. Os meninos são mais comumente diagnosticados com TDC do que as meninas (2: 1). Anteriormente, o TDC ocorria em 10% a 19 % de crianças em idade escolar, mas atualmente a prevalência é esperada entre 5% e 8%, de todas as crianças em idade escolar. No Brasil Silva e Beltrame (2013), ao avaliar a competência motora de 406 crianças, encontraram uma prevalência de 11,1% para o referido transtorno. Já o estudo desenvolvido por Cardoso (2014) identificou uma prevalência de 4,3% em crianças com idade entre 07 e 08 anos.

Levando em consideração que o comprometimento das habilidades motoras da criança interfere nas suas atividades de vida diária e afeta negativamente a sua capacidade em participar de atividades escolares, o presente estudo teve por objetivo identificar a prevalência do TDC em crianças com e sem dificuldades de aprendizagem.

2. MATERIAIS E MÉTODOS

ÉTICA NA PESQUISA

Os protocolos utilizados foram aprovados pelo comitê de ética da UFRJ (parecer nº 517.483). As crianças que integraram esta pesquisa participaram de uma reunião, com a presença dos respectivos responsáveis, para tomarem ciência de todos os procedimentos da mesma, levando-se em consideração princípios bioéticos. Após os esclarecimentos e livres para optarem pela participação ou não na pesquisa, de forma voluntária, cada responsável assinou o Termo de Consentimento Livre e Esclarecido.

Todas as crianças participantes deste estudo, experimentais e controles, com ou sem dificuldades de aprendizagem, tiveram acesso às atividades propostas e de forma alguma foram privadas das atividades pertinentes ao estudo, conforme recomendação do comitê de ética, podendo, inclusive, cancelar suas participações em qualquer momento.

UNIVERSO DO ESTUDO

O universo do presente estudo foi composto por 5.119 crianças com idade entre 7 e 9 anos (±8,57), de ambos os sexos (Meninas = 2.350; Meninos = 2.769), que foram divididos em dois grupos (A - 3020 crianças que não apresentaram dificuldades de aprendizagem; B – 2099 crianças que apresentaram dificuldades de aprendizagem).

Foram considerados como critério de inclusão sujeitos sem queixa de acuidade visual ou auditiva, sem histórico de alteração de linguagem ou fala, sem uso de medicamentos neuropsiquiátricos, sem queixa de alteração de comportamento. Foram excluídos os sujeitos que não se adequaram aos critérios de inclusão. Os escolares foram selecionados com base no bom desempenho acadêmico em leitura, escrita e matemática e sem queixa de aprendizagem ou de deficiência visual e auditiva, com alterações comportamentais ou em uso de medicamentos neuropsiquiátricos. Tais aspectos foram verificados pelos professores em sala de aula e também por meio da ficha de saúde e prontuário escolar dos alunos.

PROCEDIMENTOS DE AVALIAÇÃO

Para consecução do referido objetivo, os responsáveis das crianças foram entrevistados por um dos pesquisadores, sobre suas opiniões referentes ao desenvolvimento motor de seus filhos.

A referida entrevista ocorreu através da aplicação do Questionário de Transtorno do Desenvolvimento da Coordenação (DCDQ-BR), que consiste em 15 itens que permitem um rastreio de forma precisa sobre o desenvolvimento das habilidades motoras fundamentais da criança.

Portanto os responsáveis são instruídos a comparar o desempenho motor do seu filho com o de pares da mesma idade usando uma escala *Likert* de 5 pontos. Para o cálculo da pontuação os valores de cada resposta são somados, o que permite uma variação de resultados entre 15 a 75, é importante ressaltar que que pontuações mais altas indicam melhor nível de no desenvolvimento motor, sendo assim a pontuação total indica se a criança está no grupo de crianças com "indicativo, ou suspeita de TDC", ou "Provavelmente não TDC" de acordo com quatro pontos de cortes das faixas etárias. Na faixa etária de 06-07 anos e 11 meses, a pontuação entre 0 e 39 indica que a criança é suspeita de ter TDC. De 08-09 anos e 11 meses uma pontuação entre 0-45 pontos indica que a criança é suspeita de ter TDC. Para crianças com idade entre 10 e 10 anos e 11 meses, a pontuação entre 0-50 pontos indica que a criança é suspeita de ter TDC. Na última faixa etária de 11 a 14 anos e 11 meses, a pontuação entre 0-52 indica que a criança é suspeita de ter TDC.

Com objetivo de monitorar o progresso dos indivíduos que apresentarem no DCDQ-BR a classificação de suspeita de TDC, visando tomada de decisões sobre hipóteses diagnósticas baseadas em evidências, estas crianças foram avaliadas novamente após um breve período de intervenção.

PROCEDIMENTOS DE INTERVENÇÃO

Conforme recomendações de diversos estudos que salientam que para uma criança ser de fato diagnosticada com TDC é preciso que esta receba intervenções que visem a extinção das dificuldades motoras. No entanto, se a criança não responder às intervenções, apresentando desempenho insatisfatório em relação aos padrões de nível das habilidades motoras como esperado, essa falha na resposta é conceituada como um forte indicador que esta criança possa apresentar então o TDC, o que possibilita que a mesma seja encaminhada para serviços de apoio mais intensivos.

Por tanto a intervenção desenvolvida foi um conjunto de atividades neuropsicopedagógicas ludomotoras (ANLM), expressas pela prática de 24 atividades que enfatizam a importância do desenvolvimento motor como um forte aliado no desenvolvimento cognitivo de crianças. As ANLM constituem-se por diferentes usos de um sistema de códigos para estimulação motora a partir da associação das diferentes partes do corpo com imagens e cores.

Para a aplicação da ANLM utilizou-se de 22 figuras (quadrados, círculos e triângulos), variando entre as cores azul, verde, rosa, laranja, lilás, marrom, vermelho e amarelo, representam diferentes partes do corpo, segmentado em lados direito e esquerdo, frente e costas, conforme proposto por Braga (2016).

Portanto a aplicação da (ANLM) foi determinada em 36 sessões, com 10 minutos de duração cada em um ambiente claro e devidamente iluminado, na frequência de 3 vezes por semana.

3. RESULTADOS

Nossos resultados mostraram que as crianças do grupo A apresentaram seus escores variando entre 33 e 72 pontos com desempenho médio igual a 61,53 pontos. Ao estabelecer uma comparação do desempenho das crianças com a idade correspondente, foi constatado que 311 (172 meninos e 139 meninas), obtiveram um escore abaixo do esperado no DCDQ-BR, indicando uma suspeita de TDC.

Já as crianças com dificuldades de aprendizagem (Grupo B), apresentaram uma variação dos escores entre 36 e 68 pontos com um desempenho médio igual a 59,42 pontos. Quando estabelecido uma comparação dos resultados obtidos com a pontuação de corte por idade, pode-se perceber que 916 crianças (480 meninos e 436 meninas) se mostraram suspeitas de apresentarem TDC, visto que seus escores ficaram abaixo do esperado no DCDQ-BR.

Ao estabelecer uma análise das 311 crianças que tiveram seu desempenho abaixo do esperado pertencentes ao grupo A, inicialmente a variação do escore no DCDQ-BR foi de 33 a 44 pontos, com um desempenho médio de 40,63 pontos. Quando avaliados após a intervenção desenvolvida nesse estudo, ou seja, as ANLM, as crianças apresentaram um aumento significativo ($p<0,05$) de ±25% no desempenho médio (50,78 pontos) no DCDQ, muito provavelmente isto ocorreu pelo fato da variação de resultados ter ficado entre 42 e 56 pontos.

Ao estabelecer uma segunda comparação dessas crianças com o escore esperado para suas respectivas idades, foi constatado que 219 (125 meninos e 94 meninas) crianças conseguiram obter um desempenho dentro do esperado, ou seja, após serem submetidos a ANLM conseguiram superar em parte suas dificuldades motoras de forma significativas e que 92 (47 meninos e 45 meninas), crianças mantiveram seu desempenho abaixo do esperado no DCDQ-BR, o que significa que estas crianças apresentam TDC.

Em relação às 916 crianças do grupo B, inicialmente a variação de resultados foi entre 36 pontos e 45 pontos, com desempenho médio igual a 39,73 pontos. Quando avaliados após serem submetidos a ANLM, a variação de resultados ficou entre 37 e 53 pontos, o que muito provavelmente influenciou no aumento significativo ($p<0,05$) de ±27% no desempenho médio no DCDQ, que foi de 50,65 pontos.

Quando realizada uma comparação dos resultados obtidos após a ANLM das crianças com dificuldades de aprendizagem (GRUPO B) com a pontuação de corte por idade, verificou-se que 770 crianças (395 meninos e 375 meninas) superaram as dificuldades motoras apresentadas anteriormente e com isso obtiveram desempenho dentro do esperado de acordo com a sua idade e 146 crianças (85 meninos e 61 meninas) continuaram com seus escores abaixo do esperado no DCDQ-BR, indicando assim que estas crianças apresentam TDC.

Ao estabelecer uma análise sobre os resultados finais das crianças do GRUPO A e GRUPO B, pode-se perceber que a prevalência do TDC foi de ± 4,65%, ainda pode-se dizer que a prevalência do TDC em crianças sem dificuldades de aprendizagem (grupo A) foi de ±3,05% e nas crianças com dificuldades de aprendizagem (grupo B) foi de 6,95%.

4. CONSIDERAÇÕES FINAIS

A partir dos resultados apresentados anteriormente pode-se concluir que as habilidades motoras e cognitivas apresentaram alta interdependência e, portanto, o nível do desenvolvimento motor pode ser um preditor para o desempenho cognitivo e acadêmico de uma criança, visto que no presente estudo foi identificado inicialmente que cerca de ±43,63 das crianças com dificuldades de aprendizagem apresentaram um desenvolvimento motor abaixo do esperado para sua idade e que somente ±10% das crianças sem dificuldades de aprendizagem apresentavam dificuldades motoras.

Nossos resultados mostram a importância da prática sistematizada de ANLM nas séries iniciais do ensino fundamental visando a melhora do desempenho motor de crianças através de um olhar preventivo e também da importância de um monitoramento periódico através de escalas de triagem como o DCDQ-BR, que podem facilitar um trabalho multidisciplinar e favorecer maior abrangência no que tange ao alcance dos objetivos traçados para casos de TDC.

Por fim pode-se concluir que os resultados obtidos em relação a prevalência de crianças com TDC no presente estudo é consistente com os resultados de outros estudos realizados em crianças com idades 07 e 09 anos que apresentam uma prevalência de TDC entre 03 a 09% da população.

REFERÊNCIAS

Adolph, K. E., & Hoch, J. E. (2019). Motor Development: Embodied, Embedded, Enculturated, and Enabling. Annual Review of Psychology, 70(1), 141–164. https://doi.org/10.1146/annurev-psych-010418-102836

Anderson, P. (2002). Assessment and Development of Executive Function (EF) During Childhood. *Child Neuropsychology*, *8*(2), 71–82. https://doi.org/10.1076/chin.8.2.71.8724

Becker, D. R., McClelland, M. M., Loprinzi, P., & Trost, S. G. (2014). Physical Activity, Self-Regulation, and Early Academic Achievement in Preschool Children. *Early*

Education and Development, 25(1), 56–70. https://doi.org/10.1080/10409289.2013.780505

Braga, L. I. (2016) *Coordenando-se metodologia para o desenvolvimento da coordenação motora*. Diálogo Comunicação e Marketing.

Burns, Y., O'Callaghan, M., McDonell, B., & Rogers, Y. (2004). Movement and motor development in ELBW infants at 1 year is related to cognitive and motor abilities at 4 years. *Early Human Development*, *80*(1), 19–29. https://doi.org/10.1016/j.earlhumdev.2004.05.003

Emily W. Bushnell, & J. Paul Bondreau. (1993). Motor development and the mind. the potential role of motor abilities as a determinant of aspects of perceptual development.pdf. *Child Development*, *64*(4), 1005–1021. https://doi.org/10.2307/1131323

Cameron, C. E., Cottone, E. A., Murrah, W. M., & Grissmer, D. W. (2016). How Are Motor Skills Linked to Children's School Performance and Academic Achievement? *Child Development Perspectives*, *10*(2), 93–98. https://doi.org/10.1111/cdep.12168

Campbell, D. W., Eaton, W. O., & McKeen, N. A. (2002). Motor activity level and behavioural control in young children. *International Journal of Behavioral Development*, *26*(4), 289–296. https://doi.org/10.1080/01650250143000166

Cardoso, A. A., Magalhães, L. C., & Rezende, M. B. (2014). Motor Skills in Brazilian Children with Developmental Coordination Disorder versus Children with Motor Typical Development: Motor Skills in Children with DCD versus Typical. *Occupational Therapy International*, *21*(4), 176–185. https://doi.org/10.1002/oti.1376

Carl P. Gabbard. (2008). *Lifelong Motor Development* (Vol. 5th). Benjamin Cummings.

Davis, E. E., Pitchford, N. J., & Limback, E. (2011). The interrelation between cognitive and motor development in typically developing children aged 4-11 years is underpinned by visual processing and fine manual control: Cognitive and motor development. *British Journal of Psychology*, *102*(3), 569–584. https://doi.org/10.1111/j.2044-8295.2011.02018.x

Diamond, A. (2000). Close Interrelation of Motor Development and Cognitive Development and of the Cerebellum and Prefrontal Cortex. *Child Development*, *71*(1), 44–56. https://doi.org/10.1111/1467-8624.00117

Hartman, E., Houwen, S., Scherder, E., & Visscher, C. (2010). On the relationship between motor performance and executive functioning in children with intellectual disabilities: Motor and executive functioning in children with ID. *Journal of Intellectual Disability Research*, *54*(5), 468–477. https://doi.org/10.1111/j.1365-2788.2010.01284.x

Hestbaek, L., Andersen, S. T., Skovgaard, T., Olesen, L. G., Elmose, M., Bleses, D., Andersen, S. C., & Lauridsen, H. H. (2017). Influence of motor skills training on children's development evaluated in the Motor skills in PreSchool (MiPS) study-DK: Study protocol for a randomized controlled trial, nested in a cohort study. *Trials*, *18*(1), 400. https://doi.org/10.1186/s13063-017-2143-9

Jutta Ahnert, Klaus Bös, & Wolfgang Schneider. (2003). Motorische und kognitive Entwicklung im Vorschul- und Schulalter: Befunde der Münchner Längsschnittstudie LOGIK. *Zeitschrift Für Entwicklungspsychologie Und Pädagogische Psychologie*, *35*(4), 185–199. https://doi.org/10.1026//0049-8637.35.4.185

Livesey, D., Keen, J., Rouse, J., & White, F. (2006). The relationship between measures of executive function, motor performance and externalising behaviour in 5- and 6-year-old children. *Human Movement Science*, *25*(1), 50–64. https://doi.org/10.1016/j.humov.2005.10.008

Murray, G. K., Veijola, J., Moilanen, K., Miettunen, J., Glahn, D. C., Cannon, T. D., Jones, P. B., & Isohanni, M. (2006). Infant motor development is associated with adult cognitive categorisation in a longitudinal birth cohort study. *Journal of Child Psychology and Psychiatry*, *47*(1), 25–29. https://doi.org/10.1111/j.1469-7610.2005.01450.x

Piek, J. P., Dawson, L., Smith, L. M., & Gasson, N. (2008). The role of early fine and gross motor development on later motor and cognitive ability. *Human Movement Science*, *27*(5), 668–681. https://doi.org/10.1016/j.humov.2007.11.002

Roebers, C. M., & Kauer, M. (2009). Motor and cognitive control in a normative sample of 7-year-olds. *Developmental Science*, *12*(1), 175–181. https://doi.org/10.1111/j.1467-7687.2008.00755.x

Sergeant, J. (2000). The cognitive-energetic model: An empirical approach to Attention-Deficit Hyperactivity Disorder. *Neuroscience & Biobehavioral Reviews*, *24*(1), 7–12. https://doi.org/10.1016/S0149-7634(99)00060-3

Silva, J. da, & Beltrame, T. S. (2013). Indicativo de transtorno do desenvolvimento da coordenação de escolares com idade entre 7 e 10 anos. *Revista Brasileira de Ciências do Esporte*, *35*(1), 3–14. https://doi.org/10.1590/S0101-32892013000100002

Stein, M., Auerswald, M., & Ebersbach, M. (2017). Relationships between Motor and Executive Functions and the Effect of an Acute Coordinative Intervention on Executive Functions in Kindergartners. *Frontiers in Psychology*, *8*, 859. https://doi.org/10.3389/fpsyg.2017.00859

Toto, G. A., & Limone, P. (2021). The effect of motor development in adolescence on cognition: A cumulative literature review. *Journal of Human Sport and Exercise - 2021 - Autumn Conferences of Sports Science*. Journal of Human Sport and Exercise - 2021 - Autumn Conferences of Sports Science. https://doi.org/10.14198/jhse.2021.16.Proc2.51

CARACTERIZAÇÃO DO DESEMPENHO MOTOR DE ESCOLARES DO ENSINO FUNDAMENTAL POR MEIO DO USO DE QUESTIONÁRIO PARA PAIS E PROFESSORES

Giseli Donadon Germano[32]
Simone Aparecida Capellini[33]

1. INTRODUÇÃO

Ao ingressar na escola, o escolar vivencia uma série de experiências que irão contribuir para a aquisição de habilidades acadêmicas, favore-

---

32 Fonoaudióloga. Mestra e Doutora em Educação. Pós-Doutora em Fonoaudiologia pela Faculdade de Filosofia e Ciências da Universidade Estadual Paulista "Júlio de Mesquita Filho" - FFC/UNESP-Marília-SP. Pós-Doutora pelo *Laboratoire de Psychologie et NeuroCognition Grenoble/França*. Professora Assistente Doutora do Departamento de Educação Especial e Professora Assistente Doutora Substituta do Departamento de Fonoaudiologia da Faculdade de Filosofia e Ciências da Universidade Estadual Paulista Júlio de Mesquita Filho FFC/UNESP. Docente do programa de Pós-Graduação em Fonoaudiologia da Faculdade de Filosofia e Ciências da Universidade Estadual Paulista Júlio de Mesquita Filho FFC/UNESP. Fonoaudióloga Pesquisadora Colaboradora do Laboratório de Investigação dos Desvios da Aprendizagem LIDA do Departamento de Fonoaudiologia FFC/UNESP-Marília-SP.

33 Fonoaudióloga. Livre Docente em Linguagem Escrita – FFC/UNESP-Marília-SP. Docente do Departamento de Fonoaudiologia e dos Programas de Pós-Graduação em Educação e em Fonoaudiologia da Faculdade de Filosofia e Ciências - FFC/UNESP - Marília-SP. Membro do *Collegio dei Docenti del Corso di Dottorato in Formazione, Patrimonio Culturale e Territori presso l'Università di Macerata, Macerata, Itália*. Coordenadora do Laboratório de Investigação dos Desvios da Aprendizagem (LIDA) do Departamento de Fonoaudiologia – FFC/UNESP - Marília-SP. Bolsista de Produtividade em Pesquisa do Conselho Nacional de Desenvolvimento Científico e Tecnológico – CNPq. Coordenadora do Departamento de Fonoaudiologia Educacional da Sociedade Brasileira de Fonoaudiologia (SBFa), Gestões 2017-2019 e 2020-2022.

cendo assim seu processo *continuum* de aprendizagem. Entretanto, para que a aprendizagem ocorra de modo satisfatório, faz-se necessário o desenvolvimento mínimo de habilidades motoras globais e finas, emocionais e organizacionais, as quais estão diretamente relacionadas ao bom desempenho de leitura e de escrita.

As alterações motoras podem fazer parte das chamadas comorbidades e podem coexistir com o quadro de dislexia do desenvolvimento ou outros transtornos específicos de aprendizagem, neste caso, especificamente o denominado Transtorno do Desenvolvimento da Coordenação (TDC). De acordo com *American Psychiatric Association* (APA, 2014), o TDC apresenta como manifestação principal prejuízos nas habilidades que exigem coordenação motora fina e global, tais prejuízos podem ser reconhecidos precocemente.

Escolares menores podem apresentar atraso para atingir marcos motores (por exemplo, sentar-se, engatinhar, andar), embora muitas alcancem os marcos motores típicos. Já para escolares maiores e, até mesmo em adultos, há outros tipos de manifestações relacionadas a menor velocidade ou imprecisão em aspectos motores finos (por exemplo, montar quebra-cabeças, jogar bola escrever a mão), além de exibirem falhas em executar tarefas de autocuidado. Como parte do critério diagnóstico, tais manifestações podem afetar significativamente no desempenho ou na participação nas atividades diárias da vida familiar, social, escolar ou comunitária (APA, 2014).

O TDC é um transtorno geralmente encontrado em escolares entre 6 e 12 anos de idade. Há cerca de vinte anos, pesquisas estimaram que o TDC afeta de 10% a 19% de escolares em idade escolar, porém, atualmente, essa estimativa varia de 5% a 8% de escolares em idade escolar, tendo uma maior prevalência em meninos do que em meninas, na proporção de 2:1 (Barnhart et al., 2003).

Os sinais do TDC são geralmente associados desajeitamento e inconsistência no desempenho de tarefas, coordenação motora pobre, problemas de ritmo e sua transferência de aprendizagem, declínio do desempenho com a repetição, tensão corporal e excesso de atividade muscular em tarefas motoras, podendo apresentar dificuldades nas tarefas de autocuidado, como vestir-se, nas atividades acadêmicas, de lazer e esportes, além de problemas com interações sociais (Magalhães et al., 2004; Missiuna et al., 2006).

As dificuldades de leitura e escrita estão comoventemente presentes em escolares com TDC, sugerindo a coexistência de deficiências de aprendizagem e habilidades motoras (Getchell et al., 2007; Tseng et al., 2007; Goez e Zelnik,2008; Steinli, 2008).

Desta forma, conhecer o perfil motor e viso-motor de escolares com dificuldades motoras a partir da visão de pais e professores se torna importante para compreender e identificar perfis que possam corresponder ao TDC.

Assim, este capítulo teve como objetivo caracterizar o desempenho motor de escolares do Ensino Fundamental por meio do uso de questionário para pais e professores.

2. MATERIAL E MÉTODO

Este projeto de pesquisa foi aprovado pelo Comitê de Ética em Pesquisa da Faculdade de Filosofia e Ciências – CEP/FFC/UNESP sob o número 2004/2009.

PARTICIPANTES

Participaram desta pesquisa 310 pares de pais-professores de escolares de 1° a 5° ano do Ensino Fundamental I (EFI), de escolas públicas municipais de Marília-SP, de ambos os sexos, na faixa etária de 6 anos a 10 anos e 11 meses de idade, distribuídas em cinco grupos:

Grupo I (GI): composto por 51 pares de pais-professores do 1° ano do EFI

Grupo II (GII): composto por 62 pares de pais-professores do 2° ano do EFI

Grupo III (GIII): composto por 84 pares de pais-professores do 3° ano do EFI

Grupo IV (GIV): composto por 85 pares de pais-professores do 4° ano do EFI

Grupo V (GV): composto por 28 pares de pais-professores do 5° ano do EFI

Os pares de pais-professores foram orientados a preencherem o *Questionário sobre os aspectos característicos das escolares com TDC* (Valle & Capellini, 2009), com o propósito de identificar características do TDC na população escolar.

Para cada escolar, foram enviados aos pais e seus respectivos professores o mesmo questionário, composto de 10 itens, dividido em: motor geral (Questões 1, 2 e 3); motor fino (Questões 4, 8 e 9); emocional (Questões 5, 6 e 7); e organização (Questões 10). Os itens foram pontuados utilizando a *Escala Likert*, sendo "ausência de resposta" (pontuação "0"); "discordo completamente" (pontuação 1); "discordo" (pontuação 2); "discordo parcialmente" (pontuação 3); "concordo parcialmente" (pontuação 4); "concordo" (pontuação 5); "concordo completamente" (pontuação 6). Foram excluídos da amostra questionários incompletos e/ou que não completasse o par pais e professores.

ANÁLISE ESTATÍSTICA

Para a realização da análise estatística, foi utilizado o programa SPSS (*Statistical Package for Social Sciences)* em sua versão 20.0. Neste estudo foram aplicados o *Teste dos Postos Sinalizados de Wilcoxon*, com o intuito de verificar possíveis diferenças entre os valores da variável idade e os valores das demais variáveis de interesse. O nível de significância estatística, sinalizado por asterisco (*), foi de 5% (0,050).

3. RESULTADOS

Na tabela 1 podemos verificar o desempenho dos escolares no Teste de *Postos Sinalizados de Wilcoxon* para os escolares de 1º ano (GI).

Tabela 1. Média e Desvio padrão e comparação dos desempenhos de pares pais-professores de GI no questionário

Pais	M	DP	Professores	M	DP	Comparação	valor de p
QMG1P	2,14	1,51	QMG1PR	2,47	1,286	QMG1PR - QMG1P	0,287
QMG3P	2,51	1,58	QMG3PR	2,92	1,324	QMG3PR - QMG3P	0,143
QEM6P	2,2	1,588	QEM6PR	2,39	1,168	QEM6PR - QEM6P	0,423
QEM7P	2,14	1,497	QEM7PR	2,02	0,707	QEM7PR - QEM7P	0,882
QMG2P	4,9	1,33	QMG2PR	4,61	0,85	QMG2PR - QMG2P	0,108
QMF4P	2,12	1,321	QMF4PR	2,33	1,071	QMF4PR - QMF4P	0,402
QEM5P	2,22	1,579	QEM5PR	2,63	1,264	QEM5PR - QEM5P	0,084
QMF8P	3,33	1,785	QMF8PR	3,22	1,566	QMF8PR - QMF8P	0,686
QMF9P	3,14	1,778	QMF9PR	2,63	1,708	QMF9PR - QMF9P	0,102
QORG10P	2,84	1,793	QORG10PR	3,31	1,334	QORG10PR - QORG10P	0,121

Legenda: Q: questão; P: pais; Pr: professores; MG: motor geral; EM: emocional; E: equilíbrio; MF: motor fino; Org: Organização; M; média; DP; desvio-padrão.

Teste de *Postos Sinalizados de Wilcoxon *($p<0.05$)*

Na tabela 1, foi possível observar que não houve diferença significante entre os questionários, indicando que para este ano escolar, não ocorreu percepção de pais e de professores sobre os aspectos inquiridos. Na tabela 2 podemos verificar o desempenho dos escolares no Teste de *Postos Sinalizados de Wilcoxon* para os escolares de 2º ano (GII).

Tabela 2. Média e Desvio padrão e comparação dos desempenhos de pares pais-professores de GII no questionário

Pais	M	DP	Professores	M	DP	Comparação	valor de p
QMG1P	1,84	1,176	QMG1PR	2,06	1,022	QMG1PR - QMG1P	0,076
QMG3P	2,29	1,519	QMG3PR	2,26	1,055	QMG3PR - QMG3P	0,909
QEM6P	2,13	1,312	QEM6PR	2,44	1,276	QEM6PR - QEM6P	0,123
QEM7P	1,87	1,194	QEM7PR	2,05	0,999	QEM7PR - QEM7P	0,244
QMG2P	4,74	1,698	QMG2PR	4,55	1,327	QMG2PR - QMG2P	0,279
QMF4P	1,85	1,291	QMF4PR	2,23	0,948	QMF4PR - QMF4P	**0,004***
QEM5P	1,94	1,377	QEM5PR	2,24	1,512	QEM5PR - QEM5P	**0,047***
QMF8P	2,84	1,767	QMF8PR	2,77	1,593	QMF8PR - QMF8P	0,811
QMF9P	2,65	1,69	QMF9PR	2,85	1,469	QMF9PR - QMF9P	0,262
QORG10P	2	1,293	QORG10PR	2,44	1,065	QORG10PR -QORG10P	**0,005***

Legenda: Q: questão; P: pais; PR: professores; MG: motor geral; EM: emocional; E: equilíbrio; MF: motor fino; ORG: Organização M: média; DP: desvio-padrão

Teste de *Postos Sinalizados de Wilcoxon *(p<0.05)*

Na tabela 2, foi possível observar que houve diferença significante entre os questionários em relação às questões motoras finas (QMF4, relacionadas às dificuldades quanto à execução da escrita manual); às questões emocionais (QEM05, relacionadas à baixa tolerância para a frustação, diminuição da autoestima e falta de motivação); e às questões de organização (QORG10, relacionada à dificuldade geral de organização de objetos pessoais, materiais escolares, organização em espaços e em folhas de livros/ cadernos).

Todas as questões foram relacionadas às respostas "ausência de resposta", "discordo completamente", "discordo" e "discordo parcialmente" tanto para pais quanto para os professores, sugerindo que tais aspectos não interferem na aprendizagem dos escolares de 2º ano.

Na tabela 3 podemos verificar o desempenho dos escolares no Teste de *Postos Sinalizados de Wilcoxon* para os escolares de 3º ano (GIII).

Tabela 3. Média e Desvio padrão e comparação dos desempenhos de pares pais-professores de GIII no questionário.

Pais	M	DP	Professores	M	DP	Comparação	Valor de p
QMG1P	1,76	1,209	QMG1PR	1,93	1,073	QMG1PR–QMG1P	0,256
QMG3P	2,26	1,553	QMG3PR	2,05	0,917	QMG3PR–QMG3P	0,299
QEM6P	1,98	1,326	QEM6PR	2,17	1,17	QEM6PR–QEM6P	0,227

Pais	M	DP	Professores	M	DP	Comparação	Valor de p
QEM7P	1,74	1,183	QEM7PR	2	1,13	QEM7PR–QEM7P	0,127
QMG2P	5,08	1,466	QMG2PR	4,42	1,977	QMG2PR–QMG2P	**0,008***
QMF4P	1,83	1,128	QMF4PR	2,01	1,092	QMF4PR - QMF4P	0,296
QEM5P	2,02	1,431	QEM5PR	2,43	1,475	QEM5PR - QEM5P	**0,056**
QMF8P	3,24	1,794	QMF8PR	3,18	1,737	QMF8PR - QMF8P	0,674
QMF9P	2,68	1,53	QMF9PR	3,05	1,635	QMF9PR - QMF9P	**0,028***
QORG10P	1,98	1,28	QORG10PR	1,86	0,959	QORG10PR - QORG10P	0,362

Legenda: Q: questão; P: pais; Pr ou PR: professores; MG: motor geral; EM: emocional; E: equilíbrio; MF: motor fino; Org ou ORG: Organização M; média DP: desvio-padrão.

Teste de ***Postos Sinalizados de Wilcoxon* *(p<0.05)***

Na tabela 3, foi possível observar que houve diferença significante entre os questionários em relação às questões motoras global (QMG2, relacionadas aos de coordenação e de uso de ambos os lados do corpo). Para esta questão, as respostas foram "concordo parcialmente", "concordo" e "concordo completamente", indicando que há maior percepção de pais e professores quanto aos aspectos motores globais, que podem chamar mais suas atenções.

Também foi possível observar que houve diferença significante entre os questionários em relação às questões emocionais (QEM5, relacionadas à baixa tolerância para a frustação, diminuição da autoestima e falta de motivação) e em relação às questões de organização (QMF9, relacionadas às dificuldades com atividades de vida diárias que requerem o refinamento do movimento, como amarrar cadarços de sapatos, abotoar botões e subir o zíper da roupa).

As questões QEM5 e QMF9 foram relacionadas às respostas "ausência de resposta", "discordo completamente", "discordo" e "discordo parcialmente" tanto para pais quanto para os professores, sugerindo que tais aspectos não interferem na aprendizagem dos escolares e/ou em aspectos de vida diária para os escolares de 3º ano.

Na tabela 4 podemos verificar o desempenho dos escolares no Teste de *Postos Sinalizados de Wilcoxon* para os escolares de 4º ano (GIV).

Tabela 4. Média e Desvio padrão e comparação dos desempenhos de pares pais-professores de GIV no questionário

Pais	M	DP	Professores	M	DP	Comparação	Valor de p
QMG1P	1,69	1,113	QMG1PR	1,95	1,318	QMG1PR - QMG1P	0,121
QMG3P	2,27	1,531	QMG3PR	2,16	1,335	QMG3PR - QMG3P	0,661
QEM6P	2,12	1,366	QEM6PR	2,32	1,49	QEM6PR - QEM6P	0,294
QEM7P	1,65	0,812	QEM7PR	2,04	1,277	QEM7PR - QEM7P	**0,021***
QMG2P	5,05	1,204	QMG2PR	5,01	1,305	QMG2PR - QMG2P	0,681
QMF4P	1,86	1,292	QMF4PR	2,19	1,443	QMF4PR - QMF4P	0,1
QEM5P	2,08	1,49	QEM5PR	2,54	1,708	QEM5PR - QEM5P	**0,014***
QMF8P	3,38	1,864	QMF8PR	3,19	1,961	QMF8PR - QMF8P	0,41
QMF9P	2,79	1,641	QMF9PR	3,02	1,773	QMF9PR - QMF9P	0,33
QORG10P	1,8	1,28	QORG10PR	1,88	1,34	QORG10PR - QORG10P	0,63

Legenda: Q: questão; P: pais; PR: professores; MG: motor geral; EM: emocional; E: equilíbrio; MF: motor fino; ORG: Organização; M: média; DP: desvio-padrão.

Teste de *Postos Sinalizados de Wilcoxon *(p<0.05)*

Na tabela 4, foi possível observar que houve diferença significante entre os questionários em relação às questões emocionais (QEM5, relacionadas à baixa tolerância para a frustação, diminuição da autoestima e falta de motivação) e (QEM7, relacionada a dificuldade de o escolar balancear a necessidade de velocidade com acurácia para escrever 15 palavras em 15 segundos, por exemplo).

Tais questões receberam como respostas "ausência de resposta", "discordo completamente", "discordo" e "discordo parcialmente" tanto para pais quanto para os professores, sugerindo que tais aspectos não interferem na aprendizagem dos escolares e/ou em aspectos de vida diária para os escolares de 4° ano.

Na tabela 5 podemos verificar o desempenho dos escolares no Teste de *Postos Sinalizados de Wilcoxon* para os escolares de 5° ano (GV).

Tabela 5. Média e Desvio padrão e comparação dos desempenhos de pares pais-professores de GV no questionário

Pais	M	DP	Professores	M	DP	Comparação	Valor de p
QMG1P	2,29	1,436	QMG1PR	2,04	1,232	QMG1PR - QMG1P	0,415
QMG3P	2,89	1,771	QMG3PR	2,39	1,397	QMG3PR - QMG3P	0,252
QEM6P	2,64	1,87	QEM6PR	2,86	1,715	QEM6PR - QEM6P	0,517
QEM7P	1,93	1,464	QEM7PR	2,18	1,307	QEM7PR - QEM7P	0,327
QMG2P	5,14	1,208	QMG2PR	5,14	1,079	QMG2PR - QMG2P	1
QMF4P	2,07	1,12	QMF4PR	1,93	1,184	QMF4PR - QMF4P	0,295
QEM5P	2,79	1,893	QEM5PR	2,93	1,676	QEM5PR - QEM5P	0,756
QMF8P	3,39	1,663	QMF8PR	3,43	1,854	QMF8PR - QMF8P	0,773
QMF9P	3,5	1,732	QMF9PR	3,36	1,638	QMF9PR - QMF9P	0,774
QORG10P	2,14	1,353	QORG10PR	1,79	0,917	QORG10PR - QORG10P	0,124

Legenda: Q: questão; P: pais; Pr ou PR: professores; MG: motor geral; EM: emocional; E: equilíbrio; MF: motor fino; Org ou ORG. Organização M: média; DP: desvio-padrão

Teste de *Postos Sinalizados de Wilcoxon *(p<0.05)*

Na tabela 5, foi possível observar que não houve diferença significante entre os questionários, indicando que para este ano escolar, não há percepção de pais e de professores sobre os aspectos inquiridos.

4. DISCUSSÃO

Os achados deste capítulo apresentam a visão de pais e professores de escolares de escolas públicas em relação aos aspectos motores que podem influenciar a aprendizagem. Tanto para pais e professores, os escolares apresentam perfis diferentes ao longo dos anos escolares, sendo que não há relatos para escolares de 1º e 5º ano.

Entretanto, para os escolares de 2º, 3º e 4º ano, pais e professores apresentaram respostas relacionadas a ausência e/ou discordância das questões relacionadas aos aspectos emocionais, motor fino e de organizaçao, o que sugere que os escolares apresentam bom desempenho nestas habilidades. Já em relação aos aspectos motores globais dos escolares, ocorreu concordância em relação aos aspectos de coordenação e de uso de ambos os lados do corpo, para a díade pais-professores de escolares do 3º ano.

Tais achados podem refletir a dificuldade de pais e de professores em relatar aspectos de desenvolvimento neuropsicomotor, os quais tangenciam ao TDC. O TDC é um transtorno em que a habilidade de movimento é prevalente, mas pouco reconhecido, que afeta significativamente o funcionamento diário, conforme apontado na questão sobre organização (*American Psychology Association* [APA], 2014). Tal aspecto motor global foi o único indicado como presente nos escolares deste estudo.

Jarus, Lourie-Gelberg Engel-Yeger e Bart (2011) destacaram que o acentuado comprometimento da coordenação motora que interfere significativamente no desempenho acadêmico e/ou nas atividades da vida diárias, e que podem estar presente em 6% dos escolares de 5 a 11 anos (*American Psychology Association* [APA], 2014).

Os achados deste estudo referem que os pares não identificaram dificuldades quanto aos aspectos organizacionais, como organização de carteira, mochila, material escolar, tarefas e até mesmo organização espacial na folha do caderno. Eles também não referiram queixa em relação às habilidades motoras finas de vida diária (amarrar cadarços de sapatos, se vestir, etc). Estes achados também contrariam a literatura internacional, pois Missiuna, Rivard, e Pollock (2004) referiram que professores são mais aptos para notarem problemas organizacionais, dificuldades de atenção e problemas comportamentais, pois estes podem ser indicadores da frustração de um escolar, já que seu trabalho concluído não reflete suas habilidades.

Escolares com TDC experimentam inúmeras dificuldades funcionais relacionadas à coordenação motora disfuncional em casa, na escola e na comunidade. Incluem dificuldades com atividades cotidianas, como vestir-se ou usar utensílios, atividades acadêmicas, caligrafia ou educação física e atividades de lazer como andar de bicicleta ou pintar (Polatajko & Cantin, 2005).

Pais e professores não indicaram dificuldades quanto ao aspecto de escrita manual ou caligrafia. Ao contrário de achados internacionais, um estudo referiu que pais podem notar que a caligrafia de seus filhos é um pouco mais lenta e talvez mais "confusa" do que a de outras crianças, mas os professores reconhecem mais facilmente quando o desempenho de um jovem aluno é significativamente "diferente" do de seus colegas. Sentar-se ereto e por longos períodos também pode ser um desafio para crianças com TDC, por causa do baixo tônus muscular, diminuição do controle postural e movimentação para manter a atividade de movimento ou se levantar (Missiuna, Rivard, & Pollock, 2004).

Em estudo nacional realizado com escolares com dislexia, com a aplicação de questionário para a avaliação da disgrafia, indicaram que dentre as questões, a maioria das respostas dadas pelos professores referia-se a "raramente", o que sugere que eles não têm percepção das dificuldades de caligrafia desses alunos, sendo que 84,3% escolares da amostra preencheram os critérios para disgrafia. Esses resultados apontam para a necessidade de orientação aos professores sobre a qualidade da escrita dos alunos com dislexia (Germano, Giaconi & Capellini, 2016)

Estudos referiram que nem sempre os escolares apresentaram experiências positivas em relação às oportunidades de brincar. Os sentimentos e pensamentos dos pais têm um efeito direto, bem como indireto, no desenvolvimento social de seus filhos (Rubin & Stewart, 1996; Jarus et al., 2011). Os pais também influenciam seus filhos usando estratégias para promover comportamentos sociais competentes, bem como atividades para modificar ou eliminar comportamentos inaceitáveis. Os achados deste estudo corroboram a visão de que pais de escolares com TDC podem incentivar brincadeiras não sociais para proteger seus filhos do ridículo e do constrangimento, devido às falhas motoras e comportamentais que possam apresentar.

Além disso, como consequências secundárias do TDC, as experiências vivenciadas são mediadas pela experiência do movimento, os escolares podem apresentar déficits emocionais, ou vivenciar sentimentos de frustrações e de baixa autoestima, conforme indicado neste estudo e referida em estudo (Lodal & Bond, 2016).

Como a criança "não consegue fazer seu corpo fazer as coisas que ela quer", ela fica frustrada e para de tentar encontrar soluções para o problema de movimento. Além disso, como os pares reconhecem a baixa proficiência do escolar em jogos que exigem habilidade, o escolar pode ser excluído da participação de atividades em grupos, perdendo a sua a motivação (Rose et al., 1998) e, assim, obterá menos experiência de movimento do que outras escolares (Bouffard et al., 1996; Smyth & Anderson, 2000). Como resultado, o escolar pode se tornar socialmente isolado (Geuze, 2007; Schoemaker & Kalverboer, 1994; Smyth & Anderson, 2000).

Além disso, os achados deste estudo também corroboram outros estudos. Piek, Baynam e Barrett (2006) descobriram que tipos de autopercepções, como a competência motora percebida, são altamente dependentes de seu nível de habilidade motora e, por causa de sua baixa capacidade motora, escolares e adolescentes tendem a ter um sentimento de "eu inferior". Faught et al. (2008) relataram que escolares com TDC demonstram baixa autoeficácia, incluindo prazer, adequação e predileção por atividade física em comparação com suas contrapartes. Também foi relatado que escolares com TDC evitam a atividade física devido à baixa autoeficácia (Cairney et al., 2005; Engel-Yeger, Hanna-Kassis, & Rosenblum, 2012).

CONSIDERAÇÕES FINAIS

Este estudo buscou caracterizar o desempenho motor de escolares do Ensino Fundamental por meio do uso de questionário para pais e professores sobre os aspectos característicos das escolares com TDC.

Os achados deste estudo indicaram que os pares de pais-professores apresentaram discordância quanto a presença de manifestações emocionais, motor fino e de organização dos escolares.

Para os pares, os escolares apresentaram manifestações relacionadas aos aspectos motores globais, os quais podem ser "mais notados" pelos pares. Entretanto, tal achado demonstra que há uma falta de conhecimento sobre as implicações de falhas motoras globais e o desenvolvimento de outras habilidades, como as motoras finas, organizacionais e emocionais.

Finalmente, os achados deste capítulo nos alertam para a necessidade de maior divulgação do tema para pais e professores sobre os aspectos avaliados, além da necessidade da continuidade de estudos com o tema.

Agradecimentos: Ao Conselho Nacional de Desenvolvimento Científico e Tecnológico (CNpq) pelo auxílio pesquisa concedido a segunda autora (Processo número 475711/2009-2)

REFERÊNCIAS

American Psychiatric Association. (2014). Manual diagnóstico e Estatístico de Transtornos Mentais. DSM-5. American Psychiatric Pub.

Barbnhart, R.C., Davenport, M.J., EPPS, S.B., Nordquist, V. M. (2003) Developmental coordination disorder. Physical Therapy ,83, 722-31. Doi: 10.1093/ptj/83.8.722

Bouffard, M., Watkinson, E.J., Thompson, L.P., Causgrove Dunn, J.L. & Romanow, S.K.E. (1996) A test of the activity deficit hypothesis with children with movement difficulties. Adapted Physical Activity Quarterly 13, 61-73. Doi: 10.1123/apaq.13.1.61

Cairney, J., Hay, J., Faught, B., & Hawes, R. (2005). Developmental Coordination Disorder and overweight and obesity in children aged 9–14 years. International Journal of Obesity, 29(4), 369–372. Doi: 10.1038/sj.ijo.0802893

Engel-Yeger, B., Hanna-Kassis, A., & Rosenblum, S. (2012). Can gymnastic teacher predict leisure activity preference among children with Developmental Coordination Disorders (DCD)? Research in Developmental Disabilities, 33(4), 1006–1013. Doi: 10.1016/j.ridd.2012.01.005

Faught, B. E., Cairney, J., Hay, J., Veldhuizen, S., Missiuna, C., & Spironello, C. A. (2008). Screening for motor coordination challenges in children using teacher ratings of physical ability and activity. Human Movement Science, 27(2), 177–189. Doi: 10.1016/j.humov.2008.02.001

Germano, G. D., Giaconi, C., & Capellini, S. A. (2016). Characterization of brazilians students with dyslexia in Handwriting Proficiency Screening Questionnaire and Handwriting Scale. *Psychology Research*, 6(10), p. 590-597. Doi: doi:10.17265/2159-5542/2016.10.004

Getchell, N., Pabreja, P., Neeld, K., Carrio, V. (2007). Comparing children with and without dyslexia on the movement assenment battery for children and the test of gross motor development. Perceptual and Motor Skills, 105, p. 207-214.Doi: 10.2466/pms.105.1.207-214

Geuze, R.H. (2007) Characteristics of DCD: on problems and diagnosis. In: Geuze, R.H. (Ed.) Developmental Coordination Disorder. A review of current approaches (Chapter 1 pp. 9-25). Marseille: Solal Éditeurs.

Goez, H., Zelnik, N. (2008). Handedness in patients with developmental coordination disorder. Journal of Child Neurology, 23(2), p. 151-4. Doi:10.1177/0883073807307978

Jarus, T., Lourie-Gelberg, Y., Engel-Yeger, B., & Bart, O. (2011). Participation patterns of school-aged children with and without DCD. Research in developmental disabilities, 32(4), 1323-1331. Doi: doi:10.1016/j.ridd.2011.01.033

Lodal, K. & Bond, C. (2016) The relationship between motor skills difficulties and self-esteem in children and adolescents: a systematic literature review, Educational Psychology in Practice, 32:4, 410-423, DOI: 10.1080/02667363.2016.1206847

Magalhães, L. C., Nascimento, V.C.S., Rezende, M. B. (2004). Avaliação da coordenação e destreza motora – ACOORDEM: etapas de criação e perspectivas de validação. Revista De Terapia Ocupacional Da Universidade De São Paulo, 15(1), 17-25. Doi: 10.11606/issn.2238-6149.v15i1p17-25

Missiuna, C., Gaines, R., Soucie, H., McLean, J. (2006). Parental question about developmental coordination disorder: a synopsis of current evidence. Paediatrics & Child Health, 11(8), p. 507-512. Doi: 10.1093/pch/11.8.507

Missiuna, C., Rivard, L., & Pollock, N. (2004). They're bright but can't write: Developmental Coordination Disorder in school-aged children. Teaching Exceptional Children Plus, 1(1), 3. Retrieved [31/05/21] from http://escholarship.bc.edu/education/tecplus/vol1/iss1/3

Piek, J. P., Baynam, G. B., & Barrett, N. C. (2006). The relationship between fine and gross motor ability, self-perceptions and self-worth in children and adolescents. Human Movement Science, 25(1), 65– 75. Doi: 10.1016/j.humov.2005.10.011

Polatajko, H. J., & Cantin, N. (2005). Developmental coordination disorder (dyspraxia): An overview of the state of the art. Seminars in Pediatric Neurology, 12, 250– 258. Doi: 10.1016/j.spen.2005.12.007

Rose, B., Larkin, D. & Berger, B.G. (1998) The importance of motor coordination for children's motivational orientation in sport. Adapted Physical Activity Quarterly 15, 316-327. Doi: 10.1123/apaq.15.4.316

Rubin, K. H., & Stewart, S. L. (1996). Social withdrawal. In E. J. Mash & R. A. Barkley (Eds.), Child psychopathology (pp. 277–307). New York: Guilford.

Schoemaker, M.M. & Kalverboer, A.F. (1994) Social and affective problems of children who are clumsy: How early do they begin? Adapted Physical Activity Quarterly 11, 130-140. Doi: 10.1123/apaq.11.2.130

Smyth, M.M. & Anderson, H.I. (2000) Coping with clumsiness in the school playground: Social and physical play in children with coordination impairments. British Journal of Developmental Psychology 18, 389-413. Doi: 10.1348/026151000165760

Steinlin, M. (2008). Cerebellar disorders in childhood: cognitive problems. Cerebellum, 7(4), p. 607-10. Doi: DOI 10.1007/s12311-008-0083-3

Tseng, M. H., Howe, T. H., Chuang, I. C., & Hsieh, C. L. (2007). Cooccurrence of problems in activity level, attention, psychosocial adjustment, reading and writing in children with developmental coordination disorder. International Journal of Rehabilitation Research, 30(4), p. 327-32. Doi: 10.1097/MRR.0b013e3282f144c7

Valle, T.R. & Capellini, S.A (2009). Relação entre a opinião dos pais e professores sobre o transtorno do desenvolvimento da coordenação (TDC) e os resultados do exame motor em escolares de ensino público municipal. *Psicopedagogia,* 26, 23-32.

SOBRE AS ORGANIZADORAS

DRA. ÂNGELA MATHYLDE SOARES

Psicóloga CRP 04/68123. Professora, Pedagoga, neuropsicóloga, Psicopedagoga, Psicanalista, Neurocientista, Escritora e empresária proprietária da clínica Aprendizagem e Companhia-Saúde integral e Instituto Profa Angela Mathylde (IPAM). Psicopedagoga Clínica Pela Escuela de Psicopedagogia de Buenos Aires. Mediadora do PEI 1; 2 e Básico. The International Center For The Enhancement Of Learning Potential Hadassah-Wizo-Canada Research Institute - Prof.Reuven Feuerstein. Mestre e Doutora em Psicanálise pela Escola de Psicanálise clínica /RJ. Doutora em Psicanálise /França. Doutora em Psicologia Clínica /USA. Doutora em Neurociências /USÁ. Pós doutora em Neurociências /USA. Doutora Honoris Causa em Educação /USA. Conselheira Nacional da Associação Brasileira de Psicopedagogia. Vice diretora acadêmica da Associação Mineira de Psicanálise (AMAP). Coordenadora de eventos científicos da Associação Brasileira de Terapia Familiar (ATF-Minas). Diretora Clínica e acadêmica do grupo de Investigação Internacional de Saúde e Educação científica (GI3TES). Presidente do congresso Internacional Brain Connection-Brasil. Escritora de diversas obras e coleções, artigos e ações sociais para Educação científica.

DRA. MIRIAM DAMAZIO

Pedagoga. Mestre e doutora em Psicologia pelo Instituto de Psicologia da Universidade de São Paulo (IPUSP). Especialista em desenvolvimento infantil e educação escolar. Formação em Neurociência da Educação. Pesquisadora do Laboratório de Neuropsicolinguística Cognitiva Experimental – Instituto de Psicologia USP. Coautora do livro "Teste de vocabulário auditivo e teste de vocabulário expressivo" (Capovilla, Negrão & Damazio, 2011). Fundadora e diretora científica da NeuroEstudos Educação e Aprendizagem.

DRA. WANESSA GARCIA OLIVEIRA

Psicóloga clínica, Neuropsicóloga (CRP), Psicopedagoga, Mestra e Doutora em Psicologia Experimental (USP) sob orientação do Livre Docente Fernando Capovilla. Graduada em Letras. Formação em Reabilitação Cognitiva e Terapia Cognitivo-Comportamental. Pesquisadora do Laboratório de Neuropsicolinguística Cognitiva da USP. Membro da equipe multidisciplinar da ABD. Membro do Comitê de ética da FMABC. Diretora científica da Associação de Enfermidades Raras - FEBER. Membro da World Federation ADHD. Foco de trabalho: Transtornos de aprendizagem, Transtornos do Espectro do Autismo, TDAH, Dislexia, avaliação e reabilitação neuropsicológica, Orientação educacional para pais.

SOBRE OS AUTORES

DR. ALFRED SHOLL FRANCO

Professor Associado I (UFRJ, IBCCF, Programa de Neurobiologia), Superintendente de Formação Acadêmica em Extensão (PR-5/UFRJ), Coordenador do Núcleo de Divulgação Científica e Ensino de Neurociências (NuDCEN/IBCCF - www.cienciasecognicao.org) e Pesquisador Associado ao Laboratório de Neurogênese (IBCCF, UFRJ).

DRA. ALINY DOS SANTOS CARVALHO

Acadêmica do curso de Medicina da Universidade Federal do Rio de Janeiro (2016), doutoranda em Biofísica/Neurobiologia no Instituto de Biofísica Carlos Chagas Filho (IBCCF/UFRJ), pelo programa MD-PhD. Desenvolve pesquisas em transtornos de aprendizagem, Transtorno de Déficit de Atenção e Hiperatividade (TDAH), desenvolvimento perceptivo-motor, integração visomotora e neuroeducação. É coordenadora nacional da Olimpíada Brasileira de Neurociências (Brazilian Brain Bee) e da Olimpíada Brasileira de Neurociências para Graduandos. Atua como monitora de neurofisiologia no IBCCF e neuroanatomia no instituto de Ciências Biomédicas. Atualmente é Diretora da Liga Acadêmica de Neurologia da UFRJ e acadêmica bolsista no serviço de emergência do Hospital Municipal Souza Aguiar (estágio não-obrigatório).

DRA. ANA AMÉLIA CARDOSO RODRIGUES

Universidade Federal de Minas Gerais. Terapeuta Ocupacional, mestre e doutora em Ciências da Reabilitação pela Universidade Federal de Minas Gerais (UFMG). Professora adjunta do Departamento de Terapia Ocupacional da UFMG. Docente permanente do Curso de Pós graduação em Estudos da Ocupação da UFMG. Coordenadora dos laboratórios IDEIA - Investigação e Intervenção no Desenvolvimento na Infância e na Adolescência e do PRAIA - Programa de Atenção Interdisciplinar ao Autismo.

DRA. ANDREA MICHELE FREUDENHEIM

Possui licenciatura em Educação Física pela Universidade de São Paulo (1983), mestrado em Educação Física pela Universidade de São Paulo (1992), doutorado em Educação Física pela Universidade de São Paulo (1999) e, livre-docência pela Universidade de São Paulo (2008). Atualmente é professora associada da Universidade de São Paulo, tendo sido chefe do Departamento de Pedagogia do Movimento do Corpo Humano (2011-2015). Em relação à pesquisa, atua no Laboratório de Comportamento Motor (Lacom), principalmente nos seguintes temas: aprendizagem motora, com ênfase em instrução, dicas, foco de atenção e prática, programa de ação e hierarquia; e, desenvolvimento motor, com ênfase em crianças com prejuízo motor (TDC). Orientadora de mestrado e doutorado da Escola de Educação Física e Esporte da USP.

MS. BÁRBARA LETÍCIA COSTA DE MORAES

Terapeuta Ocupacional, Mestre em Ciências da Reabilitação - Avaliação do desenvolvimento e desempenho infantil e certificada internacionalmente em Integração Sensorial pela University of Southern California (USC).

DRA. CLARICE RIBEIRO SOARES ARAÚJO

Doutora e mestre em Ciências da Reabilitação pela Universidade Federal de Minas Gerais com período sanduíche na Universtity of Toronto-Canadá. Terapeuta Ocupacional e especialista em Desenvolvimento Infantil pela UFMG. Experiência em desenvolvimento e desempenho infantil, consultoria escolar e transtornos mental e do desenvolvimento na infância e na adolescência. Docente do Departamento de Terapia Ocupacional da Universidade Federal da Paraíba, líder do Grupo de Pesquisa e Estudos Labirinto (Laboratório de Investigação e Recursos para Infância e Adolescência em Terapia Ocupacional).

DR. CLEVERTON JOSÉ FARIAS DE SOUZA

Universidade Federal do Amazonas - UFAM. Possui graduação em Licenciatura em Educação Física (1997) e especialização em Psicopedagogia (2006) pela Universidade Federal do Amazonas (1997), mestrado em Educação Física pela Universidade de São Paulo (2004), doutorado em Educação Física pela Universidade de São Paulo (2011) e pós-doutorado em Educação Física pelo Programa Associado de Pós-graduação em Educação Física da Universidade de Pernambuco e Universidade Federal da Paraíba. É vice-líder do Grupo de Estudos em Comportamento Motor Humano (LECOMH) da Faculdade de Educação Física e Fisioterapia/FEFF e professor Permanente do Programa de Pós-Graduação da Faculdade de Educação/PPGE-FACED/Universidade Federal do Amazonas. Atualmente é professor da Universidade Federal do Amazonas.

Tem experiência na área de Educação Física, com ênfase em Educação Física, atuando principalmente nos seguintes temas: criança, atividades motoras, coordenação motora, atividade física, educação e transtorno do desenvolvimento da coordenação.

DRA. ELOISA TUDELLA

Bolsista de Produtividade em Pesquisa do CNPq - Nível 2. Possui graduação em Fisioterapia (1977) e em Educação Física (1976) pela Pontifícia Universidade Católica de Campinas, mestrado em Educação Física pela Universidade Gama Filho (1989), doutorado em Psicologia (Psicologia Experimental) pela Universidade de São Paulo (1996) e pós-doutorado pela Universidade de Salamanca, Espanha (2009). É professora titular, orientadora do curso de Pós-Graduação em Fisioterapia (mestrado e doutorado), coordenadora do curso de Especialização em Intervenção em Neuropediatria e do Núcleo de Estudos em Neuropediatria e Motricidade (NENEM) da Universidade Federal de São Carlos. Linhas de pesquisa: Desenvolvimento neuro-sensório-motor típico e atípico: caracterização, detecção e intervenção fisioterapêutica; Estudos do desempenho motor em crianças com Transtorno do Desenvolvimento da Coordenação; e Estudo Cinemático do Movimento de lactentes. Pesquisador nível 2 do CNPq.

DR. FABRÍCIO BRUNO CARDOSO

Possui graduação em Educação Física pela Universidade Castelo Branco (2002) e mestrado em Ciência da Motricidade Humana pela Universidade Castelo Branco (2007) e Doutorado em Ciências Biológicas (Biofísica) na Universidade Federal do Rio de Janeiro (2018). Atualmente é coordenador do Curso de Educação Física e Líder do Laboratório de Inovações Educacionais e Estudos Neuropsicopedagógicos -LIEENP da Faculdade CENSUPEG -São Fidélis/RJ; professor convidado da Universidade Federal do Rio de Janeiro.

DRA. GISELI DONADON GERMANO

Fonoaudióloga. Mestra e Doutora em Educação. Pós-Doutora em Fonoaudiologia pela Faculdade de Filosofia e Ciências da Universidade Estadual Paulista "Júlio de Mesquita Filho" - FFC/UNESP-Marília-SP. Pós-Doutora pelo Laboratoire de Psychologie et NeuroCognition Grenoble/ França. Professora Assistente Doutora do Departamento de Educação Especial e Professora Assistente Doutora Substituta do Departamento de Fonoaudiologia da Faculdade de Filosofia e Ciências da Universidade Estadual Paulista Júlio de Mesquita Filho FFC/UNESP. Docente do programa de Pós-Graduação em Fonoaudiologia da Faculdade de Filosofia e Ciências da Universidade Estadual Paulista Júlio de Mesquita Filho FFC/UNESP. Fonoaudióloga Pesquisadora

Colaboradora do Laboratório de Investigação dos Desvios da Aprendizagem LIDA do Departamento de Fonoaudiologia FFC/UNESP-Marília-SP.

DR. JOÃO VITOR GALO ESTEVES

Médico formado pela Universidade Federal do Rio de Janeiro (FM/UFRJ, 2020), Especialista em Docência no Ensino Superior (CENSUPEG, 2020) e Doutorando em Biofísica/Neurobiologia no Instituto de Biofísica Carlos Chagas Filho (IBCCF/UFRJ), pelo programa MD-PhD. Dedica-se às pesquisas sobre Transtorno de Déficit de Atenção e Hiperatividade (TDAH), transtornos de aprendizagem na infância, desenvolvimento perceptivo-motor, integração visomotora e neuroeducação. É Coordenador Nacional da Olimpíada Brasileira de Neurociências (Brazilian Brain Bee), pesquisador associado do Núcleo de Divulgação Científica e Ensino de Neurociências (NUDCEN/IBCCF/UFRJ) e Vice-diretor da Organização Ciências e Cognição (OCC), onde desenvolve atividades de ensino e difusão das neurociências em escolas do Rio de Janeiro. É membro da Sociedade Brasileira de Neurociências e Comportamento (SBNeC) e revisor do periódico científico Ciências e Cognição.

DR. JORGE ALBERTO DE OLIVEIRA

Possui graduação em Educação Física (1985) e Especialização em Educação Física Escolar pela ESEFM (1987), Mestrado em Educação Física (1997), Doutorado em Educação Física pela Universidade de São Paulo (2006), na área de Biodinâmica do Movimento Humano e Livre Docente pelo Dept. de Pedagogia do Movimento do Corpo Humano - EEFEUSP na área - Comportamento motor e Educação Física no ciclo vital de vida. Realizou Pós-Doutorado - Estágio Sênior (Capes) na School of Psychology and Speech Pathology at Curtin University. Atualmente é Professor Doutor MS-5.1 (Associado) RDIDP, orientador no programa de Pós Graduação em nível de Doutorado e Mestrado na Escola de Educação Física e Esporte da Universidade de São Paulo e pesquisador no Laboratório de Comportamento Motor e desenvolve projetos de pesquisas nas linhas: Análise e diagnóstico do desenvolvimento motor, e, Organização da resposta motora. Tem experiência e na área de Educação Física, com ênfase em Desenvolvimento Motor, Aprendizagem Motora, atuando principalmente nos seguintes temas: desenvolvimento motor ao longo da vida, aprendizagem motora e educação física escolar, avaliação e aplicação de programas de intervenção em crianças com Transtorno do Desenvolvimento da Coordenação (TDC) e Transtorno do Déficit de Atenção e Hiperatividade (TDAH).

DR. JORGE LOPES CAVALCANTE NETO

Doutor em Fisioterapia pela Universidade Federal de São Carlos (UFSCar), com período de Doutorado Sanduíche na Radboud University, Nijmegen, Holanda entre 2017 e 2018. Possui Mestrado em Nutrição Humana e Graduação em Educação Física pela Universidade Federal de Alagoas (UFAL). É Professor Assistente da Universidade do Estado da Bahia (UNEB), atuando como Professor Permanente do Mestrado Profissional em Saúde Coletiva (MEPISCO) da UNEB, Campus I. Professor do Curso de Graduação em Educação Física e da Especialização em Atividade Física para pessoas com deficiência da UNEB, Campus IV. Líder do Grupo de Estudos, Pesquisa e Extensão em Educação Especial e Educação Física Adaptada (GEPEFA) e coordenador do Laboratório de Avaliação e Intervenção em Atividade Motora Adaptada (LAIAMA). Os interesses de pesquisas são: Avaliação e Intervenção sobre Funcionalidade e Saúde nas Desordens do Neurodesenvolvimento, com ênfase no Transtorno do Desenvolvimento da Coordenação (TDC), Realidade Virtual, Comportamento motor, Aptidão física, Saúde mental e Qualidade de vida.

DRA. JULIANA BARBOSA GOULARDINS

Fisioterapeuta. Especialização em Neurofuncional pela Irmandade Santa Casa de Misericórdia de São Paulo. Mestre em Ciências (Pediatria) Doutora em Ciências (Biodinâmica do Movimento Humano) pela Universidade de São Paulo. Profa da Universidade Cruzeiro do Sul e coordenadora do Curso de Especialização de Fisioterapia aplicada à Neuropediatria da Physiocursossp/ Fabic.

DRA. LÍVIA DE CASTRO MAGALHÃES, PH.D, TO

Profa. Emérita de Terapia Ocupacional da Escola de Educação Física Fisioterapia e Terapia Ocupacional da UFMG. Pesquisadora nível 2 do CNPq, com publicações na área de desenvolvimento de testes e medidas para avaliação da coordenação motora, bem como estratégias de intervenção com crianças que apresentam dificuldades de coordenação motora, atenção e no processamento sensorial. É docente do Curso de Mestrado em Estudos da Ocupação e atua no Ambulatório da Criança de Risco/UFMG, programa de pesquisa e assistência a crianças nascidas prematuramente. Graduada em Terapia Ocupacional pela Faculdade de Ciências Médicas de Minas Gerais (1979), mestrado em Terapia Ocupacional na Boston University (1987), doutorado em Educação - University of Illinois (1995) e pós-doutorado em Terapia Ocupacional - Universidade de McMaster.

LUCIANARA BRAGA

Bailarina profissional formada pela Fundação Clovis Salgado (Palácio das Artes), graduada em Licenciatura Plena como Educadora Física pela UFMG. Idealizadora, sócia-proprietária, diretora artística e pedagógica, da Escola de Ballet CriDança. Autora dos livros "Metodologia Coordenando-se" e Metodologia Coordenando-se II" e Metodologia Coordenando-se Adaptada ao Ballet Classico", projeto desenvolvido ao longo de 21 anos. Pós graduada em Neuropsicopedagogia Faculdade CENSUPEG, com intuito de cada vez mais fundamentar, solidificar e intensificar suas ações educacionais.

DR. LÚCIO FERNANDES FERREIRA

Professor Permanente do Programa de Pós-Graduação da Faculdade de Educação/PPGE-FACED/Universidade Federal do Amazonas. Doutor em Ciências, área de concentração Biodinâmica do Movimento Humano, pela Escola de Educação Física e Esporte da Universidade de São Paulo. Mestre em Educação Física, área de concentração Biodinâmica do Movimento humano, pela Universidade de São Paulo (2004). Especialização em Ciência e Técnica da Natação pelas Faculdades Integradas Castelo Branco (1992). Possui Licenciatura Plena em Educação Física pela Universidade de Taubaté (1987). Atualmente é professor Adjunto C Nível II da Universidade Federal do Amazonas/UFAM. É líder do Grupo de Estudos em Comportamento Motor Humano (LECOMH) da Faculdade de Educação Física e Fisioterapia/FEFF. Tem experiência na área de Educação Física, com ênfase em Educação Física Escolar, atuando principalmente nos seguintes temas: Desenvolvimento Motor, Transtorno do Desenvolvimento da Coordenação (Developmental Coordination Disorder); Pedagogia do Movimento e Educação Inclusiva. https://orcid.org/0000-0002-1193-6029.

DRA. MEYENE DUQUE WEBER

Graduação em Fisioterapia pela Universidade Federal de Mato Grosso do Sul. Possui Aperfeiçoamento em Intervenção Precoce e é Especialista em Intervenção em Neuropediatria pelo Núcleo de Estudos em Neuropediatria e Motricidade (NENEM) da Universidade Federal de São Carlos (UFSCar). Atualmente é supervisora do Curso Prático de Aperfeiçoamento em Intervenção Precoce do NENEM - UFSCar, e aluna de Doutorado do Programa de Pós-Graduação em Fisioterapia da UFSCar. Linha de pesquisa: processamento sensorial, qualidade de vida e fatores contextuais associados ao Transtorno do Desenvolvimento da Coordenação.

DRA. NADIA CRISTINA VALENTINI

Professor Titular da Escola de Educação Física, Fisioterapia e Dança da Universidade Federal do Rio Grande do Sul. Atualmente é professor visitante na University of Southern California, EUA. Possui Pós-Doutorado na School of Public Health - University of Maryland - EUA e Doutorado e Mestrado em Human Exercise Science - Motor Behavior na Auburn University - EUA; e, graduação em Educação Física. É membro INTERNATIONAL MOTOR DEVELOPMENT RESEARCH CONSORTIUM I-MDRC Advisor Committee. Atua na Graduação e no Programa de Pós Graduação em Ciências do Movimento Humano com orientação de alunos de mestrado e doutorado. O principal enfoque de sua pesquisa é a trajetória do desenvolvimento crianças, os fatores de risco e de proteção associado ao desenvolvimento, estudos de validação de testes, e intervenção motora para crianças com atrasos motores provenientes de famílias de baixa renda. A implicação prática da pesquisa é o desenvolvimento de oportunidades de aprendizagem apropriadas para crianças no ambiente familiar, clínico e escolar. Coordena o Grupo de pesquisa em Avaliações e Intervenções Motoras -GAIM.

DRA. OLÍVIA SOUZA AGOSTINI

Universidade Federal do Rio de Janeiro. Olivia Souza Agostini é graduada em Terapia Ocupacional, Especialista em Terapia Ocupacional (Desenvolvimento Infantil) e Mestre em Ciências da Reabilitação pela UFMG. Doutora em Saúde Coletiva pelo Instituto Nacional de Saúde da Mulher, da Criança e do Adolescente Fernandes Figueira - IFF /FIOCRUZ. É Professora do Departamento de Terapia Ocupacional da UFRJ. Atua na área infantil com foco no desenvolvimento, avaliação e intervenção no desempenho ocupacional; participação da família no cuidado de crianças com condições crônicas de saúde e deficiência; crianças e adolescentes como sujeitos de pesquisa.

DRA. PAOLA MATIKO MARTINS OKUDA

Terapeuta Ocupacional. Pós doutoranda pelo Departamento de Psiquiatria e Psicologia Médica da Universidade Federal de São Paulo - Escola Paulista de Medicina - UNIFESP. Doutora em Ciências pelo Departamento de Psiquiatria e Psicologia Médica da Universidade Federal de São Paulo - Escola Paulista de Medicina - UNIFESP. Mestre em Fonoaudiologia pela Faculdade de Filosofia e Ciências - UNESP - Marília. Especialista em Educação Especial pela University of South Wales.

DRA. ROSEANE OLIVEIRA DO NASCIMENTO

Licenciada em Educação Física e especializada em Metodologia do Ensino Superior pela Universidade Nilton Lins - Manaus/AM. Experiência em Educação Física Escolar, Iniciação Esportiva (Futebol, Futsal, Natação e Capoeira). Mestre em Ciências pela Escola de Educação Física e Esporte da Universidade de São Paulo na área de Pedagogia do Movimento do Corpo Humano. Doutora em Ciências pela Escola de Educação Física e Esporte da Universidade de São Paulo na área de Biodinâmica do Movimento do Corpo Humano. Atualmente é professora adjunto do curso de Licenciatura em Educação Física do Instituto de Ciências Sociais, Educação e Zootecnia (ICSEZ), da Universidade Federal do Amazonas (UFAM), no município de Parintins, onde ministra as disciplinas: Metodologia do Ensino das Lutas, Educação Física na Educação Infantil e no Ensino Fundamental e Metodologia do Esporte II - atividades aquáticas.

DRA. SAMIA DARCILA BARROS MAIA

Doutoranda em Educação na UFAM, Mestra em Educação pela UFAM, Graduada em Pedagogia pela UNINORTE, Professora Efetiva na Secretaria Estadual de Educação do Amazonas SEDUC/AM.

DRA. SIMONE APARECIDA CAPELLINI

Fonoaudióloga. Livre Docente em Linguagem Escrita – FFC/UNESP-Marília-SP. Docente do Departamento de Fonoaudiologia e dos Programas de Pós-Graduação em Educação e em Fonoaudiologia da Faculdade de Filosofia e Ciências - FFC/UNESP - Marília-SP. Membro do *Collegio dei Docenti del Corso di Dottorato in Formazione, Patrimonio Culturale e Territori presso l'Università di Macerata, Macerata, Itália.* Coordenadora do Laboratório de Investigação dos Desvios da Aprendizagem (LIDA) do Departamento de Fonoaudiologia – FFC/ UNESP - Marília-SP. Bolsista de Produtividade em Pesquisa do Conselho Nacional de Desenvolvimento Científico e Tecnológico – CNPq. Coordenadora do Departamento de Fonoaudiologia Educacional da Sociedade Brasileira de Fonoaudiologia (SBFa), Gestões 2017-2019 e 2020-2022.

DRA. TATIANE TARGINO GOMES DRAGHI

Fisioterapeuta graduada pela Universidade Paulista (UNIP), possui aprimoramento em fisioterapia pela Universidade Estadual Paulista (UNESP), residência em Materno Infantil pela Faculdade de Medicina de Marília (FAMEMA), especialização em reabilitação e tecnologia pela UNESP, aperfeiçoamento em Intervenção precoce pela Universidade Federal de São Carlos (UFSCAR), mestra em fisioterapia pela UFSCAR, desenvolvendo pesquisa na área de Transtorno de Desenvolvimento da Coordenação (TDC). Atualmente continuo a pesquisa sobre esta temática no doutorado pela UFSCAR e sou discente em Fisioterapia no Centro Universitário Nossa Senhora do Patrocínio (CEUNSP).

VITOR DA SILVA LOUREIRO

Pós-graduando em Neuropsicopedagogia Clínica e Neuropsicopedagogia Instituicional e Educação Inclusiva na Faculdade de Ciências, Educação, Saúde, Pesquisa e Gestão - CENSUPEG; Pós-graduado em Gestão Educacional pela UNIFEI - Universidade Federal de Itajubá (2015); possui Licenciatura em Filosofia pelo CEUCLAR - Centro Universitário Claretiano e bacharelado em Teologia pelo Seminário Batista Paulistano e pela FUV - Faculdade Unida de Vitória; fez diversos cursos de extensão e livres, entre os quais, Educação Especial: histórico, políticas e práticas pela UFSCAR - Universidade Federal de São Carlos. Atualmente é Coordenador Pedagógico e Professor dos 9ºs anos Ensino Médio dos Colégios UNIVAP (Universidade do Vale do Paraíba), professor convidado dos cursos de especialização da Faculdade de Ciência, Educação, Saúde, Pesquisa e Gestão - CENSUPEG, pesquisador do Laboratório de Inovação Educacional e Estudos Neuropsicopedagógicos - LIEENP/CENSUPEG, sob a coordenação do Professor Dr. Fabrício Bruno Cardoso. Cooperou como coordenador pedagógico e professor no Colégio Presbiteriano Mackenzie Tamboré, foi autor no SAEP - Sistema de Avaliação do Sistema de Ensino Poliedro. Tem experiência na área de Educação, no Ensino de Teologia, Filosofia, Sociologia, História e Gestão Educacional, assim como as teorias educacionais e os transtornos do neurodesenvolvimento, os específicos da aprendizagem e dificuldades de aprendizagem, leciona disciplinas que apresentam as interfaces entre as Neurociências aplicadas à Educação, atuação Neuropsicopedagógica e afins. Em Filosofia estuda principalmente as temáticas relacionadas ao período Medieval com ênfase em pensadores como Agostinho de Hipona. Em 2019, foi finalista do prêmio Rita Russo no 2º Congresso Brasileiro de Neuropsicopedagogia.

Construindo ideias
e conectando mentes

Este livro foi composto com tipografia ITC Berkeley Oldstyle Std e impresso
em Apergaminhado 75g. na gráfica Promove em outubro de 2022.